下

What Eastern Europeans Can Teach Us

野生的東歐 The Hidden Europe

偏見、歧視與謬誤，毒舌背包客帶你認識書上沒有寫的歐洲

FRANCIS TAPON
法蘭西斯・塔朋——著
賴堯暉——譯

目次

CONTENTS

目次

CONTENTS

第十八章

北馬其頓——名字就有爭議的共和國

北馬其頓小資料

位置：巴爾幹半島國家，位處內陸，夾在保加利亞、塞爾維亞、阿爾巴尼亞與希臘中間。

面積：約2.5萬平方公里（台灣的0.7倍）

人口：約200萬（台灣的0.08倍）

首都：史高比耶

主要族群：馬其頓人、阿爾巴尼亞人

人均國內生產毛額：6,863美元（2022年資料）

- Republika Severna Makedonija -

假設現在是西元四五二〇年，非洲人已經統治世界長達一千年，地球發生了一些變化。現在黑人是東歐最主要的種族，黑東歐帝國是由數個共和國組成，其中最窮的是克羅埃西亞共和國，它在過去十四個世紀都住滿了肯亞人。

另一方面，塞爾維亞是唯一保有斯拉夫民族特性、並維持獨立的東歐國家，而克羅埃西亞人已經在二十四世紀絕種了。當然塞爾維亞人本身也有改變，他們的語言對二十一世紀的塞爾維亞人來說會極難理解，而且他們已經不是東正教徒，他們現在信的是量子宗教和同志權利。但儘管如此，二〇二〇年的塞爾維亞人和四五二〇年的塞爾維亞人之間還是有一絲微弱的關係。

更重要的是塞爾維亞的國界也改變了：他們在四四二〇年征服了「東克羅埃西亞」，但這個區域並不屬於黑東歐帝國，而是跟帝國內的「克羅埃西亞共和國」相鄰。為了紀念已絕種的克羅埃西亞人，塞爾維亞人就將這個區域簡稱為克羅埃西亞；事實上，住在那裡的塞爾維亞人也習慣稱自己為克羅埃西亞人。

到了四五二一年，黑東歐帝國突然被另一個美國主導的陰謀拆得四分五裂。帝國內的每個共和國都各自宣布獨立，包括克羅埃西亞共和國。住在那裡的肯亞人決定稱他們的新國家為克羅埃西亞。

這下子塞爾維亞立刻暴跳如雷：「這擺明是在挑釁！那些肯亞人想要搶奪我們的克羅埃

西亞！這對塞爾維亞的安全與尊嚴是一大威脅！」但太陽系內的多數國家只是把他們當笑話看，因為塞爾維亞的機器軍隊比科技落後的克羅埃西亞共和國強大十倍。

塞爾維亞人會如此憤怒的另一個原因是：「當他們自稱為克羅埃西亞人時，那些肯亞黑人就在竊取我們的文化遺產！克羅埃西亞人和塞爾維亞人在二十一世紀講的是相同的語言！我們當年是同一個民族！同一個文化！」最後，當肯亞人將自己的主要太空港命名為克雷西米爾港時，塞爾維亞人簡直瘋掉：「彼得．克雷西米爾四世（Petar Krešimir IV）是中古世紀最偉大的克羅埃西亞國王，在他的領導下，克羅埃西亞的疆域遠比後來廣大！他們在搶奪我們的文化象徵！現在那些肯亞人還在札格雷布放了一幅彼得的全像投影！恐怖啊，彼得明明就是我們的！」

在此同時，有幾位肯亞人吃到火星迷藥，宣稱自己是七世紀至二十四世紀的克羅埃西亞人的直系後代。話說回來，肯亞人在三十二世紀移居到巴爾幹半島時確實有將自己的ＤＮＡ與當地人混合，所以嚴格來說，二十一世紀的克羅埃西亞人和新的克羅埃西亞人之間確實有點微弱的基因關係，但這個連結實在太薄弱，根本不值得提，只不過是少數肯亞民族主義者在自嗨而已。其實塞爾維亞大可以一笑置之（就像銀河系的其他人），但他們卻大發神經，對克羅埃西亞的肯亞人狂吠：「該死！你們不是斯拉夫人！你們是非洲人！我不在乎你們已經在巴爾幹半島居住了一千四百年，你們跟古代的克羅埃西亞人毫無關聯！你們給我閉嘴！」

塞爾維亞人威脅肯亞人把國名改成「前黑東歐帝國的克羅埃西亞共和國」（實在太長了，只好簡稱為FBEERC，呃好像沒有比較短），否則就要阻擋他們加入星際聯邦。肯亞人憤怒地反駁：「當你們說克羅埃西亞人和塞爾維亞人是同個民族時，你們也是在說謊！他們的語言不同，也曾經對戰。」

塞爾維亞人回答：「那不完全正確，根據古老的典籍《野生的東歐》，他們講的其實都是巴爾幹語，它還說他們就像偶爾會發生口角的兄弟，但他們基本上是同一個民族！所以你們如果自稱為克羅埃西亞人，就等於在偷竊我們的身分！」

「算了吧，」肯亞人說，「《野生的東歐》只是個笨蛋寫的無腦書！它的內容完全沒營養，所以當年只賣了五十七本。況且那本泛黃的卷宗也指出了古代克羅埃西亞人和塞爾維亞人之間的所有戰事，他們互相敵對的時間跟互為好友的時間一樣頻繁！如果我們這樣誇大自己跟他們的關係就是錯的，那你們也有錯！」

「閉嘴！你們膽敢宣稱自己講的是克羅埃西亞語！你們說的明明是非洲土話，不是斯拉夫語言！還有別忘了我們也有個地區叫克羅埃西亞！你們在偽造歷史！」

他們繼續為這件事爭吵了快三十年，這段期間銀河系其他人都告訴他們：「你們的爭論實在愚蠢至極！誰會在乎這些？拜託成熟一點，去做些有意義的事吧！」

誰有權使用「馬其頓」這個名字？

如果你跟這個星球上的多數人一樣，對馬其頓幾乎一無所知，你可能還在思索這個未來故事跟今日的馬其頓到底有何關聯。信不信由你，關係可大了，這個故事基本上就是在平行描述現今馬其頓的命名爭議。令人不解的是，希臘和馬其頓竟然花了將近三十年為一個國名瘋狂激辯。這聽起來很荒唐（它確實也是），但這是真的。歡迎來到巴爾幹半島。

當年南斯拉夫解體後，隨之誕生的七個新國家的命名方式都很沒創意，他們只是沿用原先共和國的名字，把南斯拉夫的抬頭去掉。所以南斯拉夫的馬其頓共和國也跟大夥一樣宣布自己的新國名是馬其頓共和國，這似乎很合理，但這時希臘卻變得比颶風中的海神波賽頓還火爆。

因為希臘最北端的行政區也叫馬其頓。希臘指控前南斯拉夫的馬其頓人公然威脅他們的領土主權，但他們從未解釋南斯拉夫最貧窮的共和國為何能威脅希臘這個北約會員國。馬其頓當時還沒加入北約，所以他們如果攻打希臘，就等於邀請所有北約會員來他們家敲門，包括美國大軍。

當馬其頓以亞歷山大大帝命名它的主要公路和機場，又在首都史高比耶（Skopje）放了一座他的雕像，希臘彷彿心臟病爆發般氣急敗壞地喘著說：「你們偷了我們的文化資產！」

當馬其頓的少數「知識分子」開始鼓吹他們是古馬其頓人後代時，兩國關係終於破裂。將近一百萬名希臘人在塞薩洛尼基（Thessaloniki）集結抗議，另外也有十萬人在澳洲墨爾本發起遊行。美國的希臘人甚至在《紐約時報》刊登了兩頁全幅廣告，只為了強調這件事。

憤怒的希臘人對馬其頓施行貿易禁運，封阻馬其頓加入聯合國。經過二十個月的禁運，馬其頓同意稱自己為「前南斯拉夫馬其頓共和國」，希臘也答應不再阻擋馬其頓加入任何國際組織，只要它繼續用這個名字。然而希臘在二〇〇八年又封阻馬其頓加入北約，即使馬其頓這回是用前南斯拉夫馬其頓共和國的名義申請。

今日任何提及馬其頓國名的YouTube影片、臉書專頁或媒體文章都會招來聖母峰等級的火熱（通常也很惡毒）評論。根據一份二〇一〇年的蓋洛普訪查，有百分之八十二的希臘人認為此問題「完全」或「大多」是馬其頓的錯，百分之七十二對馬其頓沒有好感，百分之八十五認為馬其頓若不改名，希臘就應阻擋它加入歐盟。除此之外，還有百分之六十六的希臘人認為這個命名議題「很重要」，百分之二十九認為此區域再過不久就會發生戰爭。

由於前南斯拉夫馬其頓共和國唸起來有點拗口，希臘人通常都把馬其頓稱為「史高比耶」。這就像在強迫所有美國人說「我來自華盛頓」，不准他們說「我來自美利堅合眾國」。有一位美國人就曾告訴我，當她入境希臘時，邊界守衛問她是從哪個國家來的，她回答：「馬其頓。」

「不對！」他大吼，「你是從史高比耶來的！現在你才是在馬其頓！」

我當年在史高比耶參觀他們的國家博物館時曾對館長說：「我知道希臘的行為很像嬰兒，但你們何不讓大家日子都好過一點，只不過是改個名字，何必鬧這麼大？」

他面露惱色，「可是我們不行，那是我們的名字，那代表我們。」

「我有個更好的主意：羅馬帝國。把它從馬其頓改成羅馬帝國如何，反正羅馬人也來過這裡。」

他會心地笑了，「那可能會激怒義大利人。」

「好吧，那改成『希爛』如何？」

他大笑。

就這樣，雙方連續吵了快三十年，終於在二〇一九年達成共識，馬其頓正式改名為「北馬其頓共和國」，並於二〇二〇年加入北約，它的國民也得以保留「馬其頓人」的稱呼。

馬其頓的遠古歷史

首先，讓我們用一段文字簡述三千年的歷史。將近三千年前，馬其頓人開始建立他們的文明。大約兩千三百六十年前，他們征服了雅典、底比斯和其他希臘城邦，這時馬其頓的亞歷山大三世贏得了大帝的尊稱，因為他短暫主宰了人類已知的世界的多數疆域。他雖然有靠希臘人幫忙，但他的將領都是馬其頓人。亞歷山大去世之後，他的王國就因巴爾幹化而分裂。大約兩千一百八十年前，馬其頓人和希臘人都被羅馬帝國同化。局勢在大約一千三百年前隨著斯拉夫人的來臨又產生變化，保加利亞、塞爾維亞和土耳其帝國輪流控制了馬其頓數百年，直到一百多年前，斯拉夫人和希臘人分攤了古代馬其頓人的核心領域。

希臘人宣稱古馬其頓人實質上就是希臘人，這點其實有待商榷。就一方面來說，希臘人是亞歷山大大帝最重要的盟友，他會說希臘語，亞里斯多德是他的導師。亞歷山大帶著亞里斯多德親筆註釋的史詩《伊利亞德》到處征戰，他很崇拜希臘神話英雄。他的母親甚至宣稱他是宙斯的兒子。

但就另一方面而言，古馬其頓人並不是希臘人。我們先從很明顯（但經常被忽略）的一點開始看：他們通常都自稱為馬其頓人，不是希臘人。如果兩個民族真的沒有任何差異，他們就不會這樣。當亞歷山大計算自己的軍隊人力時，他會把他們歸類為馬其頓人、希臘人、色雷斯人和伊利里亞人；如果希臘人和馬其頓人完全相同，他們也不需要分開計算士兵人數。所以問題不是有沒有差別，而是差異到底有多大？換言之，古馬其頓人和希臘人之間是否有顯著差異，難道他們也患了巴爾幹地區典型的微小差異自戀症？

在本章開頭的未來寓言中，我用了一個克羅埃西亞／塞爾維亞的類比隱喻，支持兩者幾無差異的希臘觀點。不過或許我應該用斯洛維尼亞／塞爾維亞來比喻才夠準確，斯洛維尼亞人和塞爾維亞人都屬於南歐的斯拉夫民族，正如馬其頓和希臘都屬於古希臘文明，但兩者文化仍有明顯區別。凡是受過教育的斯洛維尼亞人都能說出流利的巴爾幹語，就像受過教育的古馬其頓人也很會講希臘語，但斯洛維尼亞人還是有自己的語言，而且塞爾維亞人會聽得很痛苦。相同的，如果一位古馬其頓人在雅典說自己的語言，希臘人也會拜託他改說希臘語。

由於現代交通和通訊很發達，我們都忘記馬其頓距離希臘有多遙遠。雅典人需要旅行四百公里才會到馬其頓，在今日開車僅需四小時，但在沒有交通工具的上古時代，這段距離走起來需要一個月！即使連續走一整天，你也頂多只能走到雅典郊區。由此可見，雖然馬其頓是希臘的鄰國，它們其實相隔一個世界。

我們若選擇相信馬其頓的文化跟希臘完全相同，那就是低估了空間對語言和文化的影響。即便是在旅行如此快速的現代，不同的希臘地區間也會有文化和語言變異；遠古時代的差異更大，所以古希臘其實是一群城邦，而不是統一的國家。這也是為何馬其頓人曾經攻打雅典和底比斯，同時又能與其他希臘城邦維持友好關係。總之，古馬其頓人和古希臘人確實有些相似處，但並非如一些希臘人想像的那麼接近。

「製造」出來的血統連結

我在斯特魯米察（Strumica）的沙發衝浪主是以種植大麻出名，他曾上電視接受訪談，警察也會定時登門造訪。我住在他家後院一間如夢似幻的小屋，經常看到他邊哈草邊彈吉他，後來他也向我展示自己的祕密大麻園。有趣的是，他不管玩得多瘋都不會宣稱馬其頓人跟古馬其頓人有關聯。話說回來，少數馬其頓學者也曾如此大放厥詞，由此可以證明他們吸的玩意遠比大麻強烈。

任何有大腦的史學家都會同意斯拉夫人是在六世紀左右遷移到巴爾幹地區，那是在亞歷山大大帝叱吒風雲的一千年後。當斯拉夫民族出現時，遠古的馬其頓帝國不但早已消失，古羅馬帝國也已經走入歷史，巴爾幹地區的當權者是拜占庭帝國。在那一千年中，當地文化和語言已發生戲劇性的轉變。馬其頓的斯拉夫人若宣稱自己是古馬其頓人的後裔，那就像現代美國人宣稱自己是北美原住民的後代一樣荒唐。

當然拜占庭人的ＤＮＡ一定也包含了少許羅馬人和古馬其頓人的基因殘留，少數斯拉夫移民也會跟這些拜占庭人結婚生子，就像少數歐洲移民會跟北美原住民結婚生子，然而該地區自此之後也發生過更多族群融合。舉馬其頓為例，土耳其人就曾經將他們的ＤＮＡ注入巴爾幹的基因池，阿爾巴尼亞人也不例外，所以現代的馬其頓基因多少都混雜了一點古馬其頓、希臘、羅馬、拜占庭、土耳其和阿爾巴尼亞的ＤＮＡ。這如同全世界所有人種，他們也帶有一點非洲的ＤＮＡ。過度強調某個基因連結只是自欺欺人。

截至目前，無論語言學家、考古學家或歷史學家都還無法為世界人種的來源畫出一個完整而明確的地圖，不過現在房間裡多了第四位專家：基因學家。這些問題將在這個世紀明朗化，我們可能會發現古馬其頓人與現代伊朗人的關係，會比跟現代馬其頓人更密切。等基因學家仔細檢視過現代馬其頓人和現代希臘人的DNA之後，大家很可能都會失望，因為他們跟那些古代英雄的血緣關係都沒有自己想像中那麼深，而且所有的巴爾幹人可能都會發現自己體內的土耳其人DNA比想像中多。

但儘管如此，誰會在乎你是不是亞歷山大的後代？是的，他建立了一些城市（多數都取了自己的名字），但他其實是個混蛋。他殺了自己的表親和幾個可能會成為政敵的人（因為他怕他們會威脅到自己的王位），也曾經在攻下一些城市之後將成年男性全部處決，把婦孺賣去當奴隸。有一次，他不但處決了一位密謀者，還連帶處死那個人的無辜父親。他曾因酒醉爭執親手殺掉一位救命恩人。他甚至為一位死去的好友毀滅了附近的一座城鎮，理由是為朋友的「靈魂」獻祭。他是歐洲的成吉思汗，只會到處燒殺擄掠，製造廣泛恐懼。你會以這種祖先為榮嗎？

這種「我才跟亞歷山大有親屬關係，你沒有」的爭論有兩大笑點。第一，亞歷山大死時才三十二歲，只生了一個小孩，而且那個孩子還未成年就被殺了，所以沒有人能稱自己為亞歷山大的直系子孫。第二，現今的馬其頓人和希臘人仍以恐同居多，然而有許多文獻可以證明亞歷山大跟他的多數同輩一樣都是雙性戀。我在此建議馬其頓人和希臘人進行一項簡單的測試：誰能證明自己的同性戀傾向比對方強，誰就是贏家。

「古老」是個酷東西

雖然希臘跟馬其頓的爭論很幼稚，它仍蘊含著深遠的哲理。對一般人而言，年輕通常都是酷的代表，但在巴爾幹地區似乎相反，這裡是要老才顯得酷，或是至少要跟古老歷史有關。舉日本、俄羅斯和中國為例，這些國家都能憑藉堅強的實力培養健全的自尊心，不像一些弱小國家只能仰賴遙遠的過去。沙文主義者相信只要擁有悠久的歷史背景，他們就有充分理由爭取領土主權；如果你的國家跟阿拉巴馬州或佛蒙特州一樣小，你也會假借一些曖昧不明的歷史來提升自尊。

保加利亞的索非亞大學教授伊維洛．迪契夫（Ivaylo Ditchev）曾經寫道：「巴爾幹地區『競相比老』的現象肯定是從希臘的民族革命開啟的，它捕捉了人民對歐洲啟蒙時代的嚮往，也將古典文化遺產私有化。巴爾幹各國都無法抗拒歷史的誘惑，大家都想挖掘出某個鮮為人知的『老祖宗』，而且至少要跟古希臘人一樣古老，例如伊利里亞人、色雷斯人或達契亞人。社會群體固然可以凝聚感情，但它會產生的一個矛盾就是群眾並不會在乎史實的重要性。這種象徵性的祖宗之戰能促使國民團結，排擠異議分子，辨識『我們』和『他者』是誰……儘管如此，巴爾幹各國在追尋永恆時卻遇到一個重大障礙，那就是現實的平庸與過往的輝煌之間的巨大差距，所以歷史身分的建構者面臨的主要困難是連貫性。」[1]

所以馬其頓的「知識分子」企圖縮小古馬其頓王國和斯拉夫人之間的千年差距，又試圖縮小中古世紀的保加利亞沙皇塞繆爾（Samuel）與一九四五年之間的另一個千年差距，來建立不存在的連貫性。這齣荒腔走板的鬧劇把大家都逗樂了，除了希臘人之外，他們很認真地聽完了那個蠢蛋的胡說八道。

東歐人描述自己的方式很奇特，他們通常都會假裝自己跟遠古歷史的關聯比近代歷史還密切。他們刻意壓抑不甚光彩的近代史（共產時代和被異族侵占的時期），自我陶醉於一個虛無飄渺的「黃金年代」。每當聽到現代人把古代人當成自己的曾祖父，我就覺得很可笑；事實是你需要在「祖父」前面加一百個「曾」字才能跨越自己和古馬其頓人之間的鴻溝。但在此同時，有些人還不願相信自己跟父母或手足是直系血親。

美國人很難理解這種為了擁抱歷史而扭曲事實的需求，因為美國人真的不會在乎這些事。由於歐洲人是在五百年前才出現於北美洲，我們若想強辯自己跟古代人有血緣關係，唯一的方法就是「證明」我們曾經與原住民大量通婚，這就能表示我們這些後代的體內都流著「古代人」的血。但我們的史學家很務實，不想推銷這些幻夢，他們決定承認事實，不要為一個幾乎不存在的鏈結發明一堆神話。

不過美國也是有特例，許多原住民都堅信自己是源自北美洲，不是一萬兩千年前從白令海峽移居到阿拉斯加。有些人緊抓著這個謊言不放，甚至抗拒參與國家地理學會的基因組學計畫。此研究目的是收集和分析ＤＮＡ樣本，繪製人類歷史遷移模式，但有些印第安人就是不想面對現實，寧可保存自己的浪漫神話。麻州印第安事務委員會的主席就坦承自己寧願當鴕鳥，他解釋馬什皮萬帕諾亞格部落（Mashpee Wampanoag）為何要抵制此計畫，「科學家想證明我們跟歐洲的造訪者其實沒有差別，只是我們比他們早幾千年來這裡。我們何必自投羅網？」

當他們試圖杜撰國族認同時，巴爾幹各國的學者都想把民族資產私有化：「那是我們的，你們不能擅自使用，必須經過我們許可。」這很快就退化成意氣之爭，大家都在互爭歷史版圖，試圖宣稱某個死人「只屬於他們」。於是克羅埃西亞和阿爾巴尼亞都宣稱自己是源自伊利里亞文化，保加利亞、希臘和馬其頓都相信聖人西里爾（Cyril）和美多德（Methodius）只屬於自己；想當然耳，希臘和馬其頓也都在為那個雙性戀者爭得你死我活。

奧運就是一個將歷史私有化的例子。當初西方國家想要創立一場國際運動競賽，他們認為「奧林匹克」這個神話名字聽起來很帥氣，但希臘人卻不為此感到光榮，反而抗議說這樣

---

1 Ivaylo Ditchev, "The Eros of Identity," *Balkan as Metaphor: Between Globalization and Fragmentation* (The MIT Press, Cambridge, Massachusetts, 2005), p. 237-8.

是「竊取希臘的文化資產」。經過多番協議，希臘人終於讓世界使用奧林匹克這個名字，前提是聖火必須來自奧林匹斯山，而且開幕典禮都要讓希臘選手帶頭出場。

如同學者迪契夫所言，古典文明在巴爾幹地區就像石油一樣寶貴。先是西方人挖出一個考古遺址，然後一群上週才剛建國的當地人看到這些遺跡，就宣稱自己跟它的建造者有血親關係，並將該遺址收歸國有，最後又向西方觀光客收費。英國社會學家安東尼・史密斯（Anthony D. Smith）在《民族主義與現代主義》書中寫道：「我們不應被民族主義者的悖論誤導，這些國族並非建立於遠古歷史之上，它們並沒有不言而喻的自然淵源；事實上，它們都是近代才被建構出來的。」[2]

每當某人過於認真看待自己，他們就很容易被嘲笑。馬其頓就像個偏愛戲弄希臘的小屁孩，當你叫一個小孩不要吐舌頭時，他會做什麼？吐舌頭給你看。當你對他大吼：「不准說亞歷山大的名字！」那個小孩就會說：「亞歷山大，亞歷山大，亞歷山大，亞歷山大，亞歷山大，亞歷山大，亞歷山大，亞歷山大……」

有時候馬其頓人彷彿在暗自竊喜：「今天要如何激怒那些過度敏感的希臘人？我知道了！我們可以在國旗上加一個希臘符號！幹得好！對了，我們乾脆也把國內最大的足球場和醫院命名為腓力二世（Philip II），亞歷山大的父親！那肯定能讓他們自亂陣腳！」的確，希臘人每次都上當。假如希臘人沒理會北方那個小鬼，馬其頓人遲早也會玩膩這些幼稚遊戲。

難道這些堅強的希臘人如此缺乏安全感，當真以為北馬其頓會「偷走希臘的文化資產」，而且國際社會真的會把它當作一回事？那就像埃及因為擔心蘇丹會竊取古埃及歷史而失眠一樣荒謬。況且，假如今天馬其頓人是在侮辱古馬其頓文化，例如製作一隻狗對著亞歷山大灑尿的銅像，希臘人的立場還比較值得同情，但他們反而是在到處頌揚他、向他致敬。挪威奧斯陸有一座美國總統羅斯福的雕像，我很高興能看見它；斯洛維尼亞的格拉代茨（Gradej）有一座甘地的雕像，印度人有因此憤而抵制斯洛維尼亞的商品，或是阻礙他們加入聯合國嗎？如果他們知道世界上有斯洛維尼亞這個國家，他們或許會吧。

希臘人怎麼想

我後來跟一位希臘女士辯論此議題。她尖叫：「你以為這只是名稱的問題？問題不在名稱！跟名稱毫無關聯！這是因為馬其頓在搶奪我們的文化遺產，想把它占為己有。」

「我了解，那是個合理的論點。所以如果今天馬其頓簽署聲明，同意古馬其頓是屬於希臘的，跟斯拉夫人無關，而且他們不是亞歷山大大帝的後代，這樣你們就會讓他們將國家取名為馬其頓嗎？」

2 Anthony D. Smith, *Nationalism and Modernism* (London: Routledge, 1998), p. 120.

「不會？」

「為什麼？你剛才不是說問題不在名稱。」

「因為他們不應該用那個名字！」

現在你終於知道他們為何吵了三十年。

如果希臘本身的馬其頓地區在本世紀的某個時刻也宣布獨立，我們可能會較容易理解他們的憤怒，因為那些人也會想把自己的新國家稱為馬其頓。假設南北韓都長期受到中國統治，現在它們同時獨立了，但南韓比北韓搶先一步送出聯合國的申請文件，因此率先標到「韓國」這個名字；在這種情況下，北韓當然會對南韓占用國名感到生氣，這是可以理解的。然而希臘的馬其頓完全沒興趣脫離希臘，他們在長達三十年的爭論中也從未提到這個可能性。

我喜歡反問希臘人：「委內瑞拉人為何不生玻利維亞人的氣？」當他們一臉茫然地瞪著我時，我就告訴他們玻利維亞的國名是來自玻利瓦（Simón Bolívar），一位解放南美洲多數區域的革命英雄。有趣的是玻利瓦並非來自玻利維亞，而是來自委內瑞拉，所以委內瑞拉人為何沒要求玻利維亞改國名？為何沒指控玻利維亞「偷了他們的文化遺產」或把玻利瓦的名字「占為己有」？為何不抵制玻利維亞的商品，或要求它自稱為「南美的許多西班牙殖民地之一」？

或許委內瑞拉人沒有為此騷擾玻利維亞的原因，是他們很榮幸自己的民族英雄能如此受到另一個國家的推崇，或許委內瑞拉人的天性本來就很隨和（我在那邊住過四個月，所以我大概知道一些事），或許委內瑞拉人相信每個國家都有選擇自己名字的權利，或許委內瑞拉人懂得如何過日子。

讓我們再挑個歐洲的例子。比利時的南區叫做盧森堡，如果繼續往南走，你就會進入一個名叫盧森堡的國家，而它的首都也叫盧森堡！為何比利時和盧森堡沒有為此爭吵數十年？為何其中一國不會覺得另一國「以挑釁姿態宣示對領土主權的企圖心」或「盜用當地歷史」？或許這是因為他們寧可專注於建立與提升自己的經濟實力，不想為那些狹隘而幼稚的議題鬥嘴。

希臘人的眾多論點中只有一個值得我們深思：地理學上有個大區域也叫馬其頓，而馬其頓共和國只是它的一小部分。這個地理區域包含整個馬其頓、希臘北部和保加利亞南部。試想如果挪威自稱為斯堪地那維亞，或是越南自稱為亞細亞共和國，那肯定會讓人糊塗，也可能會造成那些地理區域內其他居民的不悅。的確，假如今天馬其頓改名為巴爾幹共和國，那一定會很有趣。巴爾幹地區的其他斯拉夫民族會怎麼說？

所以馬其頓確實可說是占用了一個地理名詞。如果挪威改名為斯堪地那維亞，而挪威人又自稱為斯堪地那維亞人，人們平常對話就會發生雞同鴨講的窘況。不過話說回來，這種多重定義的地理名詞本來就很常見，去問住在美國華盛頓州的人就會知道，他們自我介紹時都必須強調那不是華府；比利時南方的一個小區域內就有三個盧森堡，但當地居民照樣可以溝通；美國的阿拉巴馬州、喬治亞州、伊利諾州、印第安納州、愛荷華州和俄亥俄州也各有一個名叫馬其頓的小鎮。至於南非呢？非洲南部的所有國家是不是都該強迫它改名？個性爽朗的非洲人反而樂於以「南部非洲」自居，即使非洲的北部地區通常都被稱為「北非」。如果突尼西亞夠有勇氣，它其實也可以改名為北非。

最擅長劫持地理名詞的是美國。的確，「美洲」和「美洲人」（這兩個字的英文跟「美國」和「美國人」相同）都是地理名詞，中南美洲人都很愛提醒美國人這點。諷刺的是希臘並不介意，因為他們通常也用Αμερική（America）稱呼美國。所以「馬其頓在搶奪地理名詞」的論證並沒有很好的說服力，但那是希臘人唯一能打的牌，其他方面的抗議都無關緊要。

首都史高比耶

我初次拜訪史高比耶時，這個首都看起來似乎很無趣，放眼望去只見一群灰色的方正建築，彷彿在角逐世界最醜建築獎。但他們起碼有個好藉口：史高比耶曾在一九六三年被一場大地震夷為平地，當時他們急忙重建，結果很明顯看得出來。我拎著背包跳下車，開始探索史高比耶。

史高比耶的耶穌升天教堂（Church of Sveti Spas）並不是個水療場[3]，但它背後的故事很有趣。土耳其人在十七世紀制定了一條法律，限制一個城市內的所有建築都不能比清真寺高，偏偏基督徒就是喜歡拱形的挑高屋頂，於是他們想到一個絕妙好計：把教堂的一半蓋在地下！你必須往下走一段階梯才能進去，尖頂在地面上的高度不算高，所以土耳其的統治者沒理由找他們麻煩，而基督徒也滿足了自己的需求。諷刺的是，如今有個巨大的十字架矗立在史高比耶的山頂上，夜間還會發出耀眼的光芒，俯瞰著整座城市和所有清真寺。

我走了幾圈之後就發現更多有趣之處，傳統市集（Čaršija）有鵝卵石街道和一股土耳其的氛圍，宣禮塔、清真寺和穆斯林在此交融，眾多澡堂也展現了歐洲罕見的一面。儘管如此，人們講的還是斯拉夫語，鄰近的東正教堂和偶爾出現在人群中的金髮容貌也提醒你，土耳其帝國已經消失了一個世紀。德蕾莎修女的出生地就在附近，那邊有她的銅像和一間新蓋的紀念館。建於十五世紀的美麗石橋帶著你跨越急速流動的瓦爾達河（Vardar），進入馬其頓廣場（Ploštad Makedonija）。它是個細緻的廣場，但還需要加工，而那就是政府正在努力的方向。

3 譯者注：英文雙關語，spa的意思就是水療場。

史高比耶在二〇一四年開啟耗資五億元的全面整容，他們新建了十幾座高雅的政府大廈，在市區灑下琳瑯滿目的雕像和紀念碑，包括一座凱旋門。他們還有一座橋，可能會讓你聯想到布拉格的查理大橋，另外也立起了一座價值七百六十萬元、二十二公尺高的亞歷山大雕像，他騎著馬雄踞在噴泉頂端。這項改造計畫並非毫無爭議，原因不單是那座雕像；每當一個城市花錢美化自己，有些居民就會抱怨政府應該把錢花在別的地方（例如交通、醫療和教育）。話說回來，人們有時會低估一座美麗的城市能帶來多少商機，這問題去問巴黎或威尼斯就知道了。如今史高比耶可以說是巴爾幹地區最漂亮的首都，但也有人說它是最媚俗的首都。

馬其頓的疑問

奧黛麗・皮托奈克（Audrey Pitonak）是一間馬其頓語—英語私校的副校長，她邀請我去學校為高中生講三堂課。第一堂是關於寫作，我把焦點放在旅遊寫作方面，給了他們一些提示，但我告訴他們如果真的想學些高階技巧，就得拿出四百九十九元報名我在舊金山開的寫作工坊，結果我沒有招到任何新生。另外兩堂課是關於地理，他們對我去過的國家很好奇，我告訴他們美國人都是胖子，非洲人都是餓鬼，阿爾巴尼亞的男人都戴白帽。

這群年輕人也教了我一些事情，尤其是關於「馬其頓的疑問」。在此可明顯看出馬其頓有自我認定的危機，古馬其頓的爭議只不過是冰山一角；馬其頓就像一張大家都坐過的椅子，當你問這張椅子是誰的，大家都會舉手。這片土地就像巴爾幹社區的交誼廳，過去數世紀以來都有多元用途。希臘人、保加利亞人、土耳其人、塞爾維亞人和阿爾巴尼亞人都曾經控制馬其頓的全部或某一部分，雖然這種多元用途的領域在歐洲很常見，但它在馬其頓衍生的問題格外顯著。馬其頓的基本疑問就是：誰才是馬其頓人？這個問題上面還承載了兩大疑問：他們的語言是什麼？誰應該統治他們？

當斯拉夫人和希臘人在一九一二年將土耳其帝國踢出歐洲，他們就協議以族群重劃國界。巴爾幹地區的民族分布相對還算單純，馬其頓卻是一團亂。這塊區域有數千名保加利亞人、塞爾維亞人、阿爾巴尼亞人和希臘人，別忘記還有一部分斯拉夫人自稱為馬其頓人，他們不承認自己是塞爾維亞人或保加利亞人，還宣稱自己是馬其頓的正宗地主。不過，強大的保加利亞和塞爾維亞完全沒理會這些「馬其頓人」，希臘也樂於忽視他們的存在。

對保加利亞而言，馬其頓若改名為西保加利亞或保加利亞二區（Vtora Buganjo）可能會更恰當。一九一一年版的大英百科（撰寫於第一次巴爾幹戰爭前夕，土耳其人即將被踢出歐洲）曾總結當時馬其頓地區的族群分布情形，它似乎也贊同保加利亞的觀點。那個時代的百科全書並不像今日這麼政治正確，讀起來也很有趣：「典型的希臘人仗恃著高學歷、對政治與貿易的熱戀以及對苦工的厭惡，總是窩在城市裡……古希臘的元素在馬其頓南部很強烈，在北部則微乎其微……但多數獨立政體都同意馬其頓地區的主要斯拉夫族群是保加利亞人。語言提供了主要的指標，因為它在某些方面雖然跟塞爾維亞語相似（例如偶爾保留的格位語尾），但多數特徵都和保加利亞語相同。」

第一次巴爾幹戰爭過後，馬其頓的拔河大賽就開始了。保加利亞很氣憤塞爾維亞沒有履行戰前的承諾，所以他們就和其他人繼續打了第二次巴爾幹戰爭；這回的贏家是塞爾維亞，他們得以保留馬其頓為戰利品。一年之後，一次大戰爆發，南斯拉夫自此誕生，馬其頓則落入「南塞爾維亞」。塞爾維亞人在一九二〇年代關閉當地的保加利亞學校和希臘學校，逐出異國神職人員與教師，並命令當地居民將自己的姓氏改成跟塞語較接近的字。到了二次大戰，馬其頓人起初很感謝保加利亞軍隊解放了他們，但他們後來反而加入南斯拉夫，將保加利亞人驅逐出境，因為狄托答應讓他們創立共和國，擁有獨特身分。二次大戰之後，他們又將姓氏加上 -ski 的字尾，好讓那些自戀者慶祝這點微小差異。

馬其頓可能會使你想起波士尼亞，如同我們在波士尼亞戰爭所見，塞爾維亞人和克羅埃西亞人都相信波士尼亞是「他們的」，而雙方的領導人（米洛塞維奇和圖季曼）早已私下協議瓜分波士尼亞。問題是波士尼亞還有第三個族群，亦即所謂的波族人，他們認為自己才是正統的本土人，應該由他們來代表波士尼亞。馬其頓的故事也類似，你只要把克羅埃西亞換成保加利亞和希臘，再加上塞爾維亞就是三個想要爭奪馬其頓的「外來族群」，同時那些卑微的「當地人」（馬其頓人）則堅持要向三位大哥吹噓：「喂，你們這些惡霸給我聽好，這個地方不是你們的，它是我的！」

馬其頓的語言

在解答馬其頓的疑問之前，我們得先了解斯拉夫體系下的馬其頓語。其實多數語言都沒有一個明確的起始或終點，而是沿著一個平滑的連續體逐漸演變，而馬其頓語就是最典型的例子。比方說，多數塞爾維亞人使用的語言都有七種格位，馬其頓人和保加利亞人則完全不使用格位。有趣的是，塞爾維亞的南部人只會用兩種格位，而他們的鄰居就是馬其頓和保加利亞。由此可見，保加利亞人率先決定放棄格位，也影響到馬其頓和塞爾維亞的南部方言。當我問貝爾格勒或諾維薩德的居民能否理解馬其頓的語言時，他們都說很難懂，然而南部人卻說他們可以輕易理解馬其頓人和保加利亞人在說什麼。最後，馬其頓人和保加利亞人（尤其是保加利亞西部）也告訴我說他們完全聽得懂對方的語言。

馬其頓語和保加利亞語（尤其是保加利亞的西部方言）確實極端相似，所有斯拉夫語系就唯獨它們缺乏格位，使用定冠詞，並擁有異常大量的動詞時態。兩者都會使用前綴定冠詞和後綴形容詞，例如kni代表英文的the，所以knigata（那本書）又可以換為knigava（那本靠近我的書）或是knigana（那本放在那邊的書）。除此之外，它們的動詞也都有表明型態和未表明型態。既然兩者有這麼多地方相似又互通，我們是否應該說馬其頓語其實只是一種保加利亞的方言？這麼說當然很合理，問題是那些馬其頓的愛國者就會更沒理由說自己是獨立國家。其背後的邏輯就是：如果你說的是保加利亞語，你就是保加利亞人；而既然你是保加利亞人，你的所屬地區為何不乾脆加入保加利亞？

因此自從一九四六年後，馬其頓的知識分子就不斷嘗試用各種方式區分他們的官方語言和保加利亞語（以及巴爾幹語）之間的差異；只要把語言搞得愈獨特，他們就愈有條件爭取獨立。這跟巴爾幹人拿各種方言（波士尼亞語、克羅埃西亞語、蒙特內哥羅語、塞爾維亞語）玩的遊戲很相似；南斯拉夫才剛解體，克羅埃西亞就立刻出版了一本《異詞字典》，刻意強調一些微小變異的重要性。

保加利亞人在一八七九年挑選官方語言時也玩過類似的遊戲，他們故意挑了東部的方言，因為它和巴爾幹語的區隔最大，跟馬其頓語的共同點也最少；同樣道理，馬其頓人在一九四五年也是挑了一個西部方言作為官方語言。因此兩國的官方語言已經盡量拉大差距，但還是沒差多少；另一方面，馬其頓的東部人和保加利亞的西部人都能輕易了解彼此說的話，他們之間就像紐約人和德州人一樣容易溝通。

當你拜訪馬其頓時，有些基本用語還是值得學起來，因為它們也可以在保加利亞或甚至塞爾維亞南部派上用場。記一下這些字：zdravo（你好）、blagodaram（謝謝）、molam（請／

不客氣）、do viduvanje（再見）、kolku čini toa?（多少錢）、da（是）、ne（不是）、kade je...?（在哪裡）、jas ne sum nacionalist!（我不是民族主義者！）

大馬其頓國？

二〇一〇年的巴爾幹監測訪查有這一道問題：「你的國族認同感有多強？」結果顯示克羅埃西亞人的認同感最弱，科索沃人和馬其頓人則處於另一個極端。馬其頓人的國族認同其實也是被逼出來的，試想自己過去數十年來一直被左右鄰舍煩擾：「你是保加利亞人！」「不對！你是塞爾維亞人！」「不完全正確，你們有很多人是阿爾巴尼亞人！」「閉嘴！你們都錯了！其實你們是希臘人！」

我在斯特魯米察的一間咖啡店就遇過這種民族主義者，他嚴肅地說：「聽清楚，我是馬其頓人。我的父親是馬其頓人，我是在馬其頓出生，我講的是馬其頓語，我是馬其頓人。」

我對他說：「我了解你的意思，但過去一百年來你們的鄰國似乎都認為自己應當來分馬其頓的一杯羹。阿爾巴尼亞想要你們的西部，塞爾維亞想拿走北部，保加利亞想要東部，希臘則想要南部。」

他捻熄了手上的菸蒂，「聽著，他們都搞錯了，這些國家都不應該拿走馬其頓的任何領土，事實是馬其頓應該從這些國家各拿走一部分。」

「什麼？此話是什麼意思？」

「現在保加利亞和希臘境內還是有馬其頓人，他們的政府都否認這點，但數千人依舊住在那邊，我們在許多地區也占多數。所以正確的做法不是把馬其頓變小，而是把它變大！我們的國家有一半還在希臘境內，有大約百分之十在保加利亞，所以它應該比現在大將近三倍！」

正當我自以為已經徹底了解一切，巴爾幹人再度讓我糊塗了。確實，在跟數十位馬其頓人交談過後，我居然找到一位信奉「統一馬其頓」（United Macedonia）的大夢想家，看來巴爾幹的領土收復大賽又增添了一位玩家。

史高比耶之外

奧黛麗邀請我加入全校一百九十名高中生的校外旅行，參觀馬其頓的東部地區。我們包了四輛巴士，依序拜訪韋萊斯（Veles）、什蒂普（Štip）和克魯比什特（Krupište）。馬其頓的多數地形都是崎嶇的高原，海拔大約七五〇公尺，全國四周由高山環繞，最高峰可達二七六四公尺，到處都能看到農田和河流穿越這片遼闊的盆地。我們參觀了幾間珍貴的拜占庭教堂和一道瀑布，奧黛麗和我在一個小鎮廣場互傳美式足球，留下整段行程最精采的回憶。當地的馬其頓女孩不可思議地看著奧黛麗拋出一道完美的螺旋弧線，我們準備離開時，一群男孩還護送我走到車門，他們都不敢相信一位加州人竟然會來拜訪這個小鎮，我必須拿出自己的加州駕照以示證明。

在那歡樂的一日遊之後，我向奧黛麗和其他師生道別，搭車前往馬其頓西南部。我拜訪了巴爾幹地區最深的奧赫里德湖（Lake Ohrid，水深二九四公尺），它也是該區最漂亮的湖泊，聯合國教科文組織將它列為世界遺產，因為它是全球最古老的湖之一，而且具有獨特的水生動物群。例如歐洲鰻魚的行為模式就跟鮭魚完全相反，牠在湖底生活十年之後會沿河往下游到大西洋中央，在那邊產卵後死亡，然後牠的後代又會遊回奧赫里德湖，反覆相同的循環。

我去奧赫里德湖的時候，優雅的聖潘捷列伊蒙（St. Panteleimon）修道院才剛整修完工，附近則是十三世紀的聖約翰教堂。它位於湖畔的一座小山崖上，不管從哪個角度拍照都很美。奧赫里德古城很小，但到處可見狹窄而陡斜的鵝卵石街道和壯麗的古蹟建築。我租了一台腳踏車，騎到加利契卡（Galicica）國家公園的山頂附近，俯瞰過整座湖的雄偉景觀後，我沿著一條刺激的土石小徑下坡騎回湖畔，在途中差點撞毀腳踏車，也差點破相。

我隔日繼續往南行進，拜訪了比托拉（Bitola）的海克力斯古城遺跡（Heraclea Lyncestis）。這原本是腓力二世在西元前四世紀創建的城市，戶外廢墟包括華麗的古典馬賽克、澡堂、神殿和一間劇院，是馬其頓境內保存最完善的古代文化遺址。現在我已經跟古人相處夠久，該回去跟年輕人玩樂了。

克魯舍沃小鎮

奧黛麗已將我轉介給絲拉卡（Zlatka），一位居住在山城克魯舍沃（Kruševo）的十六歲女學生，我將會在她家寄宿兩天。我先到附近的普里萊普（Prilep），這是個機能便利的城鎮，它的背景則是振奮人心的巴布納山（Babuna）。絲拉卡和她的朋友凱特（Kate）在那邊先跟我會合，絲拉卡有深色頭髮和眼睛，體態有點豐滿，凱特則有潛力成為超級名模。她們的英語能力都不錯，但凱特很害羞。我們一起搭車到絲拉卡的家，她的父母很友善，可惜不會說英語。他們為我準備了傳統美食tavče gravče（烤豆煎鍋），主要食材是豆類、洋蔥和乾紅椒。

瑞米拉．佩科夫斯卡（Radmila Petkovska）來自馬其頓，她在四十年前移居到美國，但還是經常回去拜訪故鄉，她告訴我：「馬其頓人喜歡抱怨自己窮，但你不會看得出來，因為每當你去他們家裡做客都能吃飽喝足。」

瑞米拉的美國丈夫麥可說：「馬其頓人的家庭關係很緊密，年長者通常都會跟子女同住。我太太就不了解美國為何有這麼多養老院，年輕人為何這麼早就搬出去。她的一位表親曾告訴我，美國不是個好地方，因為我必須開車十七小時才能見到我的兒子。他無法想像一天沒見到自己的子女。」

家庭在克魯舍沃顯然很重要，在此經常可見馬和家畜在鵝卵石街道上行走，多數馬其頓人仍住在小鎮和村莊裡，所以有助於家人聯絡感情。不過這並不表示世代之間沒有隔閡，當我們吃著美味的烤豆煎鍋，絲拉卡就說：「我很挑剔。」

「是喔？為什麼？」我問。

「因為我每天都必須沖澡。」

我不確定有沒有誤會她的意思，「可是那聽起來很合理啊，很多人都是這樣。」

「老一代的不會，」她說，「我的父母和祖父母通常一個星期才沖一次澡，因為你應該在週日洗淨一切，包括自己的身體和衣物。我討厭那個傳統，我必須每天沖澡。」

馬其頓人怎麼看待阿爾巴尼亞人

第二天，我跟著絲拉卡的學校師生去戶外教學，趁機了解年輕人對阿爾巴尼亞人的看法。當你全神貫注於保加利亞／希臘／馬其頓／塞爾維亞的四角肥皂劇，就很容易忘記馬其頓的總人口其實有四分之一是阿爾巴尼亞人。我原本以為多數馬其頓人就像多數巴爾幹人，對阿爾巴尼亞人的刻板印象就是「貧窮」和「絕望」，但這些青少年的想法卻相反。當我和八位學生在戶外休息時，一個女孩說：「他們能生九個小孩，因為他們有錢。」另一個男生補充：「他們搶光了馬其頓最好的工作，而且他們會偏袒自己族人。他們用那些錢買走了我們的所有土地，想奪走我們的領土。還有，他們都戴白帽子。」

我問他們：「你們去過阿爾巴尼亞嗎？」

他們都低頭不語，我繼續說：「我最近剛去過。相信我，馬其頓人絕對比阿爾巴尼亞人富有，你們都應該去一趟，稍微了解他們的國家文化。」

他們齊聲驚呼：「不行啊！阿爾巴尼亞人最討厭馬其頓人！他們會把我殺掉！我永遠都不會想去阿爾巴尼亞！我絕對沒有興趣！」

馬其頓西北部的泰托沃（Tetovo）周圍有一片廣大的阿爾巴尼亞飛地，正如其他斯拉夫民族，馬其頓人也喜歡散播這種民間神話：阿爾巴尼亞人昨天才剛出現，然後就像細菌一樣大量繁殖。然而過去許多種族分布圖和訪查都顯示他們已經在那裡定居好幾個世紀，如果我們能從東歐的這些族群爭議學到任何事，那就是一個族群很難完全取代另一個族群，即使戰亂是如此頻繁。東歐人很固執，如果他們是在這個地方長大，他們無論如何都會留在原地，唯一能使他們消失的方法就是無情斬殺。最佳例子包括德國人在戰期間殲滅猶太人，東歐人在戰後又為了報復而清洗德國人，以及數百年前土耳其人強迫斯拉夫人往北遷移，數百年後斯拉夫人又強制驅離土耳其人。除此之外，人們不管環境多惡劣、種族歧視多嚴重，終究仍會留下來。

一九九五年，泰托沃周圍的阿爾巴尼亞人自覺遭受歧視，因為馬其頓政府不讓他們擁有專講阿爾巴尼亞語的大學。憲法規定馬其頓語是官方語言，使用稅收建造這種大學是違法的。結果阿爾巴尼亞人就創立了民族解放軍，開始用隨機暴力恐嚇馬其頓人。不明人士企圖暗殺總統，但只是炸瞎了他的右眼，此案至今仍無解。區域戰爭在二〇〇一年二月爆發，數個月後，馬其頓同意承認阿爾巴尼亞的語言，並做出其他讓步。這是馬其頓自從二次大戰以來的唯一大規模暴力事件，它也是唯一和平退出南斯拉夫的共和國。

在跟絲拉卡的家人共度兩天的美好時光之後，我們互相溫情道別。絲拉卡帶我去巴士站，我在等車時看見一位金髮碧眼的年輕帥哥，他的眼神足以將人催眠。我對絲拉卡說：「瞧，那就是你的夢中情郎。」

她差點嗆到，「他是阿爾巴尼亞人。」

我愣住了，「你怎麼知道？」

「他幫我的家人做過一些工作，他是木工。」

「如果你不知道這點，」我問，「你有辦法光用看的就知道他是阿爾巴尼亞人嗎？」

「當然可以！」

「怎麼看？」

她認真地凝視著我，「單憑感覺就知道。」

真的？我必須試試看。我閉上眼睛，放鬆心思，聆聽自己的感受，卻只能感覺到絲拉卡固執而不理性的恨意。巴爾幹人的矛盾再度使我暈眩，這些可愛友善又聰明的年輕人怎麼會懷有如此盲目又堅決的仇恨？

奧黛麗後來告訴我，巴爾幹地區的孩童從小就被教導去恨某些特定族群。例如阿爾巴尼亞人受到的教育就是要盲目仇視塞爾維亞人，反之亦然。孩童從父輩和祖父輩學到這些民族仇恨，之後又將此偏見傳給後代，就像一百年前的美國白人都告訴子女說黑人是人渣。悲哀的是巴爾幹人至今仍無法擺脫仇恨的惡性循環，他們似乎不了解群體的未來仰賴於個體能否放下過去。

成長的陣痛

我在奧赫里德湖附近探索一座中古堡壘時遇到一位睿智但年輕的考古學家，他曾在英國住過兩年。我趁休息時間問他在馬其頓生活跟英國相比有何不同，他說：「我自從回來後就能感覺到族群的緊張關係，人們總是在抱怨阿爾巴尼亞人。」

我問：「你認為馬其頓政府應該如何處理這個問題？」

他說：「有人提出一個合理的解決方案，就是把阿爾巴尼亞人數超過八成的地區送給他們，例如泰托沃和戈斯蒂瓦爾（Gostivar）；阿爾巴尼亞則會給我們奧赫里德湖周邊原本屬於馬其頓的區域，以做交換。」

「聽起來滿划算的，尤其是對馬其頓。所以它有可能成局嗎？」

他苦笑了一下，「那個人的政治生涯已經結束了。」

巴爾幹人的傳統觀念是如此根深柢固，對差異的容忍度是如此低，他們的民族意識和榮譽感是如此強烈，歷史觀是如此扭曲，加上寬恕他人的能力是如此可悲，難怪他們總是在互鬥。解決方法是什麼？這位考古學家告訴我：「我們需要的是穩定的工作和經濟。目前全國有三分之一的人失業而處於貧困狀態，如果他們有在工作賺錢，就不會有閒暇去思考過去，我們就會開始往前看，而非往後看。」

但馬其頓已有大幅進展，根據世界銀行的調查，它的經商便利度近二十年來突飛猛進，目前排名全球第十七名。他們使用單一稅率，也會在雜誌中刊登全頁廣告，鼓勵國外企業進場投資。儘管如此，國際透明組織（Transparency International）在二〇一九年給馬其頓的貪汙指數（CPI）仍然不及格（三十五分）。

一個令人啼笑皆非的入境故事

我的塞爾維亞好友尼奈德分享了一個令人啼笑皆非的故事，他正要從阿爾巴尼亞進入北馬其頓，「我兩天前在護照裡夾了一張一百歐元的鈔票，當時沒特別多想，只是順手塞進去。我抵達檢查哨時早已忘記這件事，當他們在仔細檢查我的車時，我就把護照交給警衛。」

「糟糕，」我說，「那張鈔票怎麼辦？」

他大笑，「警衛過了幾秒就把護照還給我，並叫其他人『立刻』停止檢查，還催我『快走！快走！』」尼奈德誇張地揮動手臂，彷彿在指揮賽車選手快速前進。

「所以後來發生了什麼事？」我問。

「我就開走了，也沒去想警衛的態度為何轉變得這麼快。過了幾分鐘後我才大叫『啊，慘了！』我打開護照，發現百元鈔票已經不見，於是就開回檢查哨。當我問他們能否還我錢時，警衛只是裝傻反問『一百歐元？哪來的一百歐元？』」

馬其頓的未來

巴爾幹人受困於自己的歷史牢籠，但西方世界也被困在自己對巴爾幹地區的刻板印象中。即使有少數人對此地區略知一二，他們也只是將它粗略歸類為一個複雜的地方，充滿問題而缺少解答。簡言之，「巴爾幹」這個字現在總是被拿來隱喻衝突和分裂。網路可以巴爾幹化，美國和中國也可以巴爾幹化，連牙膏品牌也能這樣形容。

我承認自己也是罪人之一，然而這個刻板印象就某些方面來說也沒錯。事實上，巴爾幹人是最先承認他們的土地是不可理解的——連他們都不完全了解它。他們自己也告訴我說這裡很多事情都不合邏輯又很混亂。另一方面，他們也向我展現了他們的殷勤好客，他們那具有傳染力的歡樂，他們的美食，以及那無憂無慮、凡事都可以拖到明天的清閒態度。

當我初次造訪巴爾幹地區時，我在部落格寫了一篇愁雲慘霧的預言。雖然我對亞得里亞海岸的那些國家持樂觀態度，但我對其他內陸國家都很悲觀。我當時這樣寫：「馬其頓正等著周圍敵人把它支解；阿爾巴尼亞會進步，但他們的形象太差，在接下來數十年都會阻礙他們的成長；波士尼亞幾乎毫無資源可言；塞爾維亞多年處於南斯拉夫的核心位置，因而擁有不錯的基礎，但長達十年的內戰已使它元氣大傷，這個國家還會掙扎一段時間；科索沃的經濟如同紙牌一樣脆弱，北約一旦撤出，它就會崩塌。」

到了二〇二一年，我的態度已經樂觀許多。在歷經全球金融危機之後，巴爾幹人正在往前邁進，政府有時還會競相給予少數族裔特權，例如塞爾維亞就擁有東歐最先進的一些族群保護法。雖然人民的態度比法律改變得慢，但他們正逐漸跟上進度；人口老化也有幫助，老人畢竟不會只因隔壁村民講話怪腔怪調就亂開槍。

我待在史高比耶的那段期間，奧黛麗邀請我參加美國大使館的一項特別活動。美國大使巴特勒（Larry Butler）在外交部門扮演過許多角色，包括主導國安會的歐洲事務、撰寫岱頓協定，以及在科索沃設立辦公室，專責回報和調解人權爭議。他也曾經介入保加利亞。當他沒有在巴爾幹地區擔任裁判時，他就是在冰上曲棍球場擔任裁判。那天他在寬敞的官邸舉辦此項活動，推廣馬其頓的民俗藝術。我沒料到安檢會如此鬆散，他們不但沒檢查我的背包有沒有榴彈或烏茲衝鋒槍，也沒看我的護照，或是注意到我背上的火箭砲。

桌上擺滿著入口即化的馬其頓開胃菜。馬其頓人很愛在寒冷的冬天烤各種肉類，在其他季節也是。我吞下了足以抵銷自己稅單的食物。雖然巴特勒大使的忙碌是可以理解的，但這並沒有阻止我抓住他（好吧，我得擊倒幾位助理才能接近他，但那很值得），當我向他提到這本書時，他用那雙清澈的碧眼凝視著我說：「你說的對，我們可以從東歐人身上學到很多。」

「例如哪些事？」我問。

「首先是家庭的重要性，馬其頓人總是以家庭為重心，他們無法理解美國人為何要離家數千公里去上大學，畢業後又不回家。」

「還有呢？」

「馬其頓人跟農田不會相隔超越一個世代，就算是城市居民也都有親戚住在鄉村地區，每逢佳節都會相互探訪。這使他們得以維繫自己與大地的密切關係，我們在美國通常沒有這種機會。」

「這些價值觀有無任何缺點？」

「當然，例如勞工市場就缺乏流動性，因為人們不願意搬離家人太遠。這會延長經濟景氣的低迷。我也記得有兩位農夫拒絕對彼此說話，因為他們的曾祖父曾經發生爭執。」

「天啊。」

「是啊，無論如何，馬其頓人和東歐人還是能教導我們許多事情。」

北馬其頓能教我們什麼

- **與農夫保持聯繫。**如美國大使巴特勒所言，美國人有時難免會跟自己的食物來源脫節。雖然我們無權決定親戚的居住地，但至少應當多花些時間參訪農地，學習食物是如何種植出來的。
- **不必經過流血衝突，就能取得獨立。**如同愛沙尼亞和斯洛伐克，北馬其頓在一九九一年得以不經過任何打鬥而贏得獨立，更難能可貴的是，其他南斯拉夫共和國都選擇了戰爭路線。當你的政府領導人想要用暴力解決問題，請確保他們已經徹底探索過所有和平途徑。

隨著北馬其頓章節的結束，我們也將告別前南斯拉夫的七個國家。鑑於他們之間的矛盾、激情與歷史，狄托能使他們維持團結這麼久也是一大奇蹟，然而你在同時也能看出貫穿於南斯拉夫民族的共同主線。正如任何機能失調的家庭（其實天下所有家庭都是如此），前南斯拉夫人之間的連結無論如何都永遠不會斷裂。毫無疑問的，前南斯拉夫各國都是東歐最精采而迷人的一群民族。

現在我們要離開北馬其頓，前往希臘的馬其頓。

第十九章

希臘——西方文明世界的源頭

希臘小資料

位置：巴爾幹半島國家，位處歐洲、亞洲、非洲的十字路口，戰略地位重要。

面積：約13萬平方公里（台灣的3.6倍）

人口：約1,000萬（台灣的0.43倍）

首都：雅典

主要族群：希臘人

人均國內生產毛額：20,940美元（2022年資料）

- Elliniki Dimokratia -

每當你想到西方文明的創始者，你心裡想的大概就是希臘。希臘人給了我們荷馬的史詩、到處可見的科林斯梁柱和民主政治的初始版本，光是聽到這些地名就能喚起神奇的意境：雅典、底比斯、斯巴達、克里特島、羅得島、奧林匹斯山、愛琴海。許多西方廠商都會使用希臘眾神的名字，例如宙斯、雅典娜、波賽頓、荷米斯、阿波羅、珀爾修斯、海克力斯，還有最重要的尼姬（Nike）。西方文學和哲學思想都是源自希臘古文，例如伊利亞德、奧德賽、美狄亞（Medea）以及新約聖經。西方史上的偉人也包括許多希臘思想家，例如柏拉圖、蘇格拉底、亞里斯多德、修昔底德、希羅多德、歐里庇得斯和阿基米德。希臘人建立了西方世界的數學、醫學、科學和哲學基礎，天文學家卡爾・薩根（Carl Sagan）曾經評論：若不是中古世紀壓抑了歐洲文化的發展，如果當初歐洲能延續希臘人開啟的科技曲線，現在整個太陽系可能都會是人類的殖民地。

諷刺的是，大家都把希臘跟西方文明聯想在一起，卻很少有人把它歸於東歐（我在此預設的是東西二分法，所以南歐不是一個選項）。事實上，希臘的位置是如此深入東方，你從邊界往東只需開車兩小時就能離開歐洲大陸，進入亞洲！伊斯坦堡，通往亞洲的大門離希臘東邊只有一小段車程。所以就地理而言，希臘顯然是屬於東歐，只是不能這樣告訴希臘人，他們會生氣。

希臘算在東歐？

為何「希臘在東歐」這句話聽起來會這麼奇怪，即便它在地圖上看起來顯然是在東歐？因為希臘的行銷做得很好。希臘長久以來都跟西方關係密切，而且當初是西方世界亟欲將自己跟希臘綁在一起，因為希臘人在兩千多年前就遙遙領先西歐的蠻族。羅馬帝國首先開始推崇希臘對人類文明的貢獻。當時歐洲大致是以南北當分界，南方的社會都較有文化素養，科技比較先進，北方則都是窩囊廢。

當羅馬帝國一分為二時，這個二分法的軸線就轉向了。希臘突然不再屬於西方或南方，它成為東羅馬帝國的一部分，通常也被稱為拜占庭帝國。後來它又被土耳其帝國統治了四百多年，因此更加偏向東方。時間快轉到十九世紀，希臘終於擺脫了土耳其人，但那時他們已經被東歐綁了一千五百年。如果你在一百年前隨便問一個歐洲人希臘是否在西歐，他可能會大笑：「老兄，你沒看過地圖嗎？那些傢伙根本就是在土耳其！」

二次大戰之後，西方世界要希臘重新加入西歐俱樂部。當鐵幕籠罩歐洲時，希臘也差點落入蘇東集團，許多國內的共產黨員都祈求史達林成全他們，但西歐的同盟國強力說服希臘留在他們的領域內，因為它具有亞得里亞海的戰略位置，又有完美的海灘。最後史達林終於讓步，並叫希臘共產黨放棄革命的夢想。希臘加入了歐盟、北約和歐元區，由於這些組織都與西歐有密切關聯，所以希臘經過一千五百年的斷層之後再度與西歐連結。一個字的內涵可以扭曲地理真相，如果今天我問你：波士尼亞和希臘哪個比較偏東？多數人直覺會回答波士尼亞，但那其實是錯的，因為整個希臘都在波士尼亞的東南方。

總之，希臘就像芬蘭，它在地理上屬於東歐，但文化卻不是。所以這個章節會把重點放在它跟其他東歐國家有直接關聯的部分，也就是希臘的馬其頓地區。

來自紐西蘭的一家人

當我在拜訪阿爾巴尼亞南端的布特林特和薩蘭達時，就能輕易看到希臘最西端的科孚島（Corfu）。如果你夠強壯，你甚至可以從阿爾巴尼亞游泳到科孚島，它離海岸只有三公里，但我不想弄溼衣服，寧可跟一位擺明想收賄的移民局官員周旋。我們正在討價還價，船就開走了，不過它還是有回來接我。

我在渡輪上遇到來自紐西蘭的奧拉夫（Olaf）和茱蒂（Judy）夫婦，以及他們的五歲兒子奧斯卡（Oscar）。這個三人組已經環遊世界兩年，目的是尋找一個完美的定居地。他們希望有好天氣、友善的人民、健康的食物、廉價的生活費用和一片海景。從這個願望清單就能看出他們為何旅行了這麼久，這種組合太難找了。儘管如此，他們還是在地中海的哥佐島（Gozo）住了一年，直到他們發覺冬天比預期中寒冷又多風，而且馬爾他的空氣會引發茱蒂的過敏體質。

經過幾番周遊列國，他們在阿爾巴尼亞的薩蘭達定居下來，這地方似乎也符合他們的願望清單，他們的公寓可以眺望科孚島和壯麗的愛奧尼亞海，一切似乎很完美。不過他們過了半年後又開始有疑慮，雖然阿爾巴尼亞人天性愉悅又樂於助人，很符合奧拉夫和茱蒂的期望，但他們簡直是太友善，有時甚至顯得愛管閒事、令人窒息。他們也擔心阿爾巴尼亞的教育制度是否適合奧斯卡。最後的結論是，阿爾巴尼亞固然是個有潛力的國家，但他們覺得自己可能太前衛了。我遇到他們的時候，他們正在考慮搬家到科孚島，雖然它距離阿爾巴尼亞只有三公里，環境卻有天壤之別。

他們邀請我一起擠進他們的小車，跟著他們搭到科孚島的北岸，我欣然接受了。我不確定自己能否塞入車內，因為奧拉夫的體型似乎比他們的車還大。雖然奧拉夫是在紐西蘭長大，但他是在荷蘭出生，父母都是荷蘭人，所以他遺傳到巨人的基因。茱蒂則很活潑熱情，有著金色短髮和藍色大眼。他們真是有趣的一對，茱蒂總是活蹦亂跳，奧拉夫則極端冷靜沉著，但兩人都很有幽默感。他們也都是專業攝影師，專門拍肖像照和婚紗照。我把背包放在大腿上，勉強擠進後座，奧斯卡坐在我右邊的兒童座椅上，然後我們就出發去探索科孚島。

遊覽科孚島

科孚島是個奇怪的地方，它感覺不像希臘，也不像阿爾巴尼亞，而是兩者的綜合，加上四百年的威尼斯帝國和十九世紀的大英帝國。英國文化的影響或許可以解釋為何當地人的英語能力普遍都不錯。我們經過了威尼斯舊堡壘（Palaio Frourio），繼續開往北岸。科孚島到處都種滿橄欖，而當他們沒在種橄欖時，他們就是在種葡萄。整個島都是柔和起伏的丘陵，但它的最高峰潘多卡里多山（Mt. Pantokrator）有九〇六公尺高。我們參觀了幾個風景優美的海岬後就回到鎮上，他們在海邊已經訂了一間旅館，這時也開始下雨，但我為了省錢還是選擇露宿。我的運氣不錯，旅館旁邊就有一棟尚未完工的房子，讓我得以躲過那晚的暴風雨。

翌日早晨，天空仍下著細雨，所以我沒有自行提早去環島。我放慢步調，繼續跟隨那家紐西蘭人同行，我們在將近中午時再次出發，沿著科孚島西岸緩慢行駛。科孚島的海岸線總長二百一十七公里，走起來相當悠閒舒適。我們在細雨中不時停下，身為專業攝影師，奧拉夫和茱蒂見到美景就忍不住想拍照；他們對房地產市場也很好奇，因為他們正認真考慮搬到這裡。當那天進入尾聲，我們抵達他們預訂的第二間旅館，這次的位置是在一片橡木林中，他們很慷慨地讓我使用淋浴設備。那晚我再次走運，在森林裡找到另一個庇護所躲雨。

我們在最後一天瞥見了科孚島最崎嶇而壯觀的部分：它的西南海岸線。威尼斯人曾經利用陡峭的地形優勢，在一五三七至一七一六年之間多次擊退土耳其人的攻勢，也因而獲得歐洲人的讚揚。我們盡量開到那輛小車能爬的極限，然後他們就放我在島嶼的南端港口下車，我跟他們相擁道別後，就搭上前往希臘大陸的渡輪。

後來奧拉夫和茱蒂並沒有在科孚島定居，不過他們還是選擇了希臘的聖托里尼島（Santorini）。兩年之後，他們在巴爾幹地區旅遊時也有到克羅埃西亞，跟我一起在那間海邊小屋共住了一晚。如今他們仍在聖托里尼島從事攝影業，但他們坦承自己有朝一日可能又會禁不起浪跡天涯的誘惑。

希臘人的排外心態

我的渡輪抵達了伊古邁尼察（Igoumenitsa），一個普通的港口城市。我在那裡轉搭上一台前往邁泰奧拉（Metéora）的巴士。當我們經過約阿尼納（Ioánina）時，我問中年司機對阿爾巴尼亞的看法，他說：「阿爾巴尼亞？哼！我曾經去那邊度假一個星期。爛食物、爛旅館、爛地方。我只待五天就回來了。阿爾巴尼亞？你瘋了！」

說來真巧，當時我們正在荒蕪的班都斯山脈（Pindus）行駛，兩位年輕人正好在路邊等候。司機指著他們說：「阿爾巴尼亞人。」兩個瘦子上車入座之後，司機偷偷摸摸地靠近我說：「他們都是在晚上來，暗中穿越國界。」

一個小時後，更多年輕人爬上車。司機再度看著我說：「阿爾巴尼亞人。」他捏住鼻子，打開車窗放入新鮮的冷空氣。那些人確實不好聞，混雜著汗味和煙味。司機搖頭嘀咕：「阿爾巴尼亞人。」

這位司機並不孤獨，很多希臘人都不喜歡阿爾巴尼亞人。希臘境內的外裔人士有一半是阿爾巴尼亞人，就像美國的墨西哥人，這裡的苦工也大多是阿爾巴尼亞人在做。希臘人認為阿爾巴尼亞人要為國內多數刑事案件負責，但數據卻顯示阿裔移民的平均犯罪率並不會高於本土希臘人。

我在漫長的巴士旅程中遇到維拉（Vela），一位和藹的小兒科醫師。我問她希臘人對阿爾巴尼亞人的看法如何，她回答：「現在情況比較好了，幾年前希臘人還很難接受阿爾巴尼亞人，但現在有很多移民已經融入社會，他們都會說希臘語，所以希臘人已學會如何跟他們共存。我以前也對阿爾巴尼亞人有偏見，但當我開始在醫院工作，就發現只要我對他們好，他們感受到我的關愛後，自然也會對我好。」

我對希臘的其他鄰國也很好奇，於是就問：「馬其頓呢？」

她眨了一下睫毛，「什麼馬其頓？」

「就是那個國家啊。」我若無其事地說。其實我知道這是個傷感情的話題，但我故意裝傻。

她深吸一口氣，「多數希臘人都對這個國家有些意見，我們會叫它史高比耶。」我原本希望會聽到一些不同的觀點，但跟她討論了二十分鐘後，她只是重述那些我們在前一章提過的論點。既然如此，我們就直接跳到下個國家吧。「保加利亞如何？」我問。

她嘆了口氣，「我們對他們也有些意見。問題出在歷史，兩國曾經為領土發生過許多爭執，這很複雜。」

「好吧，再問最後一個國家：土耳其如何？」

「說來真尷尬，我們也不喜歡他們。他們占領過我們好幾百年，做過很多壞事。我們至今還在為賽普勒斯爭執，兩國關係很差。」

「所以，基本上你們跟四個鄰國都相處得不太好，這是為什麼？」

她望著窗外沉思片刻後說：「也許我們有一點……英文裡有沒有這個字？排外（xenophobia）？」

「有，你指的是對外地人和外來事物的恐懼。」

「沒錯，」她輕聲說，「那個字源自希臘文，xenos 的意思就是外地人，phobos 就是恐懼。希臘人懼怕失去自己的身分、文化和生活方式，這在過去曾經發生在我們身上，所以我們對鄰國都缺乏信任。」

不幸的是，排外心態在東歐很普遍，無論是憎恨東正教或伊斯蘭教的克羅埃西亞人，或是圍毆同志的塞爾維亞流氓，或是因懼怕自己的語言會被英文取代就發明一些新字的拉脫維亞知識分子，這些人都是在奮力捍衛自己幻想中的民族純度。即使是通常對外人較為包容的美國人也難免會有排外心態，尤其是針對「墨西哥的入侵」。

保加利亞學者伊維洛．迪契夫曾如此評述：「希臘民族的復甦開啟了另一個趨勢，後來巴爾幹各國也陸續跟進。他們在十九世紀發明了一個人造語言，排除所有外來元素，對一般人而言很難懂，此語言的存在是為了證明這個弱小的現代國家跟它的輝煌歷史有直接關聯。」[1]然而到了一九七六年，希臘人已經放棄十九世紀的純正希臘語（katharevousa），改定通俗希臘語（demotiki）為官方語言。

我問維拉：「所以希臘對附近任何國家有好感嗎？」

「塞爾維亞，」她說，「希臘是北約會員國，但我們並沒有轟炸塞爾維亞，反而舉辦音樂會為他們籌錢。我們喜歡他們，因為他們跟我們一樣是東正教徒，而且兩國有合作歷史。」

天空修道院

如果你想尋找希臘冥王黑帝斯曾試圖撕裂凡間的證據，來邁泰奧拉就對了。祂的石頭手

---

1 Ivaylo Ditchev, "The Eros of Identity," *Balkan as Metaphor: Between Globalization and Fragmentation* (The MIT Press, Cambridge, Massachusetts, 2005), p. 238.

指彷佛刺穿了大地的皮肉，正準備伸手向宙斯宣戰。「邁泰奧拉」在希臘文中的意思就是懸浮的石頭。大約六千萬年前（恐龍絕種後五百萬年），邁泰奧拉的砂岩群峰就已經形成，天候將它們雕塑成當今的形狀。它們可能會讓你想到猶他州的紀念碑谷（Monument Valley）。邁泰奧拉的真正特色是希臘人在數百年前建造於石柱上方的天空修道院，你看到它們時不禁會自問：「他們是怎麼把那蓋上去的？」

將近一千年前，僧侶為了尋找一個長久的隱居地，遷入了邁泰奧拉的天然石縫和洞穴。他們在接下來的數個世紀蓋了二十幾座修道院，但今日只剩六座。直到一九二〇年代之前，唯一造訪它們的方法就是攀爬粗糙的繩梯，或是坐在網子裡，任由險惡的滑輪系統把你拉上去。

現今的參訪路線已經安全很多，但還是要消耗一些體力。為了省計程車錢，我從最近的城鎮卡蘭巴卡（Kalambaka）背著背包走上山，經由極少使用的步道拜訪了五間修道院；為了進入這些聯合國教科文組織保護的古蹟，你有時會需要攀登一些陡細又濕滑的砂岩石階。每間修道院內大約住著十位僧侶，其中一間是修女專用。你可能會以為好萊塢已經利用這個超現實的靈界拍過很多電影，然而至今卻只有一九八一年的龐德電影《最高機密》（*For Your Eyes Only*）在此取景，聖三一修道院在片中扮演重要角色。無論如何，邁泰奧拉確實宛若仙境。

我後來搭上了一位名叫史帝凡（Stefan）的希臘人的順風車。他現年三十二歲，過去七年都住在德國，現在他回希臘了，但鑑於他對希臘的評價，我不太確定他為何要留在這裡。他說：「希臘的工作很糟糕，我的專長是水電工，而他們一天只付我二十五元。我在美國一天可以拿一百五十元！拜託，二十五元！還不如去釣魚！」

「至少這裡有希臘女人……」我暗示他。

「哈！希臘女人只在乎錢，如果你沒開名車或穿酷炫的外衣，她們是不會有興趣的。她們都是妓女！」

「所以你到底愛這個國家的哪一點？」

「大自然，它很美麗，我們擁有一些全世界最美的地方。問題是希臘政府很爛，希臘人很爛，希臘經濟很爛，其他的一切都很爛！」

「德國如何？」

「德國很好，他們很守紀律！」他在嘴唇周圍比了一下，假裝自己有一小撇鬍子，「Heil（萬歲）！那些德國人都是小希特勒，真是守紀律！」

希臘人的自尊

我很難決定希臘的民族自尊心究竟是強大或是脆弱，多數希臘人都不像史帝凡。相反的，他們是如此以國家為榮，幾乎可以說是好笑。假如今天有個外星人訪問世界各地的人類，而他對這顆星球一無所知，他可能會以為希臘是全世界最強的國家。當然啦，那還是屈居法國之後。

這種自我膨脹的現象是來自東歐人喜歡緬懷帝國時代的習慣，雖然西歐人有時也有這種傾向，但不像東歐那麼頻繁。比方說，英國、西班牙、葡萄牙和荷蘭都曾經擁有龐大的帝國，然而當地人不會為此浪費太多時間對你喋喋不休，德國人的態度最謙卑，因為他們自從二戰之後就被教導不要提那些事。唯一跟東歐人一樣喜愛自我陶醉的西歐國家就是法國，而且他們還到達更高一層境界：他們不知何故竟然認為自己的輝煌歲月還沒結束。好吧，他們總有一天會拿到兩百年前的備忘錄。

另一方面，希臘的自尊則充滿矛盾。希臘人打從出生就被提醒自己的祖先創立了西方文明，自己的土地是眾多偉大哲人的誕生地，也是人類史上最古老之語言的發源地。這些都是正確的，如果你要向一位外星人介紹地球現代文明的起源，你應該也會把他的飛碟導向希臘。由此看來，希臘的信心指數應可直逼阿基里斯、約翰．韋恩和絕地大師尤達的總和。有句希臘諺語就如是說：「我們做這些事的時候，你們還在爬樹。」

然而希臘在同時卻顯得極度缺乏安全感，一個充滿自信又高傲的國家理應不會注意到馬其頓的獨立，更遑論為一個國名小題大作。他們不會因為世界想用「奧林匹克」這個字就信心動搖，也不會刻意重塑自己的語言，去除異國文字。這不像一個自尊心強烈的國家該有的行為，反倒像是一群信心薄弱的懦夫。所以這到底是什麼情況？

試想你的父親是愛因斯坦、柏拉圖、達文西，甚至是耶穌基督。大家都會對你說：「哇，你老爸真是了不起。所以……你這輩子做過什麼事？」

希臘人有時勢必會有這種感覺。你從小到大都不斷在讀古希臘人的豐功偉業，這使你的靈魂騰雲駕霧，但你緊接著讀了早晨的報紙，靈魂就瞬間墜回地球。很少有國家像希臘的古今落差這麼大，以前歐盟的範圍還侷限於西歐時，希臘通常都窩在經濟梯階的底層，為了虛飾門面，希臘必須盡量花錢，彷彿邁達斯（Midas）國王還在國庫裡工作。根據《這次不一樣：八百年金融危機史》的作者所言，希臘過去兩百年有一半的時間債務纏身，終究導致歐元陷入危機，希臘也淪為聚光燈下的笑柄。假如希臘想擁有繁榮的經濟，他們就必須忍受幾年斯巴達式的生活型態，但這就是問題所在：今日的希臘人並不是斯巴達人。

這種古今之間的脫節也會發生在遊客身上，例如馬克．吐溫認為「現代希臘人對他們的遠古祖先來說是一種侮辱」，英國詩人拜倫懷著美夢來到希臘，以為會看到金髮碧眼的古代英雄，卻反而大失所望。當你拜訪希臘城市，你會預期所有東西都長得像帕德嫩神廟；我曾經想像人行道全都是大理石，每棟建築周圍都有科林斯梁柱，人們穿著托加長袍，騎著戰車在街上馳騁。

簡言之，希臘是自我行銷的受害者，它說服我們相信了一個文明古國的假象，而實際上希臘在過去兩千年有九成時間根本不在世界地圖上。自從羅馬人吸收希臘之後，它直到一八二九年才以獨立國家的身分再次出現，這不禁使你懷疑希臘人和義大利人是否經常私下開討拍大會，相互依偎著泣訴：「我們到底做錯了什麼？」

塞薩洛尼基的四位希臘女孩

多數沙發衝浪主的個人檔案顯示的都是一個人或兩個人，所以當我在塞薩洛尼基（Thessaloniki）看到四個女孩共用一個帳號，我就料想其中會有個精采的故事。她們的名字是安娜（Anna）、伊芮妮（Irini）、瑪利亞（Maria）和妮基（Niki）。我們交換了幾封有趣而輕佻的電郵，妮基在我抵達前幾天還告知：「我們忘了說，你會跟德國籃球隊共用同一張床。」

當她們提議在火車站接我時，我就回信：「我會穿藍色夾克，身高大約一七五公分，有個可愛的屁股。我會背著一個黑色的大背包，可能會戴眼鏡，可能沒刮鬍子，也可能會跟布萊德．彼特在一起。如果我沒看到你們，我就會等到晚上六點，然後就會自己去找你們的家。如果沒找到，我會含淚在街頭露宿，有人會趁我睡著時把我殺掉，然後你們可能會替我難過一兩天，不過我的老媽會難過一個星期。」

妮基只回了一句：「希望你的屁股真的很好吃，到時再見。」

瑪利亞和妮基依照約定在火車站等我。瑪利亞是一位三十歲的棕髮女郎，有著老菸槍的磁性嗓音和充滿自信的性感；妮基是一位二十四歲的紅髮美女，講話速度似乎比我的頭腦轉得還快。我們三人一拍即合。當我走上樓梯，瑪利亞還故意用我聽得見的音量對妮基說：「他的屁股確實不錯。」

我們回到她們的公寓時，伊芮妮和安娜在那邊迎接我，兩人的年紀都在二十五至三十歲之間。伊芮妮是一位嬌小活潑的棕髮女，安娜則是一位身高中等的金髮會計師。四人都極端開朗，像煙囪般狂抽菸。她們習慣等到沖澡前再打開熱水器，這是個省錢的小祕訣，水大約二十分鐘後會變暖，然後她們就會把熱水器關掉；如果全世界都這麼做，就能省下大量能源。妮基準備了兩份砂鍋燉茄子和一大盤希臘沙拉，她邀請大家坐下來共用晚午餐。

個人認為希臘有東歐最美味的食物，為了給餐食增添活力，他們會摻加各種新鮮食材，例如番茄、茄子、菲達起司、洋蔥、橄欖油、優格、西葫蘆、堅果和蜂蜜。希臘人在拜占庭和土耳其時期引進了各種香料，例如牛至、蒔蘿、月桂和薄荷。今日他們的著名餐點包括蘇夫拉奇（souvlaki，任何食材用橄欖油、食鹽、胡椒、牛至醃漬過後再串烤）、多爾瑪（dolmathes，葡萄藤葉填塞白米、蔬菜或肉類）和特雷德湯（tzatziki，青瓜蒜泥酸乳酪醬）。連他們的速食都很好吃，旋轉烤肉（gyros，搭配醬料和裝飾菜夾在口袋餅內）會使你放棄漢堡。最後，果仁蜜餅（baklava，多層酥皮裹入碎堅果，浸泡在糖漿或蜂蜜裡）也是任何主餐之後必吃的墮落甜點。

對我來說都是希臘文

四位希臘女孩在晚餐時間給我上了一堂希臘語的速成課程。妮基特別會教，因為她修過古希臘文。基本用語包括yashoo（你好）、adio（再見）、puinne（在哪）、posho kani（多少錢）、tikanish（你好嗎）、treno（火車）、pote（何時）、poli kalo（很好）、katalava（了解）、signomi（對不起），以及最重要的efharishto（謝謝）。

妮基（她的名字可直譯為勝利）每隔十分鐘就提醒我有些英文字是來自希臘文。其實她可以打岔我更多次，英文詞彙中有大約百分之十二的字可以追溯到古希臘，包括mathematics（數學）、astronomy（天文學）、democracy（民主）、philosophy（哲學）、thespian（戲劇演員）、athletics（田徑）、theater（戲劇）和rhetoric（修辭）。然而這並不表示希臘文對美國人而言很簡單，多數希臘動詞都不固定，它們有四種格位，sigma（拉丁字母S的前身）這個字母甚至還有三種寫法。第一個是大寫（Σ），第二個是小寫（σ），第三個則限用於字尾（ς）。「所以句子念起來就像這樣」（So sentence would read just like this）要這樣寫：Σo σentenceς would read juσt like thiς。

除了希臘字母之外還有兩件事很討厭。第一，多數歐洲國家對巴士的稱呼聽起來都很像bus或autobus，但希臘人卻稱它為leoforio，那是什麼鬼？第二，當你要說「是」的時候，你必須說neh，這在多數歐洲語言聽起來都像否定詞。所以當我問「leoforio今天會開嗎？」他們就會點頭回答neh！另一方面，當你要說「不」的時候，你要說ohi。正如莎士比亞所言：「這對我來說都是希臘文。」

在享盡妮基的神奇烹飪之後，我們五人繼續聊了好幾個小時。妮基晚上大部分時間都在一間酒吧上夜班，所以她把房間讓給我睡；她凌晨四點回家後會去瑪利亞的房間睡覺。她答應明天會帶我參觀塞薩洛尼基。

坐霸王車被抓包

我在第二天早晨被猶如空襲般的喧譁聲驚醒。小貨車上的攤販紛紛用麥克風宣布他們有馬鈴薯或其他食品要賣，如果你聽不懂希臘文，那些話聽起來真的有點像防空警報。所幸邪惡的北馬其頓並沒有對可憐的希臘發動攻擊。

妮基在接近中午時起床，很快就梳妝完畢。為了避免走四十分鐘的路，我們決定搭公車去市中心，她向我保證不用買車票，因為沒有人會檢查。果不其然，我們就被兩位查票員抓包了。聰明的妮基立刻假裝自己是一名挪威遊客，我則是她的「美國老公」。查票員叫我們下車，給了我們兩個選擇：現在就付五十元現金，或是過幾天再繳一百五十元罰單。

妮基回答：「我們過幾天再繳錢。」

她留下住址後，他們就離開了。然後她告訴我：「別擔心，他們絕對不會寄罰單給我們，希臘政府實在太雜亂，就算他們有寄，你也不必理它。不過剛才那些人說話真是有夠難聽！當我說我們是外國人時，他們就開始用希臘語罵出各種你能想像到的無禮字眼，實在很難不有所反應！幸好你聽不懂。」

經過那段刺激的開場後，我們就學乖到處走路。塞薩洛尼基是希臘第二大城，也是馬其頓地區的首府，大都會區有將近一百萬名居民。它創建於西元前三一五年，是根據亞歷山大大帝的同父異母妹妹塞薩洛尼加（Thessalonike）命名。到了一五一九年，土耳其的穆斯林邀請被西班牙驅逐出境的猶太人移居到此，全城有一半人口變成猶太人。它在一九一三年還有大約六萬一千名猶太居民，占總人口四成。一九一七年，一場大火燒毀了城市，許多猶太人因而遷離。納粹在一九四〇年代收拾殘局之後，如今這裡只剩下一千兩百名猶太人，相當於總人口的百分之零點二七。

塞薩洛尼基有九處聯合國世界遺產，比任何希臘城市都多。我們參觀了好幾個，包括巨大的聖索非亞教堂。當我們經過雄偉的亞里斯多德廣場時，妮基告訴我說這座城市曾在一九九七年獲選為歐洲文化首都。雖然它擁有這些美譽，塞薩洛尼基（如同雅典）並沒有你預期中那麼華麗。這就是古希臘的行銷詛咒：希臘被過度炒作了。塞薩洛尼基目前正在進行全面翻修計畫，預計將在二〇三〇年完成。

當沙發衝浪變成膝上舞

當妮基在帶我遊覽塞薩洛尼基的時候，她偶爾會故意貼近我，輕佻地嘻笑，走路時會挽住我的胳臂，有一度還跟我牽手數分鐘。我不確定該如何回應，當你身處於希臘這種陌生國度，你永遠都不知道當地社會能容許的尺度有多寬。

這對我來說格外尷尬，因為她是我的衝浪主。趁此時發展進一步關係固然誘人，畢竟妮基相當性感撩人，更重要的是我已經單身了好幾個月，所以我的意志力很薄弱。我當時還沒認識安娜（那是兩年後的事）。然而儘管單身加上性欲難抑，我的內心還是充滿疑慮；萬一我自作多情誤解了她的意思呢？我可不想弄僵原本的友好關係，畢竟我還要在她家住兩晚。於是我就故作淡定，假裝加州人也喜歡跟不熟識的人牽手。

有些男人以為跟辣妹一起沙發衝浪是美夢成真，其實不然，那簡直是一場噩夢。跟一位美女衝浪就像在觀賞膝上舞，我向來都無法理解有些男人為何會想付那種錢，讓穿著性感內衣的名模在自己全身上下磨蹭，但如果你膽敢動她一根寒毛，某位彪形大漢就會把你扔出「紳士俱樂部」。

正如膝上舞是煎熬，跟一位誘人的單身美女衝浪也極端痛苦。話說回來，它確實偶爾會引燃愛情。事實上，雖然沙發衝浪簡稱為CS（couch surfing），有些人開玩笑說它真正的意思是「隨意性交」（casual sex），少數蕩婦還戲稱它為「陽具衝浪」（cock surfing）。儘管如此，這個社交圈內有一條男性必須遵守的不成文規定：請將沙發衝浪視為膝上舞，意思就是別耍猴戲。因此，當妮基如同海妖勾引奧德賽似地色誘我時，我只能試圖表現得像個來自邁泰奧拉的僧侶。

後來瑪利亞和伊芮妮也加入我們，終於澆熄了火花。不過這些女孩的幽默感還是很露骨，她們宣稱自己有一張列表，上面統計過去所有性伴侶的評分。雖然她們沒有實際給我看那張列表，但還是跟我分享了每個人的平均分數，它介於四點七至六點七之間（滿分為十分）。顯然安娜不是最幸運就是最容易滿足。

我們四人沿著海濱走到著名的白塔（White Tower）和亞歷山大的雕像。我一整天都在觀察人群，這裡的希臘人似乎都穿得很休閒，不像波羅的海地區或塞爾維亞那麼注重時尚。最引人注目的是寡婦的穿著方式，為了對已故的丈夫表示尊重，她們後半輩子全身都穿黑色。我不確定這些希臘寡婦為何都長得如此矮小，或許高大的希臘女子都比丈夫早先離世吧。

那晚，女孩們邀請我去一間同志酒吧，來自舊金山的我自然無法拒絕，況且你並不是每天都有機會跟四個可愛的女孩一起去同志酒吧。她們的變裝皇后朋友澤凡達（Xvanda）那晚有一場表演，所以她們要去為他衝人氣。當我告訴妮基說舊金山是同志的世界首都，她原本還不相信，但當她向友人介紹「來自舊金山的法蘭西斯」，而他們都興奮尖叫時，她終於相信了。

這是我的幸運之夜，澤凡達的歌唱表演還要等兩個小時，大家都在台下跳舞。吧台放的不是花生，而是口香糖。妮基把一片口香糖放在舌下嚼了幾秒，趁我不注意時突然用舌尖把它送入我的嘴裡，然後就面帶邪惡的微笑轉身離去。我像一座希臘雕像般呆立在原地。

我們回家後，妮基說：「真不好意思，可是瑪利亞的男友今晚要陪她，所以我不能睡她的床。希望你不介意跟我共用一張床。」

我暗中竊喜：這比膝上舞好太多了。

我原本計畫住三晚，後來變成一個星期。女孩們在那段期間邀了將近兩百人來家裡狂歡，塞滿了整間公寓，那晚的明星也是澤凡達。不過別就此認定希臘人都能容忍同志或變裝皇后，正如多數沙發衝浪者，我的主人和她們的朋友遠比多數人思想開放。根據二〇一〇年的蓋洛普訪查，只有三分之一的希臘人認為自己的社區「適合同性戀者居住」。

最後警察終於關閉了這場喧譁的派對，他們也很樂意把我的四位室友帶去警局「進一步盤問」。他們離開後，我跟一位在雅典附近工作的法國人閒聊。他說：「在法國的咖啡館，人們喝完咖啡就立刻走了，但希臘人都不會趕時間。還有一件事很棒，那就是你可以在售貨亭買酒。」女孩們回來後，大家終於散場。

希臘的未來

希臘現在就像它的許多巴爾幹鄰國一樣機能失調，其他巴爾幹國家已經擺脫共產主義和戰爭的戕害，因此可望縮短自己跟希臘之間的生活差距。當希臘正處於歐元危機時，妮基向我提到一個矛盾現象：「我們都能感受到景氣低迷，再過不久大家就會沒錢了，然而所有該死的咖啡館和酒館還是充滿笑容滿面的人群。」

除了經濟之外，希臘人還得顧慮另一個長期問題：氣候變化。全球暖化是歐洲少數南北（而非東西）意見分歧的議題，南歐人遠比北歐人擔心這件事，例如芬蘭人只有百分之五認為全球暖化是「很嚴重」的威脅，希臘人則有百分之六十三同意這很嚴重。在愛沙尼亞度過整個冬天之後，我可以理解北歐人為何如此不在乎全球暖化。

瑪利亞和妮基送我回到即將進行翻修的大都會火車站。我留給她們五公升的橄欖油作為臨別禮，依照她們的消耗量，它大概不到一週就會見底。我們相擁道別，不過妮基答應兩週後會到保加利亞跟我重聚。我給了她們一個飛吻，搭上前往北馬其頓的火車。

這本書寫到一半時，我的一位高中同學告訴我：「法蘭西斯，你知道自己此刻寫的其實是一本民族誌。」我當時從未聽過那個詞，也不知道「民族誌」（ethnography）是源自希臘文的ethnos（民眾）和graphia（寫作）。希臘人在古今書籍中灌輸了他們的哲理與思想，以下會再補述兩點。

希臘能教我們什麼

- **不要拘泥生活結構。**隨意一點，雖然事先擬定計畫是對的，但別讓那些計畫主宰你的人生。
- **有必要時再打開熱水器。**幾乎所有美國人都永遠開著家裡的熱水器，多數東歐浴室的電燈開關旁邊都有個熱水器開關，他們需要用之前才會把它打開。如果你照做，就能節能省錢，尤其是當你的熱水器沒有隔絕得很好的時候。

聖人西里爾和美多德都是出生於塞薩洛尼基，我們在保加利亞的章節會再介紹他們。土耳其的現代國父凱末爾（Mustafa Kemal Atatürk）也是出生於塞薩洛尼基，我們將在下一章介紹他。

第二十章

土耳其——歐亞大陸的十字路口

土耳其小資料

位置：橫跨歐亞兩洲的國家，與希臘、保加利亞、敘利亞、伊拉克等國接壤。

面積：約78萬平方公里（台灣的21倍）

人口：約8,500萬（台灣的3.7倍）

首都：安卡拉

主要族群：土耳其人

人均國內生產毛額：8,081美元（2022年資料）

- Türkiye Cumhuriyeti -

這個世界上只有四個國家希望跟東歐扯上關係，土耳其是其中之一（另外三個是白俄羅斯、摩爾多瓦和烏克蘭）。當其他東歐國家堅決抵抗東歐的標籤，土耳其反而擁抱它，然而許多歐洲人卻不願意讓土耳其沾到東歐的「榮耀」，因為他們認為土耳其不屬於歐洲。

就地理而言，土耳其只有一隻腳趾在歐洲，它有大約百分之三的領土位於東歐，其餘則屬於亞洲。鑑於此懸殊比例，我原本也不想在本書提到土耳其，然而就像東德是東歐的歷史成員，土耳其（因為土耳其帝國曾經獨霸巴爾幹地區長達五個世紀）也是一個歷史成員，況且現代的土耳其也屬於北約，跟巴爾幹地區有密切關係，同時也在歐盟的候選名單內。還有，雖然土耳其的領土只有一小部分在歐洲，但那邊有一千萬名居民，比許多歐洲國家的總人口還多，所以我必須把土耳其列入此書。不過我只會把焦點放在它的西部，因為那跟歐洲關係最大。

在快速遊覽西土耳其之前，讓我們先了解它的國名。有些土耳其人告訴我說他們很討厭外國人叫它Turkey，而不是Türkiye（唸起來像「土耳基耶」）。當然若不是Turkey這個字有損形象（除了火雞之外，它在英文中還有蹩腳或蠢蛋的意思），他們根本不會介意；如果Turkey的意思是「很棒」，土耳其人絕不會抱怨。匈牙利也有類似的問題，他們稱自己的國家為Magyarország，而且他們也厭倦外國人老是拿他們的國名開玩笑。例如有個笑話說衣索比亞人對世界盃足球賽的抽籤結果很失望，因為他們原本希望抽到土耳其（火雞），卻抽到了匈牙利（飢餓）。

或許有一天他們真的能如願改名。

從黑海進入土耳其

我選了一個不尋常的路線，從烏克蘭的塞凡堡（Sevastopol）坐了三天的船，經由黑海進入伊斯坦堡。當時是十一月，寒冬正席捲東歐，我只想盡快逃離冰冷的烏克蘭，享受較溫暖的氣候。一百元的船票包含兩夜住宿、基本的熱水淋浴、兩頓晚餐和早餐，加上一頓午餐。全船可以容納大約五十名乘客，我跟一位俄羅斯銷售員共用船艙。我的俄語能力大概只有兩歲程度，基本上無法跟他溝通；若再給我五年時間練習，我或許就能進步到三歲。

第三天早晨，我們終於看到伊斯坦堡的宣禮塔。過了海關之後，我踏上土耳其的疆域。我才遊蕩了幾個小時，就能明顯感受到土耳其人的溫情與和善，無論我跟誰交談，大家都很樂意伸出援手。值得一提的是，大城市的居民通常都比較不友善，然而伊斯坦堡卻擁有一千三百萬名居民。所以如果連伊斯坦堡的人都這麼友善，這個國家的內陸地區不知會有什麼樣的人？

我看到一個人坐在路邊，就向他詢問聖索非亞大教堂的位置，他立刻說：「讓我帶你去。」他帶著我在市中心走了十分鐘，途中不斷跟我閒聊，他是一家服裝店的老闆，只要有空就喜歡在清真寺附近休息。我很確信他會在這段小導覽結束時跟我收錢。他把我帶到博物館入口處，「好啦，這裡就是了，我會在這等你出來。」

我說：「呃，沒關係，我自己逛就好，謝謝！」

「好的，沒問題！再見！」

我替自己的冷淡趕到愧疚，我以為他會伸手要錢，但他從未如此暗示。諷世者可能會說他確實在等我給小費，只是沒有明講，然而在經過數十次與當地人的交流之後，我想他應該是純粹出自善意。要不然就是太無聊，這很有可能，土耳其人確實是全球最沒事幹的民族之一。蓋洛普曾經訪問一百四十一個國家的人在前一天是否感到無聊，土耳其人有高達六成以肯定作答，高居世界之冠。

伊斯坦堡的感官衝擊

我離開那位吃飽沒事幹的新朋友之後，踏入了令人敬畏的聖索非亞大教堂。它的歷史可以追溯至拜占庭帝國初期，曾經是全世界最大的教堂，直到一千年後才被土耳其人改建為清真寺，畢竟轉化一個宗教場所還是比毀掉它來得文明。現在它已不是宗教場地，而是一間博物館。試圖用文字描述聖索非亞就像試圖描述梵諦岡一樣困難，我們姑且就說它很大，令人肅然起敬吧。

其他景點也能佐證伊斯坦堡為何會在二〇一〇年獲選為歐洲文化首都。例如聖索非亞教堂隔壁就是地位崇高的蘇丹艾哈邁德清真寺（Sultan Ahmed Mosque），由於室內有精美的藍色磚瓦，它通常也稱為藍色清真寺，彷彿透過周圍的六座宣禮塔炫耀自己的偉大。我在六世紀的地下水宮（Basilica Cistern）深處漫遊，這個古老的水池至今仍有蓄水功能。傳統大市集是全世界最古老、也是規模最大的室內市場之一，空氣中充滿誘人的香氣。我拜訪的時間正好是齋戒月，穆斯林在白天不能進食、抽菸或性交。想必每戶人家在日落之後都會大快朵頤、吞雲吐霧。

伊斯坦堡充滿著感官的衝擊。人們在指引方向時都會觸碰或牽引你，好像深怕你走錯路；Buğulama（清蒸魚搭配檸檬香菜）的香味對於齋戒者肯定是一種煎熬，每隔幾步路就能聽到街頭攤販在喊價；土耳其式和拜占庭式的建築為你帶來視覺的喜悅；土耳其的香料會將你的味蕾帶往各種未知領域，超越東歐一貫的乏味。

土耳其人的國父

若不先認識土耳其的現代國父凱末爾，就很難了解這個國家。他在一九二四年立法規定兩性平等，在一九二八年將阿拉伯的書寫系統改成拉丁字母。跟美國不同的是，凱末爾並未試圖將政教分離，他嘗試將教會放在國家下，創立宗教事務局（diyanet），由此政府機構指派全國七萬多間清真寺的伊瑪目（imam），規定他們的傳教內容，有時甚至替他們撰寫佈道。我們可以想像一下美國國會在全國各地指派牧師，告訴他們該說哪些話。

凱末爾曾因試圖將土耳其西方化而受挫，而他們至今仍在掙扎。比方說，英語是土耳其偏好的第二語言，只有宗教學校才教阿拉伯語，但大家還是必須修習宗教課程。另一方面，你在國會不能披戴頭巾，但街上多數人都是男性，因為社會不鼓勵女人外出。土耳其的地理位置造就了這些矛盾，它同時受到歐洲和中東文化的雙面衝擊。

我在拜訪土耳其兩年之後訪問了哈坎．阿古爾（Hakan Akgül）和丹妮絲（Denise）。這兩位二十來歲的土耳其人，他們都是在伊斯坦堡出生並長大，後來在一九九〇年代中期移民到美國。他們說凱末爾在土耳其廣受尊敬，土耳其人對宗教不是非常熱中，他們預估全國大概只有一半的人會虔誠到每天禱告五次，其中大概有百分之五是狂熱的基本教義派。

哈坎和丹妮絲說土耳其的教育體制很嚴格，標準很高。丹妮絲說很多人為了進大學而擠破頭，哈坎說小孩會因為沒寫功課而被老師鞭打，家長也會支持老師；他們送小孩上學時會對老師說：「我把肉交給你，還我骨頭就行了。」

在以弗所追隨先賢足跡

我在拜訪過伊斯坦堡後搭上夜車，前往古都以弗所（Ephesus）。土耳其的巴士遠比東歐的標準夜車豪華，它有舒適的後仰式座椅、餐盤、電影（當時播放的是《特洛伊人》，跟這班車的終點站很相符）、耳機、茶水、免費零食和友善的司機（這真是令人驚訝）。

根據希臘傳說，以弗所是神話中的亞馬遜女戰士創建的；也有人說創立者是雅典王子安卓克洛斯（Androklos），不過他選擇這個地點的原因有點詭異。據說他諮詢過德爾菲（Delphi）的女祭司，她們告訴他說一隻魚會指引他到新的殖民地點，而一隻野豬會領導他們到未來的以弗所。有一天，大家在愛琴海的岸邊準備晚餐，魚突然從鍋裡跳出，廚師在慌亂中不小心燒到灌木叢，嚇跑了一頭野豬。安卓克洛斯隨即追上那頭野豬並殺了牠，然後他就決定實現預言，在那個位置創建以弗所。其他有利因素可能包括鄰近的海灣、豐沃的土壤和水源。

大約兩千年前，以弗所曾經是全世界第二大的城市，僅次於羅馬。在西元第一至第二世紀之間，它的人口曾經高達五十萬。跟隨歷代偉人的腳步走過這些街道真是令人興奮，例如亞歷山大大帝在征服此地後曾提議協助市民完成阿提米絲（Artemis）的神殿，但建商婉拒了他的資助，因為亞歷山大要求將自己的名字刻在神殿上。為了避免冒犯他，市民很有技巧地說一個神不應當將殿堂獻給另一個神。

其他著名的訪客包括凱撒，他在追捕龐培的途中曾拜訪以弗所。克麗奧佩脫拉的妹妹阿爾西諾伊（Arsionoe）在輸掉埃及王位之爭後逃到以弗所，但克麗奧佩脫拉終於還是說服她的情人馬克・安東尼到此地殺掉她的妹妹。有這種家族成員，誰還需要敵人？

西元前三二年，克麗奧佩脫拉與安東尼在以弗所浪漫相會。安東尼正在集結軍力，準備對抗屋大維，但他的部隊不喜歡克麗奧佩脫拉，士氣因此大跌。結果克麗奧佩脫拉帶著六十艘埃及軍艦臨陣脫逃，落跑得比一名法國將軍還快，安東尼則獨自搭著一艘船尾隨而去，拋棄自己的艦隊，任由他們在前線被屠宰。有這種指揮官，誰還需要敵人？

據說聖母瑪利亞是在以弗所度過晚年。耶穌門徒保羅曾來此傳教，差點引發阿提米絲紀念品供應商的暴動，使他萌生退意。保羅在那邊住了兩年就離開，但他還是建立了一個基督教組織。聖約翰曾在以弗所的一座山上寫福音，你現在仍然可以上山拜訪他的教堂和陵墓。最後，古羅馬的塞爾蘇斯圖書館（Library of Celsus）也告訴我們：人類改變得不多。圖書館下方有一條密道連接隔壁的妓院，所以那些男人都能騙老婆說他們要去圖書館「熬夜惡補」。

最後再提一下阿提米絲神殿。一八六三年時，大英博物館派遣建築師約翰・伍德（John Turtle Wood）去挖掘消失的阿提米絲神殿，也是古代世界七大奇蹟之一。這是極為艱巨的任務，該地區經常被土匪侵擾，很難徵召到工人，他的預算太吃緊，而且他對神殿的位置也毫無概念。他尋找了六年，每年大英博物館都威脅他若沒有顯著的新發現，他們就要中斷資助，他每次都說服他們再提供一季資金。伍德給的理由搞不好是「他要去圖書館做更多研究」。

伍德在第一季就被自己的馬甩飛，摔斷了鎖骨。他在兩年後被刺中心臟旁邊數公分處。到了第五年，他應該已經開始想念倫敦的天氣。一八六九年，他的團隊終於在一個七公尺深、積滿泥濘的探井底部擊中一塊古老的石板，伍德將泥淖掏空，挖出了神殿的地基，留下一個跟足球場等大的坑洞。

如今最有價值的部分殘骸已被運送到大英博物館，所以原始遺址已經沒什麼值得看，當地導遊也為此唉聲嘆氣。但儘管如此，以弗所還是令人欽佩，因為它擁有全世界最大的古羅馬遺跡之一。現在它離水域有一段距離，但兩千年前愛琴海曾經溢滿整個河谷，船艦都會在此停泊。後來河水的淤泥逐漸堆積，導致海港乾涸，終結了它的光榮歲月。如今土耳其人正在開通一條運河，等它完工後，訪客將能再次將船停靠在以弗所的岸邊。

土耳其能否在二〇二三年加入歐盟？

土耳其總共有八千五百萬名居民，多於歐洲任何國家，他們也擁有北約第二大軍隊（僅次於美國）。它是全球第二大的水泥輸出國，並生產大量汽車、鞋子、家具和電子產品，地位相當於歐洲的中國。

由於土耳其的領土和影響力是如此巨大，歐盟的領導者至今仍在爭論是否應邀請它加入。若是吸收一個像波士尼亞或塞爾維亞的這種巴爾幹小國，那對歐盟的整體影響並不大，但土耳其的面積是塞爾維亞的十倍，它會打破原本的平衡。土耳其已經為歐盟擦上口紅：他們已廢除死刑，裁減軍力，並給予女性更多權利，對所有歐盟會員國（以及部分非會員國，例如塞爾維亞）開放免簽證和自由貿易。他們也准許墮胎。這些改革多數都是為了讓土耳其能在二〇二三年加入歐盟，土耳其共和國也將在那年慶祝建國一百週年。

但即使土耳其做出這些努力，歐盟邀請他們加入的機會並不大。每當奧地利、法國、德國和荷蘭的政客想要處罰土耳其人，他們總是能輕易擄獲選票。這些歐盟的勢利者不會邀請土耳其加入他們的小圈子，因為他們喜歡被曬黑的白人，卻不喜歡天生具有古銅膚色的人種。

生活差距是另一個因素。在二〇一九年，有百分之三十五的土耳其人告訴蓋洛普說自己有時候連住宿費都付不起，俄羅斯（百分之四十三）是唯一比它更拮据的歐洲國家；西歐人自然會聯想到貧困無助的土耳其難民，如排山倒海般淹沒他們的國家。光是保加利亞和羅馬尼亞就已經讓歐盟消化困難，它若再嘗試消化土耳其，可能會得胃潰瘍。更重要的是，土耳其的移民數量可能會多到形成群聚效應，在各地聚集成族裔飛地，破壞各個國家文化的穩定結構。當少數移民能快速學會當地語言、適應當地習俗，歐洲人就能接納他們，但如果一群移民建立自己的平行宇宙，住在與世隔絕的泡沫社會裡，歐洲人就會發瘋。另外當然還得考慮伊斯蘭恐懼症。

土耳其能否加入歐盟，就取決於歐盟希望自己長大後變成什麼樣子。有些人認為愈大愈好，這樣才能跟美國和中國競爭；其他人則重質不重量，他們希望維持菁英形象，不要被一些嗷嗷待哺的貧窮國家拖下水。從另一個角度來看，或許歐盟到了二〇二三年就必須接納土耳其，隨著歐洲人口逐漸老化，他們需要境外的年輕移民支持自己的福利制度，否則就得面臨徹底的削減效應。若沒有土耳其為他們注入新血，歐盟的影響力就會消失。況且歐盟如果排斥他們，土耳其就會強化自己跟中東的關係，致使土耳其的歐洲化受阻，對歐盟可能是壞消息。

或許最有機會成局的情境就是歐盟為土耳其發明一個「準歐盟」的類別，這可以包括某些福利（例如自由貿易和免簽證旅遊），但不包含其他範疇（例如在任何歐盟國家生活和工作的權利）。或許歐盟也可以將這個被稀釋的會員資格提供給烏克蘭、白俄羅斯、俄羅斯，以及所有它想陪睡但不想迎娶的國家。

鬱悶的東歐

假笑容在東歐是被禁止的，如果他們不認識對方，也沒喝醉酒，他們就會板著臉，通常還皺著眉頭。從商店和超市的工作人員，到公車司機以及政府機關的員工，大家都顯得陰鬱寡歡，連顧客也不例外。如果你露出笑容，那就會被視為懦弱或愚昧的表徵。我有時候會故意惡作劇，在街上對東歐人微笑——那會使他們連續三天摸不著頭緒。

蓋洛普在二〇二〇年詢問世界各國：「你昨天是否經常微笑或大笑？」結果東歐和西歐有明顯的區隔，西歐各國都至少有七成以肯定作答，東歐則普遍低於七成（除了芬蘭和斯洛伐克），其中最低的就是土耳其（百分之四十四）。這項數據倒是很奇怪，因為我個人的感覺是土耳其人遠比多數東歐人外向和友善。

當我從以弗所搭十二小時夜車返回伊斯坦堡，我在凌晨不禁皺起眉頭。車上有個幼兒一直哀號，他到半夜終於叫膩了，但這時他的母親卻開始跟車掌小姐大聲交談。照理說她應該已經被小孩操到累翻，但她們聊了幾個小時還是沒完沒了。最詭異的橋段是發生在凌晨兩點，他們居然打開燈，開始傳遞茶水和餅乾。什麼？我很驚訝沒有人因為被吵醒而發怒，大家反而都很高興地接受了點心。難道所有土耳其人都在半夜兩點設鬧鐘，起床喝午夜茶？我總有一天會再回去研究。

土耳其能教我們什麼

幫助別人。多數土耳其人都極端樂於助人，這跟一般東歐人不同。而且我只是在伊斯坦堡這種大都市和以弗所這種熱門觀光景點就能有此體會；通常這些地方的人對遊客應該都很沒耐心，由此可以想像其他地方的土耳其人會多麼友善。

在拜訪過東歐的一個關鍵鬧道之後，我們現在只剩下五個國家：保加利亞、羅馬尼亞、摩爾多瓦、烏克蘭和俄羅斯。你在許多東歐國家都會見到西里爾字母，讓我們先認識當初將這種文字普及化的國家——保加利亞。

第二十一章

保加利亞——西里爾字母的故鄉

保加利亞小資料

位置：巴爾幹半島國家，與羅馬尼亞、塞爾維亞、北馬其頓、土耳其等國相鄰。

面積：約11萬平方公里（台灣的3倍）

人口：約700萬（台灣的0.3倍）

首都：索非亞

主要族群：保加利亞人

人均國內生產毛額：13,101美元（2022年資料）

АБВГДЕЖ
ЅЗИІКЛМ
НОПРСТОУ
Кирилица

一七八五年，豪特里夫伯爵蘭諾特（Alexandre-Maurice Blanc de Lanautte, Comte d'Hauterive）離開了伊斯坦堡的法國大使館，前往摩爾多瓦。當時三十一歲的他就像任何自尊心強烈的法國人，習於看貶周遭一切事物，包括東歐。他很快就做出此結論：「保加利亞人一向都是不可理喻的野蠻人。」[1]不過這位法國佬還不算太糟糕，他在兩個星期後坦承其中確實有些例外。

東歐人對自己的鄰國總是特別有偏見，他們通常都會告誡我：「小心，某某國家有很多竊賊，要抓緊你的背包。」這些警語的歷史淵源就跟這些國家一樣久遠。一七八六年，克拉文男爵夫人（Lady Elizabeth Craven）正準備從伊斯坦堡返回維也納，她原本考慮經由貝爾格勒回去，但大家都告訴她那條路是盜賊天堂，於是她決定效仿前一年的那位法國佬，改走保加利亞路線，然而有些人還是警告她：「這條路的風險更大，我每隔一里就會看到路邊的旗杆插著頭顱，跟另一條路相比，這個國度到處都充斥著盜匪和殺手。」後來男爵夫人還是選

1 Alexandre-Maurice Blanc de Lanautte, comte d'Hauterive, "Journal inedit d'un voyage: de Constantinople à Jassi, capital de la Moldavie dans l'hiver de 1785." In *Mémoire sur l'état ancient et actuel de la Moldavie: Présenté à S. A. S. le prince Alexandre Ypsilanti, Hospodar régnant, en 1787, par le comte d'Hauterive* (Bucharest: L'Institut d'arts graphiques Carol Göbl, 1902), pp. 311-13.

擇走這條路，「我把最優秀的兩把英國小手槍藏在腰帶裡」。[2]

我第一次去保加利亞時沒有帶任何手槍，倒是很後悔沒帶防震器。我從史高比耶搭了一輛夜班巴士，前往保加利亞的首都索非亞。在顛簸的道路上行駛的感覺就像連環地震，當我們終於在黎明抵達索非亞時，我的頭還在彈跳。

我承認對保加利亞有些疑慮，《孤獨星球》當年列出「東歐最爛的十件事」，第八名就是「保加利亞的大部分」。哎喲。其他上榜者都是特定地點，不是針對全國。當旅遊專家都如此唱衰你的國家時，這實在很傷人。

雖然我在抵達索非亞時已經疲憊得像一條狗，但這個人口一百二十萬的城市給我的第一印象還不錯。它是歐洲海拔最高的首都（五四五公尺），白雪封頂的維托沙山（Mt. Vitosha）屹立在近處。國家美術館的收藏相當可觀，全市最壯觀的建築是亞歷山大・涅夫斯基主教座堂（Aleksander Nevski Cathedral），它紀念十九世紀為解放保加利亞脫離土耳其帝國而捐軀的二十萬名俄軍。認識一國之都固然重要，但首都之外的景象更能令人大開眼界。

從里拉到大特爾諾沃

拜訪過索非亞之後，我朝南前往建造於十世紀、名列世界文化遺產的里拉修道院（Rila Monastery）。它依偎在魔幻而誘人的里拉山脈之間，除了一千兩百幅輝煌的壁畫，另一重大珍藏是沙皇鮑里斯三世（Boris III）的心臟。他曾經抗拒希特勒的施壓，使五萬名猶太人免受被遣送到納粹集中營的命運。

參觀過里拉修道院後，我沿著一條小徑進入深山，爬到林木線的高度紮營；當我醒來時，我的防水帳篷已經結霜。通常你每隔幾小時就能找到登山小屋，但有個標示說明這條路很險惡，而且小屋都關了，不過我還是繼續前進，探索壯闊的七湖。我刻意偏離步道，到路邊小憩片刻，結果誤將帳篷留在一團雪堆後面。當時的我從未擁有過自己的房子、床、桌椅、沙發或電視，所以那塊篷布是我少數的身家財產，它曾經陪我走過阿帕拉契山脈，但願它此刻正陪伴一位保加利亞的登山者。

爬過里拉山脈後，我來到保加利亞的第二大城普羅夫迪夫（Plovdiv），親眼目睹一位穿著體面的女士試圖扒竊遊客，過了三十分鐘又看到兩個十二歲的女孩做出同樣的失敗嘗試。撇開這些女扒手不談，普羅夫迪夫是個不錯的城市，有很多歷史悠久的建築。羅馬人在三世紀創建了普羅夫迪夫，他們當初稱之為菲利普波利斯（Philippopolis），市中心的古羅馬劇場保

---

2 Elizabeth Craven, *A Journey Through the Crimea to Constantinople: In a Series of Letters from the Right Honourable Elizabeth Lady Craven, to His Serene Highness the Margrave of Brandebourg, Anspach, and Bareith, Written in the Year MDCCLXXXVI* (Dublin, 1789; rpt. New York: Arno Press and New York Times, 1970), pp. 508-9.

存得很完善。由於它是色雷斯人創建的，這點也能強力支持普羅夫迪夫是歐洲最古老的城市。

我從普羅夫迪夫朝北前往大特爾諾沃（Veliko Tarnovo），這也是我最喜愛的保加利亞城市，它曾經是保加利亞第二帝國的首都，歷史長達兩百多年。揚特拉河（Yantra）在此形成一個馬蹄灣，刻出一道深邃的峽谷，中古世紀的沙皇堡壘（Tsaravets）雄踞於中間的岩島之上，享有絕佳防禦優勢。令人驚訝的是土耳其人竟然能在一三九三年突破它的防線，當時那些戰俘應該都是被帶到行刑岩（Execution Rock）面對自己的最終命運，因為那是個投河自盡的好地方。

堡壘下層是皇宮和牧首府邸，上層則是重建過的救主教堂（Church of the Blessed Savior），內部壁畫都是在一九八〇年代重製，它們有一種黑暗的奇幻主題，你在這個世界的任何其他教堂都不會看到。可愛的房屋緊貼在陡斜的山坡上，市中心的阿森公園（Asenovtsi Park）內有國家藝術博物館，也有巨大漆黑的阿森紀念碑（Asenev Memorial），它紀念歷屆四代保加利亞君王。最後，如果你沿著河流往下走，就會看到一座拜占庭教堂和古老石橋。大特爾諾沃真是如夢似幻。

快速瀏覽保加利亞歷史

鑲嵌於大特爾諾沃的美麗傳說驅使我更加了解保加利亞的歷史。五千多年之前，色雷斯人是第一個出現在保加利亞的主要人類文明。羅馬人在第一世紀接手，建立像普羅夫迪夫這類的城市。到了七世紀，來自中亞伊朗的游牧民族保加爾人（Bulgars）遷徙到保加利亞，跟當地居民融合，在西元六八一年脫離拜占庭帝國，分出保加利亞史上的第一個獨立政體。數百年後，拜占庭人收復了領土，並在此之前挖掉一萬五千顆保加利亞人的眼珠。

保加利亞人在一一八五年創立第二帝國，將首都設置在大特爾諾沃。這個王朝持續了將近四百年，直到土耳其帝國前來踢館，開啟長達五百年的統治。一位史學家極度灑狗血地描述這段時期：「保加利亞顯赫一時的中古基督教文化自此衰落。」[3]土耳其文化的餘蔭至今依然可見，每十名保加利亞人就有一人有土耳其血統。一八七八年，俄羅斯人和保加利亞人聯手將土耳其人趕走。在贏得二十世紀的第一場戰役後，保加利亞苦嘗三連敗，分別是第二次巴爾幹戰爭、第一次世界大戰、第二次世界大戰。

二次大戰的故事真是令人啼笑皆非。保加利亞原本想要維持中立，但雙方陣營都拿領土誘惑它，希特勒提出的交易比較誘人，於是保加利亞就無奈地加入了戰場。等到德軍在一九四四年八月撤退，保加利亞就耍小聰明宣稱自己現在中立了，道貌岸然地複誦：「真的，我們現在中立了，千真萬確。」看到這幕，蘇聯笑得合不攏嘴。

---

3 Nadezhda Hristova, *Bulgaria: Geography, History, Culture* (Veliko Turnovo University Press, 2008) p. 56.

三天之後，數以千計的蘇聯坦克部隊湧入保加利亞，不費一兵一卒就征服全國。大戰結束後，俄羅斯給予保加利亞共產主義的洗禮。托多爾·日夫科夫（Todor Zhivkov）從一九五六到八九年擔任總書記，最後也推動了一些改革，例如開放部分言論自由、關閉勞改營、廢除死刑以及終止宗教迫害，但這不足以平息民怨，他在一九八九年後就被軟禁，直到他在一九九八年去世。共產主義垮台後，保加利亞就往西方靠攏，在二〇〇四年加入北約，二〇〇七年加入歐盟，不過它跟俄羅斯仍維持友好關係，主因是來自他們的共同字母。

西里爾字母的故鄉

聖人西里爾和美多德是九世紀的著名傳教士，這對出生在塞薩洛尼基的希臘兄弟立志將基督教傳播給北方的斯拉夫民族，由於當時的斯拉夫語言沒有標準文字，他們就發明了一套跟希臘文有點相似的字母，後來就演變為現今的西里爾字母。至於它為何只以西里爾一人命名，背後原因並不明確，或許美多德多數時間都在鬼混吧。

我無意對聖賢不敬，但Кирилица（「西里爾」的保加利亞文）其實是個錯誤。這對兄弟應該直接沿用希臘或拉丁文字，而不是自創一套字母。如果他們需要添加一些希臘語中不存在的發音，他們大可以重新定義某個字母的發音，或是加上變音符號，結果他們的做法卻是從希臘文、拉丁文和希伯來文借用一些字，再發明幾個新字。這項「變革」就像發明一個不同形狀的電源插頭一樣多餘。

俄羅斯人以為新增一些拉丁字母可以提升西里爾字母的完整性，問題是他們變更了太多發音，反而把事情搞得更複雜。讓我們看看這造成的混亂，下列是一些西里爾字母和發音類似的拉丁字母的相互對照：

西里爾字母	н	и	р	г	п	л	д	в	у	с	я	з	э	ш	ц	х
拉丁字母	n	i	r	g	p	l	d	v	oo	s	ya	z	e	sh	ts	h

現在再來解碼這些看似難以理解的俄文（括弧內的是拉丁拼音）：спорт（sport）、газ（gaz）、супермаркет（soopermarket）、ресторан（restoran）、банк（bank）、бар（bar）、парк（park）、такси（taxi）、компьютер（computer）、зоо（zoo）、паспорт（passport）、пресс（press）、киоск（kiosk）、хот дог（hot dog）。有些字轉碼後還滿有趣的，例如「皇家」的英文（royal），轉為西里爾字母就變成роял，令人聯想到porn（色情）。

有些保加利亞人告訴我說他們需要一套獨立的字母，因為希臘和拉丁字母沒有包含全部的斯拉夫拼音。然而這並沒有阻止波蘭、捷克、斯洛伐克、斯洛維尼亞和克羅埃西亞的斯拉夫人使用拉丁字母，他們只是重新定義幾個字母的發音，再給其他字母加上變音符號，例如

ł、č、š、ż、ž。所以你看到波蘭文時可以摸索出一些字的意思，例如szkoła就是學校（school），róża是玫瑰（rose），sałatka是沙拉（salad）。

一套共通字母有助於我們學習其他語言，舉這些拉脫維亞的字為例：kalendārs、mandarīns、ģitāra、tomāts、krēms、pīpe、piramīda、magnēts、literatūra、mehāniķis、limuzīns、tramplīns、kostīms、mūzikls、mūzika、tīģeris、universitāte。你應該可以猜出它們大部分的正確意思。現在讓我們把這個清單轉寫成西里爾字母：календаарс、мандариинс、гитаара、томаатс、креемс、пиипе、пирамиида、магнээтс、литератуура、мэхааникйс、лимузиинс、трамплиинс、костиимс、муузиклс、тиигйерис、университаате。請一位看得懂西里爾文的拉脫維亞人來朗讀這兩個清單，你絕對不會聽出任何差別。既然如此，何必發明一套新字母？因為它看起來文謅謅的？

話說回來，我們也不能完全怪罪西里爾。當初發明拉丁文的那些討厭鬼才是始作俑者，他們自己要把一些希臘字母灌上完全不同的發音，例如г（g）跟p（r）。古希臘文的p原本看起來很完美（π），我們明明就可以沿用（西里爾就是如此），但拉丁文偏要不按牌理出牌，搞得現在大家都一樣糊塗。

我也不是在暗示拉丁字母優於西里爾字母，相反的，西里爾字母的一項優勢就是大小寫幾乎沒有差異，不像拉丁字母（A/a、B/b、D/d、E/e），西里爾字母的小寫就像大寫的縮小版。其實西里爾字母也是個很棒的世界通用文字，舉這句話為例：Иф ю но зэ Сириллик алфабет, ридинг зис Инглиш сэнтэнс из изи，這其實不是保加利亞文或俄羅斯文，它是一句逐字轉寫成西里爾字母的英文，意思是：「你如果認識西里爾字母，就能輕易看懂這句英文。」（If you know the Cyrillic alphabet, reading this English sentence is easy.）

簡言之，西里爾字母和拉丁字母都是沒必要的發明，兩者都偏離了它們的希臘始祖。大家其實都可以繼續沿用古希臘文（只需各自做一點修改），這樣我們就能有一套共通字母，學習新語言也會簡單很多。可惜這個世界並非那麼單純合理。

無論好壞與否，現今世界最被廣泛使用的就是拉丁字母。土耳其已在一九二〇年代採用拉丁字母，波士尼亞、蒙特內哥羅和塞爾維亞也在考慮放棄西里爾字母，不過希臘人和保加利亞人可能永遠都不會放棄自己的國字，畢竟他們是這兩種字母的最早使用者。

國際標準和通用字母

許多人（尤其是西里爾字母的擁護者）都會說我「不了解語言的美麗和多樣性！擁有不同的字母是一件好事！那是文化的一部分！如果人類沒有那麼多種字母，這個星球會很無趣！」

基本上，我們是在辯論標準化和多元化的優缺點。如果你是保加利亞人，而我的言論對你有所冒犯，我建議你飛去法國，用一個法文鍵盤發恐嚇信給我。法國人使用的是AZERTY

鍵盤[4]，變更了Q、W、Z、M、A以及分號和冒號的慣用位置，更糟的是他們倒置了所有的數字鍵，所以你必須按住shift鍵才能打出1234，否則打出來的就會變成！@#$（打特殊符號反而不必按shift）。最莫名其妙、也完全符合法國人習性的就是你必須按住shift才能打出句點！即使百分之九十九的句子都是以句點作結，法國人卻強迫你按兩個鍵打句點，一切都是為了模仿路易十四高呼「朕即鍵盤」。總之，那位憤怒的保加利亞人還沒打完他的恐嚇信就會發出怒吼，把法文鍵盤丟出窗外，並同意我的論點：「標準」還是很實用的。

並非只有法國人和保加利亞人喜歡顛覆標準，俄羅斯的鐵路寬度不符合國際標準，英國人和日本人在道路左側開車，瑞士和義大利的電源插頭異於傳統形式，美國人不但叫足球soccer，他們也是全球唯一（除了緬甸和賴比瑞亞以外）拒絕採用公制的白痴。

有意義的多樣性固然很好，但有些事情是毫無意義的，例如把1.52寫成1,52，或是把9/22/2018寫成22/9/2018，把視頻分為PAL和NTSC兩種格式，把冷熱水龍頭左右倒置，這些都是毫無論據的武斷決定，就像決定某個字母該發什麼音。

你想要多元化？如果今天保加利亞把一小時分為八十個單位，匈牙利把一年分為四個月，每個國家有自己的度量系統，每個省有自己的電源插頭，每個城市有自己的字母，這樣的世界好不好玩？全球化的意義就在於制定一套通用標準，有些人把每個標準化的步驟都視為悲劇，但我們不應如此，一套通用的字母系統肯定利大於弊。

通用字母的概念聽起來或許很瘋狂，但人類已經將數字通用了。當你在世界多數地方寫下438，人們都會同意那三個彎曲的符號代表的是四百三十八。就某方面而言，我們已經有一套通用字母，那就是國際音標（IPA）。但它就像世界語，是經由人工設計的，所以很難被普遍採用，因為多數人對自己的字母和語言還是持有感情。

有些人會感嘆各國語言逐漸簡化，方言逐漸消失，聲稱這些是全球化的犧牲品，但我們何不從正面思考呢？歷史上的多數紛爭都是發生在不同的語言族群之間，如果哪天西班牙、比利時或加拿大發生內戰，我敢打賭他們的陣線一定跟語言界線相符。雖然語言相同的國家也有可能互鬥，但那是非常罕見的；試想如果拉脫維亞人和愛沙尼亞人只會說俄語，這些波羅的海民族是否還會將俄羅斯人視為入侵者？這就像加拿大人看待從南方遷入的美國人，對地主國而言，那些外來人士只是一群無害（偶爾有點討厭）的移民。

而且那些抱怨語言流失的人通常都沒經歷過身為文盲的痛苦，當你下回被大風雪困在一個保加利亞的山村裡，而沒有人聽得懂你在說什麼，你也看不懂任何標示時，你也會希望世界上有一種通用語言或字母。

4 編按：AZERTY鍵盤是源於法國的電腦（打字）鍵盤布局，不同於英語世界使用的QWERTY鍵盤，台灣常見的也是QWERTY鍵盤，讀者可觀察鍵盤上的前六個字母是不是QWERTY。

我們喜歡將語言跟深厚的愛國情操綁在一起，無法將它們視為單純的溝通工具。我們有時會忘記訊息比媒介更重要，字母只不過是一種塗鴉的形式。保加利亞人只曉得自己必須捍衛西里爾和美多德創造的字母，但多數人已經忘記這兩位聖人真正希望傳達的訊息。

美國的槍械愛好者最喜歡說這句話：「槍不會殺人，人才會殺人。」換句話說，禁用武器並不會減低謀殺率，因為人們只會去尋找其他的殺人工具。這麼說確實有些道理，雖然美國的人均槍殺率很高，整體的謀殺率跟其他禁用槍械的國家相比並沒有特別高。相似的道理，語言不會引發戰爭，人才會引發戰爭。即使大家說的都是同一種語言，我們還是可以為很多事情爭鬥，只是少了一個藉口而已。

雖然語言融合是全球化的趨勢，但別期待地球在下個世紀會只剩不到一百種語言，所以如果你很愛被一堆語言混淆視聽，別擔心，它們會永遠陪著我們的。

口是心非的國家

保加利亞曾經顛覆過一些標準。當它成為史上第一個採納西里爾字母的國家時，他們支持的字母就顛覆了希臘建立的準則；後來他們又推翻了斯拉夫語系的格位常規，就像英語，保加利亞語也選擇用介詞取代格位。我在大特爾諾沃學到他們最著名的反常之舉，當我詢問一位女侍者能否給我看菜單時，她居然緩慢搖頭，轉身離去。面對如此無禮的回應，我只能錯愕地呆立在原地，但當我準備離開時，她卻追過來說：「等等！我會拿！」

我說：「對不起，可是你說不行。」

「我知道！我懂，我的意思是可以！我忘記你不是保加利亞人。」

正當你以為全球化已經無遠弗屆，卻發現保加利亞人至今仍未跟上世界腳步，連最基本的點頭和搖頭都要唱反調。我遇過的保加利亞人都無法解釋這個怪現象，這也讓我懷疑保加利亞的約會強暴率是否特別高，畢竟這是個口是心非的國家。

搭便車走遍保加利亞

保加利亞只比田納西州稍大一點，但我初訪時略過了一些地方，所以我相隔五年之後再度回去探索。這回我從它的西南角入境，馬其頓的小型巴士將我帶到新塞洛（Novo Selo-Zlatarevo）的邊界，周圍都是聯合國教科文組織保護的皮林山脈（Pirin）。我走過國界，搭便車到佩特里奇（Petrich），從那邊繼續拜訪桑丹斯基（Sandanski）、梅爾尼克（Melnik），以及十三世紀的羅鎮修道院（Rozhen Monastery），不過它並沒有里拉修道院那麼壯觀。我的下一個目標是洛多皮山脈（Rhodope）。

我刻意不走原路折返，順著羅鎮修道院後面的一條沙土路繼續前進。我不確定它是否會通往多斯帕特（Dospat），但我的指南針顯示這是正確方向。走了一個小時之後，終於看到一輛車孤單地在路上行駛，我伸出大拇指，一位退伍軍人邀請我上車。我們用基本俄語聊了幾句，他在一條柏油路放我下車。我試圖跟一些老人共乘馬車，但沒成功。

最後我遇到一位開著跑車的友善大學生，他正要前往戈采代爾切夫（Gotse Delchev）。我們飛馳穿越山隘，在一個悠閒的小鎮廣場歇息片刻，他說多斯帕特的公車班次很少，所以最好的方法就是搭便車。他帶我到一個招車的好位置，我不到二十分鐘就攔下一位中年人，他帶我走了二十五公里，到一間加油站。這時正好有兩位年輕辣妹路過，他問她們是否願意帶我去多斯帕特，她們立刻答應。我開始愈來愈喜歡保加利亞。

這對閨密正在到處兜風，她們其實不需要去多斯帕特，但很樂意帶我走一趟，因為她們只是想邊開車邊哈草。當她們遞給我一支大麻時，我婉拒：「謝謝，我比較喜歡看風景。」

當我抵達多斯帕特，太陽已正在下山，所以我得盡快找個地方紮營。晚上氣溫還是滿低的，而且我當時沒帶帳篷。我在一排普通房屋中間找到一棟半毀的破屋，這是個絕佳的選擇，我從一扇破窗爬進去，在客廳的瓦礫堆中安然入眠。

翌日清晨五點二十分，我站在路邊嘗試招車，三名開著吉普車的巡警路過，要求查驗我的文件，我拿出法國護照。他們不會講英語，所以當他們問我昨晚睡在哪裡時，我只回答「旅館」。他們想知道是哪間旅館，但我只是繼續裝傻，反覆回答「旅館」。當我拿出美國護照時，他們終於放心地離去。

為了防止土耳其人非法越境，這裡的警察經常巡邏南方邊界。保加利亞境內共有七十五萬名土耳其人，多數都住在南部，雙方關係很差。保加利亞的民族主義者曾經試圖禁止電台用土耳其語播報新聞，他們也要求土耳其為一九一三年的驅逐令進行賠償。反之，每當他們提出這個荒謬要求，土耳其人就提醒他們，保加利亞也曾在一九七〇至八〇年代清除了數千名土耳其居民。

洛多皮山脈的背包旅行

我搭車到一個名叫魔鬼咽喉（Devil's Throat）的山洞，從那邊走到洛多皮山脈底部的小鎮崔格拉德（Trigrad），買了麵包、乳酪和番茄；這些食物足以幫助我橫越山脈，前往下一個村莊。我在上午十一點啟程，沿著一條寬闊的步道輾轉爬至一千五百公尺高處。當時是四月初，四處仍可看到成片的積雪，我沒有地方可住，所以必須在日落前趕到那個村莊。當天空飄起細雨，我更是察覺到時間緊迫，好在這時我意外發現了科爾茨斯基湖（Chairski Ezera）的青年旅舍。由於適逢淡季，旅舍還沒開始營業，幸運的是其中一扇窗子沒鎖，於是我就爬進去獨享整間豪宅，選了一張舒適的床鋪，獨自欣賞窗外的風雨，在下午四點提早結束首日行程。

我隔天才發現自己實在非常幸運，因為接下來兩個小時的背包旅程都是在無盡的白雪中度過，很容易迷失方向。當我終於抵達山村，就發覺那邊沒有任何合適的住宿選擇，還好我前一天沒有逞強，否則就會淋成落湯雞，拖著疲憊的身軀來到這個淒涼的村莊，躲在一間漏雨的破舊穀倉裡過夜。看來偶爾做出正確決策也是不錯的。

我在全村唯一的商店添購了一些糧食，借用店裡的木炭火爐烘乾濕透的雙腳。雖然我已經穿了很多層衣服，但身體還是很冷。積雪點綴著荒涼的街景，由此可以想像這裡在過去五十年來都沒什麼變化。我在狼吞虎嚥完之後繼續踏上被雪覆蓋的道路，前往施洛卡拉卡（Shiroka Laka）。

當海拔達到兩千公尺，雪的厚度也深及我的膝蓋，幸好還有夠多路標探出雪外，足以為我導引方向，結成冰柱的瀑布滴出的泉水也足以讓我解渴。我在霧色迷濛的隘口附近找到一間關閉的禮拜堂，但它大半已經被積雪掩埋，在無處可紮營的情況下，我加快腳步，奮力在雪堆中跋涉，終於在天黑前兩小時抵達終點。

保加利亞的山雖然不算非常高（最高的是海拔二九二五公尺的穆薩拉峰），但它們的景觀很驚人，而且涵蓋全國三分之一領土。我沿著柏油路走下山，搭上兩位年輕人的順風車，來到古雅的小鎮施洛卡拉卡，接著又在它的羅馬古橋旁邊搭上另一位善心人士的車，順路抵達潘波洛沃（Pamporovo）滑雪場。我在那邊趕上最後一班前往普羅夫迪夫的巴士，在夜晚重訪這個城市之後，就找了一間旅館酒吧消磨時間，直到清晨再搭早班巴士前往索非亞。

圖金查村的奇遇

在索非亞待了一整天之後，我前往保加利亞西北角的貝洛格拉奇克（Belogradchik）。這個人口五千的城鎮以造型特殊的砂岩出名，它的景象可能會讓你想起希臘的邁泰奧拉，不同的是，居民沒有在上面建造修道院，而是在周圍蓋了一座要塞。羅馬人曾在西元一世紀坐鎮此地，最後土耳其人為它加蓋了防禦城牆。有人說那些泛紅的石柱很像一群人頭，但你可能要服下強力迷幻藥才看得出來。

參觀過貝洛格拉奇克之後，我搭便車到維汀（Vidin），這是保加利亞少數位於多瑙河岸的城市之一。我的司機很熱情地邀請我去他家喝茶，認識他的太太。當你在一個國家可以如此輕易搭到順風車，這絕對是個好徵兆，表示人們富含同情心和信任感，所以當我登上多瑙河的渡輪前往羅馬尼亞時，心中難免也有點感傷。但我將於同年稍後再回去，在一個村莊暫住兩週，拜訪保加利亞的黑海岸。

這段旅途期間，我的高中好友莎拉·史比里多諾夫（Sarah Spiridonov）提出了一筆我無法拒絕的交易。我自從十八歲後就沒再跟莎拉交談，但臉書使我們得以重新聯繫。她後來嫁給保加利亞人，育有兩個兒子，他們的家人在距離大特爾諾沃二十公里的圖金查村莊（Turkincha）擁有一間夏日度假屋，她很慷慨地把它借給我暫住兩個星期。我非常感激有此機會深入觀察保加利亞的鄉村生活，這個經驗也為我帶來許多意想不到的收穫。

在此之前，我順路重訪了多瑙河邊的魯塞（Ruse），這是保加利亞境內最大的跨河城市。火車滾過了宏偉的多瑙河，駛向大特爾諾沃。莎拉的親家兄弟弗拉多（Vlado）和葛修（Gosho）在那邊迎接我，他們很體貼地帶我到一間賣場，讓我補足兩週的糧食，因為我自己沒有車，而且那麼小的村莊也不會有公車經過。圖金查只有二十間房屋，有幾間大部分時候都是空的，羊的數量遠多於人。

莎拉親家的房子有兩層樓，外觀很漂亮，整體保養得很好，寬敞的後院裡還有二十棵果樹。那對兄弟把鑰匙交給我後就揮手道別，我的耳朵頓時被寧靜淹沒；我故意高呼了幾聲，才敢確定自己的聽覺沒出問題。

翌日早晨，我越野慢跑了十公里。柔和的山丘與農地構成一幅寧靜的景象，大部分的路都是沒鋪過柏油的沙土，我只遇到一位帶著羊群的牧羊人。當我正料想這只是個普通的東歐村莊，這時怪事發生了。

一位看似剛離開《海灘救護隊》（*Baywatch*）片場的女士牽著她的德國牧羊犬朝我走了過來。她有白亮的金髮、古銅膚色和嬌小的身材，穿著一件可愛的黃色T恤和藍色牛仔褲，唯一不符合夢幻女郎形象的是她腳上沒有高跟鞋，而是紫色的鱷魚牌涼鞋。我沒料到會在一個保加利亞村莊看到超級名模，於是我就直接用英語問她：「恕我直言，可是你看起來似乎不像當地人，請問你是誰？」

她顯然聽得懂英語，因為她回答：「我的名字是愛莉采・魯普契瓦（Elitza Roupcheva），但你可以叫我愛莉。我是來探望父母，你是從哪來的？」

「舊金山。」

「真的？你怎麼會想來這種地方？」

我們一邊遛狗一邊分享自己的故事，愛莉是在丹麥的奧爾堡（Aalborg）大學拿到學位，之前在澳洲的珀斯（Perth）住過一年，目前還有一位澳洲男友。她不確定之後會回澳洲或在索非亞找工作，可以確定的是她沒興趣在圖金查養綿羊。最後我們在莎拉家的後院喝茶，她告訴我一件驚人的事實：圖金查的居民有大約五分之一是英國人。這個看似純樸的保加利亞村莊真是愈來愈詭異。英國人喜歡來這裡享受退休生活，因為生活費用低、氣候舒適，不過這還是無法解釋他們為何都會聚集在此。愛莉說她明天會帶我去認識一些當地人。她離開後，我就去跟新鄰居共用午餐。

認識保加利亞的鄉民

莎拉先前就安排我跟她很信任的鄰居「波卡奶奶」（Baba Bobka）見面，我帶了一些研磨咖啡和巧克力棒（我知道她無法抗拒它）去登門拜訪。波卡是個六十五歲的矮小婦人，同時卻擁有二十歲的活力。笑容可掬的她自然流露著女族長的權威，等她的五位親屬（包括她丈夫伊凡）依序坐在餐桌兩側之後，波卡才在桌頭入座。

波卡為我們準備了蔬菜濃湯、羊肉、薯泥和火腿蛋舒芙蕾，席上唯一會講英語的客人是波卡的二十八歲漂亮孫女瑪雅．帕夫洛瓦（Maya Pavlova）。瑪雅平日住在魯塞，專門替旅客安排多瑙河遊船。雖然圖金查看起來像個無人村莊，但人們其實都在暗中觀察你，因為波卡問我的其中一個問題就是：「那個跟你在一起的金髮女孩是誰？」

第三天下午，我跟那個金髮女孩又碰面了。愛莉穿著一件黑色緊身衣，上面寫著「紐約」，下半身則穿著牛仔迷你裙，顯然這不是傳統農家女的典型穿著。我們坐在戶外聊了兩個小時，看到一位農夫帶著羊群在莎拉家的前院吃草。愛莉幫我拍了幾張試圖駕馭驢子、被農夫嘲笑的逗趣照片。

我們正在胡鬧的時候，一位健壯的老婦人帶著她的八歲孫女路過。愛莉認識她們，那位婦人名叫史蒂芬妮（Stefani），我們四人一起走去她家。史蒂芬妮借助愛莉的翻譯跟我分享了一些想法，她當年是在圖金查長大，但二十歲時就離開，直到二〇〇一年才重返故鄉安享晚年。史蒂芬妮帶我參觀她的花園和菜圃，並感嘆多數保加利亞人都遠離了鄉村，她說現在全國有兩百多個村莊已經空無一人。

史蒂芬妮說現今政府的貪汙情形比共產時代還嚴重，例如他們曾經罰了一家期刊一萬四千歐元，因為它刊登一位讀者指控政客貪汙的信函；雪上加霜的是，警方高官也開著他們沒收充公的高級跑車到處晃蕩。雖然史蒂芬妮的態度很友善，但她對保加利亞有許多不滿。當蓋洛普請受訪者從一到十為自己的生活評分時，保加利亞和北馬其頓的平均分數都只有四點二分，在歐洲敬陪末座，其次則是塞爾維亞和波士尼亞。寶拉（Paola）是一位在保加利亞的有機農場工作的克羅埃西亞人，她告訴我：「保加利亞的老年人很和善，但也有點煩人，他們經常抱怨東抱怨西，不是沒工作就是沒錢，或是政府很爛。他們只會抱怨房間太暗，不會自己開燈。你逃不了這種巴爾幹式的怨言。」

史蒂芬妮對於此地的英國移民的看法也是憂喜參半，她一方面很高興他們復甦了垂死的村莊，翻修了他們的房舍，使經濟重新起步；但另一方面，這些英國人學保加利亞語的意願很低，這點讓她頗有微詞。其實當地村民很樂意跟他們說話或交朋友，但英國人總是走不出自己的社交圈。她也不喜歡英國人在聚會時大聲喧譁、隨地亂丟垃圾，「他們在英國就不會這樣。」她懷疑搬來保加利亞的都是低階的英國人，那些真正富裕、受過高等教育的上流人士不可能會搬到圖金查。

認識圖金查的英國人

在聽過這麼多關於英國人的軼事後，我自覺必須認識他們一下。史蒂芬妮說我們可以在村莊的雜貨店找到他們，那家店到晚上就會變成酒吧。愛莉和我走過去時，酒吧裡果然有五位英國人坐在一起喝比利時啤酒，他們年約五、六十歲，搬來這裡是為了遠離拚死拚活的都市競爭和令人鬱悶的英國氣候。

坐在我旁邊的東尼（Tony）年約五十歲，有著龐大的身軀、藍色的大眼睛和渾厚的嗓音，他已經在圖金查住了三年。後來他會邀請我去他家，那間房子整修得很有品味，他在這個隱蔽的村莊過得很快樂。我問他保加利亞人能教我們什麼，他回答：「避免負債，金融風暴對保加利亞的傷害沒有預期中嚴重，因為多數保加利亞人的債務都相對很少。」

另一位中年移民布瑞特（Brett）補充：「保加利亞人比英國人重視家庭，家長會帶著孩童參與多數團體活動，不像英國的小孩通常都會被隔離到另一個地方。」

我問他：「你會講多少保加利亞語？」

「很少，」他坦承，「你只需要認識幾個字就能過活。」

「你學過任何實用詞句嗎？」

「有啊。像是Oshte bira,molya.」

「那是什麼意思？」

「請再給我一杯啤酒。」

愛莉的分析

第四天，愛莉前來向我道別，她送給我的臨別贈禮是她在奧爾堡大學寫的九十六頁畢業論文，標題頗令人玩味，「一個國家的發展有多少是取決於其民族文化？」愛莉說：「我在這篇論文提出一個問題：保加利亞的文化是否會扼殺這個國家的生產力，阻礙它走向繁榮？」

這是個重要的問題，因為保加利亞人近年來確實很負面。她說：「保加利亞的文化只會原地踏步，跟積極進取的現代趨勢完全相反。少數人之所以能夠事業成功，是因為他們追隨的行為準則和價值觀都跳脫了保加利亞的傳統框架。」

「所以保加利亞人應該怎麼做？」我問。

「首先，我們不能再緬懷過去的輝煌歷史；接下來，我們不能總是責怪別人。我們怪罪西方列強在二十世紀迫害我們，又把問題歸咎於天然資源匱乏，而且有些經過共產政治荼毒的保加利亞人都認為你的社會地位是取決於身家背景、教育和人脈，不是基於你既有的能力或實際成就。」

「感覺很沒有創業精神。」

「確實是，保加利亞的企業主管普遍都希望員工守好自己的本分，不希望他們太專業或有太多個人主見。我們應該停止用祖父輩的教育方式教導子女，應該改造保加利亞的教育制度，否則下一代仍會繼續墨守成規，無法獨立思考。」

「保加利亞的教育體系跟你在丹麥的經驗有何不同？」

「保加利亞的學校強調填鴨式教育，老師就是一切的中心，學生要把他說的話視為真理。我們要尋找『正確』的答案，背誦至高真理，甚至應對老師抱持敬畏。如果你展現出企圖心或果斷的自信，那反而會被貼上負面標籤。」

「保加利亞的學校內部有沒有黑箱作業？」

「當然有，通常唯一通過考試的方法就是買老師寫的書，因為他們可以從中抽取利潤。許多保加利亞人也不是真的有興趣學習，他們只想要個文憑，即使走非法途徑也沒關係，只要能買得起，他們就願意出錢。」

共產主義的漫長陰影

愛莉又反問我：「保加利亞人為何經常在開會時遲到？汽車為何不禮讓行人？為何有些西方的管理策略在保加利亞無法發揮效能？團隊合作為何如此困難？」

我說：「不知道，為什麼？」

「因為我們相信任何交易都會有一方吃虧，有項調查顯示百分之九十三的保加利亞人認為世界上不可能有雙贏局面。這反映了共產主義遺留的思維模式，在人們的觀念中，這個國家的一切都還是由公費支付，而且大部分人都不相信誠實和努力工作能獲得回報。」

「為什麼？」

「因為我們的疑心病很重，我們不信任別人，除了自己的家人和最親近的朋友之外。這就是為何保加利亞的公司規模都相對較小，多數私人公司也都是家族企業。另一個原因是我們無法容忍任何不確定因素，缺乏抗壓性。」

「看來這只是再次證明，共產主義的漫長陰影依舊彌留在東歐部分地區。」

「沒錯，保加利亞的文化仍然建立於集體主義，而非個人主義。保加利亞人很在乎別人對自己的觀感，這是個羞恥心很重的文化。而且我們至今仍沉溺於社會主義的美好時光，前幾年就有一項英國調查指出，保加利亞擁有全世界最缺乏工作動機的勞動人口。」

「但並非所有保加利亞人都是如此，看看你自己。」

「你說的對，我在論文中提出保加利亞人有三種類型。第一種人就像我這樣，支持現代化，相信自由市場經濟；第二種人懷念社會主義的虛假福利帶來的祥和與安全感；第三種人基本上則是已經回到十九世紀，純粹以農業維生，回歸大自然和村民互惠的生活模式。看看圖金查的那些牛車，你有沒有發現多數人都是靠馬或牛犁田，我們好像在走回頭路。世界正在快速轉變，但保加利亞的文化實在太保守，跟不上世界的腳步。」

「我猜保加利亞的社會也不怎麼透明化。」

「的確沒有，保加利亞人處理任何事情都喜歡動用人脈或鑽法律漏洞，這點也可以反映在商業行為，保加利亞人對企業家的觀感很負面，他們認為沒有人會用誠實的方法賺錢。我們習慣為生活上的困難找藉口，我們很容易相信陰謀論。這個社會真是充滿亂象，我們需要一場文化革命。」

「改革要如何進行？」

「保加利亞必須認清的是，真正的福利是隱藏在未來商機之中，我們愈是對外界開放，接受新事物，就愈能妥善運用這些商機。我們應該將全球化視為一個機會、而非威脅。唯有遵循此道，我們的民族文化才能繁榮興盛。」

愛莉引用了許多學術文獻，證明她並不是個瘋狂的極端分子。有些保加利亞學者爭論說這個國家沒有出產企業家和發明家，只有投機取巧的賞金獵人；保加利亞人就像許多東歐人，不願意胼手胝足、按部就班建立一個穩固的資本經濟，他們只想擁有西歐的福利制度，卻不想付出該有的努力，為這些福利提供資金。[5]

其他學者則爭論說保加利亞人總是將團體放在個人前面，他們無法忍受個人特色太鮮明的人。這種集體主義和循規蹈矩的思維隨著世代相傳，人民因此只能仰賴一些高不可攀的政客。[6]《保加利亞的個人美德》一書的作者認為保加利亞人需要規範和法律的保障才會有安全感，但他們並不喜歡遵守紀律，他們寧可進行非法交易、以逸待勞。一百多年前，來自德國的旅人就提到：「我們從未看過任何國家制定這麼多法律，卻如此不守法。」[7]

如同多數人，保加利亞人不喜歡工作；而跟其他人不同的是，他們會實際擺爛給你看。有一項全球問卷統計了世界各國的國定假日、私假和病假的天數總和，保加利亞人平均每年要放五十五天假，比任何其他主要國家都多，他們的有薪假期比美國、日本和德國多超過五成。這聽起來很讚，不過可以預期的結果就是競爭力遠不如世界其他地區，工作機會、投資和薪水自然也比不過其他較勤勞的國家。這種慵懶的職場文化就是共產主義的遺毒，正如過去東歐人常說的：「政府假裝付錢給我們，我們假裝工作。」

今天無論是知識分子或市井小民都會同意這點：共產主義的鬼魂至今仍躲在保加利亞的衣櫃裡。索非亞大學的一位教授就曾如此寫道：「隨著意識型態時代的結束，巴爾幹地區就滑落到大戰之前的狀態，退居歐洲的邊陲角落，說好聽點只是一個等人開發的邊疆之地，說難聽點就是一個為西歐控管移民潮的貧民窟。」[8]

---

5 Bochev, S. Фондация "Българска наука и култура""Capitalism in Bulgaria," (1998) p. 253.

6 Genov, J. "Why Do We Manage So Little?" *Хеликон* (Sofia, 2004), p. 36, 166, 178.

7 M. Semov, *The Virtues of the Bulgarian Person*. Center for Research of the Bulgarians, Bulgarian Foundation, (TANGRA TanNakRa: Sofia 1999), p. 701, 703, 704.

8 Ivaylo Ditchev, "The Eros of Identity," *Balkan as Metaphor: Between Globalization and Fragmentation* (The MIT Press, Cambridge, Massachusetts, 2005), p. 235.

但凡事還是有光明面

我問愛莉在澳洲是否曾想念保加利亞的任何事情，她說：「我最想念的就是這裡左鄰右舍都彼此熟識，而且通常交情都很好！反觀在澳洲和我待過的其他地方，沒有人會關心自己的鄰居，我們隔壁住著三位年輕女孩，但她們從未邀請我們參加派對，而每次我們邀她們一起做某些事時，她們也從未出現。這很奇怪，因為澳洲人其實滿友善的，但他們卻不想認識住在周圍的人！」

我說：「可是這種敦親睦鄰的傳統也能套用在像索非亞那樣的大城市嗎？」

「可以啊！因為我們都住在大型公寓，大家可以算是『住在一起』。男人會在大樓前面一起修車或喝啤酒，女人會跟隔壁的主婦一起喝咖啡、閒話家常，小孩則會跟隔壁家的小孩玩耍，我就是這樣長大的！」

看來一個集體主義的文化並非一無可取，另一個相關的良好傳統就是保加利亞人的聚會模式都很簡單。多數美國人都喜歡跟朋友在酒吧或餐廳聚會，不願意邀人來自己家吃便飯，或是相約去公園野餐；每當宴請賓客，他們有時就會感到必須大肆鋪張的壓力。保加利亞人從來都不認為自己有這種義務。

共產時代遺留的另一個正面效應是，保加利亞人不常開電燈，除非絕對有必要。比方說，村莊中的店家通常都是靠自然照明，只有日光不夠強的時候才會開燈。當我走過索非亞大學校園時，走廊都是暗的，若不是裡面還有學生走動，你可能會以為學期已經結束了，但他們顯然是在節能省碳。雖然這麼做是為了省錢，但這確實可以減少汙染，因為多數東歐國家跟美國一樣都是以燃煤發電為主。

當保加利亞人要嘲笑某人頭腦遲鈍時，他們會說「他跟阿爾巴尼亞的暖氣機一樣慢」，因為他們口語中的「熱起來」也代表「領悟」。顯然阿爾巴尼亞的暖氣機品質很差，要等很久才熱得起來。諷刺的是，這則頭條也曾出現在保加利亞的某家報紙上：「即使在阿爾巴尼亞，他們也會用『保加利亞暖氣機』形容一個人頭腦遲鈍。」所以我們姑且就說愛莉跟日本暖氣機一樣迅速吧。

這些精采的討論真是令人意猶未盡，但愛莉必須回索非亞了，我們相擁道別。我目送她離去的背影，想到她心靈深處的掙扎，許多優秀的東歐菁英都得面臨類似的兩難局面：他們究竟應該把青春和才華投資在自己的國家，或是選擇較舒適的人生旅程，移居到其他先進國家？愛莉大可以待在澳洲享受較高的生活水平，何必耗費心力去嘗試改造保加利亞的文化？何不乾脆定居在一個文化跟你本身較為相容的地方？話說回來，保加利亞也需要像愛莉這樣的人才能進步。

最後，愛莉決定留在保加利亞，她跟一位加拿大人結了婚。二〇二一年，他們定居在索非亞，她在人力資源部門工作。我們聊到保加利亞近年的演變，科技工業自從二〇一五年後即蓬勃發展，索非亞市民的失業率很低，但其他地方則沒那麼樂觀。最令人驚訝的是：現在美國才酷，俄羅斯失寵了。

與妮基重聚

愛莉才剛離開一天，妮基就從希臘來訪，村民之間的流言蜚語接踵而至。我無視人們的好奇眼光，隨他們去互傳八卦，同時也很想對他們大叫：「喂，你們不必竊竊私語！反正我也聽不懂！」

妮基是從塞薩洛尼基搭夜車來的，她想體驗一週的保加利亞鄉村生活。我們去了大特爾諾沃，讓她見識典型的東歐服務態度；雖然我覺得美國服務業者的笑容很虛假，但我在東歐還是會想念他們，因為這裡迎接你的通常都是一張臭臉，偶爾夾雜一聲咕噥。這就是共產時代遺留的文化，有時我還得拜託人們收走我的錢，例如一位女侍者就建議我們去其他地方用餐，因為「廚房很忙」，然而當時餐廳還有三分之二的空位。後來我們到了附近的古城阿巴納西（Arbanasi），那邊的服務還比較好，我們坐在高處喝著飲料，欣賞大特爾諾沃的全景。

在圖金查放空幾天之後，我們長程步行到十二世紀的德里亞諾沃修道院（Dryanovo Monastery）。它在十八世紀重建後外觀還不錯，但我這陣子已經看過太多修道院，它們就像教堂，看多了就會覺得每間都很相似。教堂通常都位於市區，可以輕易快速瀏覽；修道院則經常深藏在無人之地，當你終於抵達目的時，可能會因此感到失落：「就這樣？我費盡千辛萬苦，結果只給我看這個？」

儘管如此，德里亞諾沃修道院就像多數修道院，有美麗的大自然作為背景。數世紀以來，僧侶維護了周邊步道，讓你得以享用。我們在周圍的山丘健行野餐後，就搭便車回圖金查，並在村莊的墓園發現一個奇特的當地習俗：他們會在墓碑旁邊留置啤酒瓶。有些瓶子也插著花，但他們留下酒瓶主要是為了避免死人口渴。

我們邀請弗拉多兄弟和他們的夫人來聚會，妮基做了一頓美味的希臘大餐。好景不常，這個愉悅的星期很快就過去了，我們又得各奔前程。經過浪漫的道別之後，妮基回到塞薩洛尼基，我則前往自己盼望已久的黑海岸。

布爾加斯、內塞伯爾和陽光海岸

布爾加斯（Burgas）是我拜訪的第一個黑海岸城市，它是個重要的港口，有二十萬名居民，但不如三十五公里外的古城內塞伯爾（Nesebar）吸引人。我的沙發衝浪主柏金・科斯塔迪諾夫（Bozin Kostadinov）年約四十歲，之前沒有任何衝浪經驗，但他打從首次會面就展現了極度的信任與好客。他開車來接我，五分鐘後就把我帶到一間公寓的四樓，裡面很寬敞，有四張單人床、廚房和浴室。他說：「這就是你的房間，隨便睡哪張床都可以。我沒有住在這裡，但我媽住在樓下，你如果需要任何協助就打給我。這些鑰匙就交給你，我得走了，再見！」

很少有陌生人會讓你免費寄宿於他們的空屋，不過柏金對我的信任也並非完全盲目。當一位衝浪會員有超過五十筆好評，又沒有任何負評，你自然可以相信他或她會尊重你和你的財產，因此很多屋主都會放心地把鑰匙交給我。柏金與眾不同的是他把整間公寓都讓給我住，而且他只花不到五分鐘就確信我不是罪犯。

晚上十一點，柏金帶我去城內最大的一間東正教堂參加復活節午夜禮拜。內塞伯爾的古城屬於世界文化遺產，位於迷人的岩石地峽中，四周由黑海環繞，你在一個小時內就能漫步遊覽數間拜占庭教堂。柏金沿路指出一些希臘風格的歷史建築，它們的底層通常都是石磚，上層則是木材。他說：「希臘人曾在內塞伯爾當過數百年的老大，而且保加利亞的許多沿海城鎮都曾經是他們的地盤。」

我問：「所以他們後來發生了什麼事？」

「我們跟希臘進行了人口交換。」

「什麼？」

「希臘的部分地區有很多保加利亞人，我們的部分地區也有很多希臘人，雙方在大約一個世紀之前都想將種族純化，因此他們就同意互相交換人口，這也可以算是某種和平的種族淨化。」他露出諷刺的微笑。

柏金在週六上午借給我一台自行車，我又逛了一次古城，然後騎了幾公里到附近的Slanchev Bryag。用這種名字很難推銷一個觀光度假村，你可能還沒學會這兩個怪字的發音就會想要去其他地方，所以保加利亞人大力推銷它的英文譯名：Sunny Beach（陽光海岸）。共產政府曾在陽光海岸為西方人開設一個專用區域，連本國人都不能進去。俄羅斯人和其他東歐人也經常來度假，但大部分的觀光業是在過去二十年才開始發展。

過度發展也有醜陋的一面，而陽光海岸就是此現象的最佳寫照。原本純淨的海灘已被醜陋的十五層高樓和飯店占據。當保加利亞發現資本主義時，它放縱揮霍了西方世界的資金；他們設計這些高樓時完全沒考慮到美感或品味，只注重基本功能，所以陽光海岸毫無任何優雅或魅力。是的，它很溫暖、沙灘很大，但除此之外沒什麼值得提的。話說回來，對於那數千名在此購置廉價公寓的西歐人和俄羅斯人而言，這樣已經足夠。陽光海岸本身就能容納三萬名日光浴者，但那些飯店還能入住十萬人，再加上數以千計的公寓大廈，由此不難估算其中利益。

柏金邀請我到郊區與他的十一位親戚共享復活節午餐，那天是四月十九日，天氣已經溫暖到可以在戶外用餐。從五歲的小男孩到滿臉皺紋的友善老奶奶，每個世代都有人出席。多數人都不會講英語，但他們還是歡迎我這個美國佬的加入。

相較於東歐典型的高熱量食物，保加利亞的口味算是清新，幾乎每頓餐都會包含一道頗有份量的生菜沙拉，例如他們的傳統冷盤（shopska）。今天我們的前菜是切碎的菠菜和青蔥，搭配菲達起司和水煮蛋切片，主菜是糯米燉豬肉和蔬菜。大家都用兩公升的瓶子豪飲啤酒或果汁，不過餐桌上的真正主角是色彩繽紛的復活節彩蛋。其他常見的飲食選擇包括乳酪糕餅（banitsa）、發酵飲料（boza）、白蘭地（rakiya）、辣香腸（kebabche）和濃湯（kavarma）。保加利亞人喜歡烤各種東西，但豬肉是他們的主要目標。

柏金在日落之前帶我到巴士站，我將搭車前往保加利亞最大的濱海城市瓦爾納（Varna）。我誠摯感謝他的殷勤款待，然後就上了車，繼續沿著黑海岸往北前進。我將在瓦爾納獲得一次獨特的衝浪經驗。

充滿信任感的瓦爾納屋主

六千年前，色雷斯人率先在黑海岸定居。我們不確定他們當初是如何稱呼自己的村莊，不過希臘人在西元前六世紀稱之為奧德索斯（Odessos）。二次大戰結束時，保加利亞人為了向蘇聯領袖致敬，就把它改名為史達林；其實他們之前多數時間都處在敵對陣營，直到最後才反過來巴結對方。馬屁拍完後，保加利亞人又把它的名字改回原本的瓦爾納。

我寫信詢問了幾位居住在瓦爾納的沙發衝浪主，最後盧米亞娜·唐契瓦（Rumyana Doncheva，簡稱盧米）同意接待我。盧米警告我說她的單間公寓沒有私人淋浴，要跟同層樓的其他住戶共用走廊上的浴室；我回答說我平常都習慣露營，所以這種環境對我來說已算是奢華。她也告知自己當天無法來巴士站接我，但她會請一位衝浪界的朋友馬丁·馬瑞諾夫（Martin Marinov）來跟我碰面。馬丁帶著我走了三十分鐘，終於走到盧米的小公寓，他帶我搭電梯到頂樓，幫我開了房門。他告訴我說盧米今晚不會回家，隨即將鑰匙交給我之後就離開了。

這時我已開始懷疑保加利亞人是否都習慣隨便將鑰匙交給陌生人，柏金好歹還跟我交談了五分鐘才將王國託付給我，但盧米甚至還沒跟我見過面！當然她應該有讀過別人對我的評價，能看出我是個可信的人，但這還是很令人驚訝。西方人經常把東歐想像成一個險象環生的野蠻地域，但這些例子可以證明那是錯的。

那天晚上，我跟另一位衝浪會員歐林·迪米特洛夫（Orlin Dimitrov）出去閒晃。他是一名網頁開發者，戴著眼鏡、身材矮胖的他就像多數極客，頭腦很聰明，對新知充滿好奇。我們走了一段漫長的路，喝了一杯之後，我請他舉出保加利亞人的最大優點，他回答：「我們遇到問題通常都不會發牢騷，話說回來，我們可能就是因為如此才有這麼多問題！」

隔日上午，盧米和馬丁帶我遊覽瓦爾納市區，我們沿著以沙皇鮑里斯一世命名的徒步區行走，最後轉到八公里長的普列莫斯基（Primorski）濱海公園。這個海灘最特別的就是有兩處與海水相通的溫泉，很多肥胖的中年男性都喜歡在古老的公共浴池裡泡澡。我們在海邊愜意地飲茶，完畢後就相互道別——我將再度前往羅馬尼亞。

消失中的東歐人

我曾在索非亞的公園裡跟一位正在遛狗的年輕人閒聊，問他有沒有女友或子女；他說沒有，但他希望擁有家庭。當我問他想生幾個小孩，他回答：「我至少要生四個！保加利亞人都不生小孩，所以我們的人口正在縮減，這已經形成危機了！」

雖然保加利亞還不需要禁止人民使用避孕套，但他們確實已瀕臨絕種。根據統計，全球共有三十個國家有負成長率，它們多數都來自東歐。照此進度，我可能要把這本書的下一個版本改名為「消聲匿跡的歐洲人」。

保加利亞就像個逐漸消氣的氣球，它在一九八九年有九百萬人，在二〇〇一年有八百萬，等到二〇二一年這個數字卻降到了七百萬。儘管如此，訪客並不會看到公寓大廈在瞬間人去樓空；這不像黑死病或二次大戰，過程相對下是很緩慢的。總之，根據歐盟預測，這個曲線會持續下滑，等到二〇六〇年，保加利亞的總人口將會減至五百五十萬。

世界很少會追隨東歐的腳步，但這是少數特例之一。讓我們先從生育率開始看，現今的全球生育率是二點三，根據「金髮女孩原則」（Goldilocks Principle）[9]，維持一個穩定人口結構的魔術數字是二點一（並非所有孩童都能順利長大到生育年齡）。現在各國的生育率都遠比以前下跌得快，英國人在一八〇〇年平均會生五名子女，到了一九三〇年已減至兩個，而南韓在二十年內（一九六五至一九八五年）就追上了他們；過去六十年來，歐洲的總生育率也縮減了一半；全世界在一九七〇年代有二十四個國家的生育率在二點一以下，如今已增至將近一百個國家；在德國、義大利和日本，年齡介於四十至五十歲的女性中有四分之一沒生過小孩。各國生育率顯然正在狂跌。

然而一個國家的人口成長率不僅取決於生育率，死亡率和移民率也是重要因素。東歐的這幾項指標都落在全球平均之下，舉一九九〇年代為例，當時俄羅斯是史上第一個平均壽命發生縮減的已開發國家，同時死亡率也跟著上升，東歐各國的平均餘命也在這段期間減低，至今仍低於一九七〇年的平均值。自從柏林圍牆倒塌，數百萬東歐人也往西遷移，而且幾乎沒有人來填補這些空缺，於是低生育率加上逐年攀升的死亡率和移民出境形成了一個完美風暴，可以讓東歐人盡情上演人間蒸發。

保加利亞的隱身術格外值得探討。沒錯，它的生育率相對是較低（在二〇二一年只有一

9 譯者注：源自著名童話「金髮女孩和三隻熊」，代表一種「恰到好處」的概念。

點四九），但歐洲還有十二個國家（多數都在東歐）比它更低。事實上，保加利亞女性的平均生育年齡（二十六點六歲）還早於其他歐盟國家。所以保加利亞人口流失的主因是大家都跑光了，他們若要阻止人民大批遷離，就必須推動愛莉提出的文化和經濟改革，否則人才和人力都會繼續流失。

話說回來，世界人口的成長勢必得減緩，因為根據聯合國的估計，如果全球生育率維持現狀，地球在二一五〇年將會有兩千四百四十億人，到了二三〇〇年更會膨脹到一百三十四兆！到時候沙丁魚反而會用「跟人類一樣擁擠」來形容魚群的密集。目前人類的成長率顯然無法永續維持，不過這個勁爆的話題還是值得思考：我們是否有可能（或是願意）把一兆人塞在地球裡面？

世界人口為何不會減少

如果你是住在東歐，那邊的環境或許會讓你認為人類終將踏上恐龍的命運，然而地球總人口到了二〇五〇年還會增添二十億，除非浩劫席捲全球，此預測應該八九不離十。至於二〇五〇年後會有何變化，許多專家都相信我們可以從東歐預測世界的未來。隨著財富的均衡分布，全球人口自然就會下降（當一個國家的人均收入達到一萬美元，它的生育率通常就會掉到二點一以下），所以人口流失論者預言我們有朝一日會回到五十億，另外也有人預測我們會在一百億左右取得完美平衡。其實他們都錯了。

首先讓我們來看保加利亞，它的人口預計將在二〇六〇年比一九八九年少四成，他們該如何調適？是否會有四成的房子變成空屋？關閉四成的學校和農場？商業營利是否會減少四成？停車位是否會增加四成？假如全世界只有保加利亞面臨人口流失，它當然可以輕易做調整，只要增加輸出，引入移民來補充勞力，經濟還是可以成長。這很簡單，新加坡就是個實際例子。

問題是當歐洲或世界經歷全面的人口縮減，將會發生什麼事？物價將會下跌，各國生產總值將會逐年下降，鬼鎮會成為鬼城。移民雖然可以減緩這些衝擊，但民族主義者勢必會哭訴他們「沖淡」了國族文化。假設一個國家的生育率是一點三，它每年就必須引進自己總人口百分之十五的移民數量，這個比例是目前美國的五倍，跟歐盟相比更有十倍之多；歐洲人通常都比美國人反對移民入境，這種情形可能會引發暴動。東歐國家的條件不足以吸引西歐移民，他們也太排外，亞洲、中東或非洲移民都望之卻步，所以他們是否只能眼睜睜地看著自己的經濟崩潰，或是開始免費放送威而鋼？

人口老化和縮減的另一個挑戰就是他們會無力付清國債。多數政府都會試圖加速經濟產能來抗衡債務，但隨著人口普遍流失，此策略已很難成功。希臘的國內生產總值高峰是二〇〇五年，而它的人口近十五年來持續凋零，生產總值至今亦無法回復當年標準。

東歐政府都懼怕自己會淪落至此命運，所以他們都忙著止血。例如愛沙尼亞擁有全世界最寬容的產假制度，斯洛維尼亞的人口在二〇一一年呈現百分之零點一六的負成長，政府也予以因應：假如你只有一個小孩，你每個月只能拿到二十五歐元補助，但如果你有至少三名子女，每個小孩都能拿到一百五十歐元，包括基本醫療費和免費教育，直到上大學為止。以斯洛維尼亞的物價而言，每個月額外補貼四百五十元是一筆不小的費用。

俄羅斯也在採取行動。它的總人口在一九九一年是一億四千八百萬，聯合國曾預測當移民潮停止湧入，如果他們的生育率還是沒提升，俄羅斯的人口在二〇五〇年可能會流失三分之一，跌至九千兩百萬。俄羅斯政府隨即加倍釋出每月補助金額，每戶的第二個小孩都領到了九千兩百元，另外也立法限制墮胎。這些政策都大幅減緩了俄羅斯的人口下滑。

西歐各國也沒閒著。當法國的生育率在一九九四年掉到一點六時，政府在驚慌中開始提供孕婦四個月的帶薪產假、充足的兼職工作、就業保障和育兒津貼，這些福利足以抵銷孩童的教育、住宿和交通費用。法國的生育率因而在二〇一一年漲到一點九六，加上移民效應，現在法國人口每年都能成長百分之零點五。北歐國家人口也在逐漸增長，部分原因就是優渥的生育補助。連義大利都為每戶的第二胎提供一千四百歐元的單次給付，所以多數生育率低於二點一的富裕國家在降到一點三後就會反升。

當你拿聯合國的人類發展指數（ＨＤＩ）跟生育率互相比對時，這個趨勢會更加明顯。

人類發展指數是根據平均壽命、教育程度和人均收入計算出來的，當人類發展指數提升時，生育率通常都會減低，然而當這個指數高到一個極致時，生育率反而會回彈到接近二點一。此現象有部分是來自外界移民，因為他們的生育率通常都比本土人高，不過主因還是政府鼓勵國民進行不安全性行為。

增產報國

歐洲國家在過去就曾鼓勵民眾生育，墨索里尼希望總人口成長兩千萬，於是他就對單身者課重稅，並給予大型家庭經濟補助。義大利還有全國生育大賽，優勝者會被視為民族英雄，除了頒發獎章之外，政府會為他們舉辦遊行和巡迴展覽，報章雜誌也會頌揚他們的功績。墮胎或避孕都是違法的。納粹德國和西班牙在那段時期也採取了相似行動，德國的母親可以獲頒榮譽十字勳章，父親則拿到獎金。狄托曾經允諾：如果科索沃有任何婦女能生下九名子女，他就會親自擔任第九個孩子的教父。倘若現今東歐人口持續流失，保加利亞和其他國家可能會重新考慮這些政策。

這種想法聽似荒謬，然而等到少子化的效應全面影響歐洲，它跟現實的差距就沒那麼大了。歐洲人口在一九〇〇年曾經占全球四分之一，到了二〇六〇年，這個比例將會縮水至百分之六（其中三分之一也會是老年人）。當高傲的歐洲逐漸被世人遺忘，你難道不認為各國的領導人會提高生育獎勵？等他們開始這麼做後，歐洲人自然就會在床上多花一些時間。

如果世界人口不會減少，那它能否保持恆定？不會的，讓我們來算算看。若要達到人口零成長，這個世界大約有一半需維持正成長率，一半需維持負成長率。那些人口減少的國家正拿著肥美的蘿蔔引誘人民往正向靠攏，目前也導引得很成功。總之，多數國家絕不會因人口長期處於負成長狀態而感到滿足，這表示一個恆定不變的世界人口完全是癡人說夢。

如果你同意上述的前提，各國政府不會容許人口持續縮減，世界人口不可能維持恆定，那麼人類的未來就只有一種結局：世界人口會持續上升，直到資源匱乏。英國經濟學家馬爾薩斯（Thomas Malthus）曾在其著作《人口學原理》（*Essay on the Principle of Population*）預言人類會在一七九八年耗盡地球的糧食，諷刺的是，我們在超過兩百年後的最大健康問題卻是肥胖，而且我們對食物的支出比率還處於歷史性的新低，由此可見食物價格比以前更便宜了。

馬爾薩斯預測的時間雖然差很遠，但他的邏輯並非完全沒道理。我們還要捉襟見肘到什麼地步才會撞到人口上限？這個星球能負載多大的容量？這些問題已偏離這本書的主題，但還是值得稍作討論，因為它會牽連到東歐和世界的長遠未來。

有兩種方式會阻止或逆轉人口成長。其一是某種大災變，例如一顆巨大的隕石、全球同步的火山爆發、失控的全球暖化、冰河時期、蔓延全球的傳染病或是核子戰爭。別把流行病和戰爭想得太嚴重，除了十四世紀中期的黑死病之外（歐洲在那場瘟疫期間失去了三分之一的人口），世界人口並未因任何大型傳染病而有所衰減（一九一九年的西班牙流感沒有造成全球的淨人口下降）。即使是人類史上最慘烈的戰爭也無法阻止我們的成長，在二次大戰期間，世界淨人口照樣逐年攀升。

除此之外，唯一能阻止人口成長的途徑就是糧食枯竭。我們的人造雨技術已經進展到可以控制下雨的地點和時間，我們正在改進淡化和純化海水的方法，這些創新將允許我們從海洋萃取飲用水，使我們得以將沿岸沙漠改造成農地。這場水源革命可望養活數百億人。

我們也不會受到空間束縛：當今八十億人只占據了地球表面積的百分之五，而且其中只有一小部分住在高樓裡，如果空間運用得宜，我們理論上可以將八十億人放在德州，感覺也不會比曼哈頓更擁擠。我們也可以在海上建造島嶼都會。我並不認為一千億人共居於同個星球會很有趣，的確，聖經時代的古人應該不會喜歡現代的人口密度，但他們可能也會同意注射死刑遠勝過釘十字架。

我們的能源也不會耗竭。太陽能和核能的成本都比化石燃料低，況且地球的化石燃料還很充足。我們現今使用的太陽能只占太陽總能量的一絲皮毛，那個電源還要等很久才會用完。只要有能量、糧食和水，人類的數量就能持續擴張。假設我們每年持續增加百分之一的人口，二〇五〇年地球將會有一百億人，二一〇〇年將會有一百六十八億，到了二二八〇年就會向一千億叩關。不過何必在此就喊停？我們在二四四一年可以突破五千億，甚至還能在二五一二年超越一兆。

這些數字似乎很離譜，然而如果你當初告訴哥倫布說地球上的四億人在五百年後會膨脹十七倍，他也會說：「當然啊，世界也是平的。」相似的，我們現在無法想像地球人口有一天會增加到一千三百億（現今的十七倍），但許多人都輕忽了科技發展的迅速。如果你告訴一個穴居人說這個星球有一天會有一百萬人，他也會大叫：「不可能！洞穴根本不夠多啊！」

人類科技最重大的革新將會使他們從「智人」演變為「進化人」。自從工業革命以來，我們的平均壽命每隔四年就會增長一歲，照此進度，人類在未來的一百年內平均將會活到一百歲。事實上，日本人的平均壽命在二〇五〇年就可能會達到九十五歲。為了延長生命，進化人會改造自己的基因，即使這會使他們無法跟智人一起繁衍後代。這個自戀的高等種族會想辦法自我複製，致使世界人口如氣球般迅速膨脹。他們甚至還能在實驗室裡培養人造器官，把自己變成不需要葡萄糖、只需充電的生化人，這樣他們就不必生產糧食，可以專注於收集核能與太陽能，最後地球上就會有一兆個進化人，少數智人則被關在動物園裡。

物極必反，過度延長壽命也有可能遏止人口成長。當人們預期會活到五百歲，他們就會制定嚴刑峻法來限制人民生育。我們現在固然能容忍世界人口在自己有生之年增加三倍，但如果它將來會在我們五百年的生涯中增加一百四十倍，這就會驅使我們對孩童課稅，而不是像現在給予他們稅收抵免。倘若這招還不見效，我們就會派出閹割刑警大隊。

這些主意聽起來很瘋狂，但農耕和畜牧的概念在穴居人的耳裡聽來也一樣瘋狂。我只期盼某位跨越銀河系的考古學家會在二五二一年挖出這本書，大笑著說：「當年這個傻瓜預測全世界會有一兆人！哈！他竟然沒想到我們已經累積到十兆了！」

莎拉的自我省思

在結束此章節前，讓我們重返二〇二一年，回到一個總人口還沒超過八十億的世界。我很感謝莎拉的家人讓我借住他們的鄉村房屋，同時也對莎拉的觀點感到好奇，因為她是一位嫁給保加利亞人的美國人，而且每年都會去探望親家。她說：「我從保加利亞的朋友和親戚身上學到的最大收穫就是不要過於重視物質生活，要將人生視為一連串讓親友密切互動的事件，透過我們擁有的那些物品與親友維持聯繫。在美國的日常生活中，我看到許多人把自己的財產當作聖物膜拜，只會獨自享受，死命捍衛它們，卻不懂得與他人分享。」

我問她：「你剛來到圖金查時，什麼事情最令你驚訝？」

「鄰居讓我們感到受歡迎，他們每天都會隔著圍籬對我們打招呼，送給我們一些梅子、一些雞蛋、一些番茄，之後可能又會送更多梅子。就算我們的梅樹比他們更多，他們每天依然都這麼做。其他村民也會送東西，例如有天早晨一位善心的女士就送來溫熱的（剛擠出來的）羊奶，她教我把它煮熟，給我的兒子當早餐，她說新鮮羊奶很有營養。當然，我的兒子對於兩公升的芬達寶特瓶裝滿溫熱羊奶實在提不起興趣，但如果他們是在那裡長大，我相信他們一定會心存感激！」

「是啊，他們可能還會要求續杯。」

「我的親戚稱此為『村民交換』，每當你有什麼東西，就送一部分給別人。有羊就送一些羊奶，有梅子就送一些梅子，有蜂蜜就送一些蜂蜜，凡事都有福同享。因為人們在那種環境只能仰賴自己的菜園維生，年輕一輩的親戚偶爾才會從城裡帶些東西給你，所以這種互助行為能維持生活穩定，村民之間都有著慷慨相助的情感，他們深知彼此必須相互扶持。」

「這跟美國相比有何不同？」

「美國人的生活模式完全相反，我覺得我們時常假裝成功完全是靠自己取得，就某些程度而言，我們確實也不需要仰賴他人以求生存。但在保加利亞就不同了，你必須跟自己的家族和交際圈形成一個相互依存的網路，才能對抗人際屏障、官僚文化、經濟損失，以及菜園的貧瘠！」

「這就是集體文化的優勢。」

「是的，我真心認為人際關係在保加利亞遠比美國重要，那裡的人一直都會相互聯繫交流，珍惜彼此的情誼。保加利亞的移民在美國經常會感到孤獨，無法與人接觸。當我們拜訪保加利亞時，我的家人也很喜歡周遭充滿關懷的人群。當一位朋友問我去那邊可以買什麼東西、去哪裡購物，我很想大叫說真正值得體驗的是那些與眾人同桌歡笑的溫馨時刻，她應當珍惜保加利亞人的溫情與慷慨，而不是商店裡的紀念品！」

保加利亞能教我們什麼

- **考慮顛覆標準。**無論是首先採用西里爾字母、放棄格位或是用搖頭表示肯定，保加利亞人顛覆過許多常規。標準可以簡化許多事情，但偶爾挑戰它們一下也未嘗不是好事。
- **把燈光調暗或關掉。**保加利亞人懂得節能省碳，關閉任何沒在使用的電燈，有些博物館還會在某個房間沒人的時候自動關燈。如果你怕忘記，就設定一個計時器。美國的店家總是燈火通明，許多位於保加利亞城市之外的商店都會盡量利用天然光源。沒錯，明亮的燈光固然讓我們做事較方便，但我寧可省錢、減少汙染。
- **認識自己的鄰居。**無論他們住在村莊或大廈，保加利亞人都會主動去認識自己的鄰居，他們自然會組成一個互助社群。學習他們，向你的鄰居伸出援手。
- **將聚會化繁為簡。**美國人通常不喜歡邀請別人到家裡作客，因為他們覺得那是一件大費周章的事。多數美國人平常都待在家裡看電視，如果他們要跟朋友見面，就相約去酒吧或餐廳，但這樣反而更花錢。保加利亞人的做法較節省成本，他們都在家裡低調聚會，招待茶點，一切都以簡單為主。重點是關掉電視，邀請朋友過來聯絡感情。

✣ **對陌生人敞開大門。**世界各國都有待客之道，但有些國家就是做得比別人好。東歐人通常都比其他民族戒慎，然而保加利亞人長期具備集體意識，所以他們比多數東歐人容易接受陌生人。

✣ **享受低生育率。**保加利亞人消失的速度比世界任何國家都快，然而他們並不像其他人口縮減的國家那麼驚慌失措。希望那些政府也能看到人口減少換來的空間優勢，不要老是把這視為一種病症。其實解決環境汙染的最好方式就是坦然接受人口縮減帶來的好處。

經過十個章節，我們終於要離開精采而神祕的巴爾幹地區。我會想念它的，這裡有全歐洲最友善熱情的民族，它的矛盾與祕密會驅使你深入探究它的民族歷史。在尋找解答的過程中，你將會享受到極品美食和舒適的氣候，偶爾可能也會遇到一場戰爭。

少數地理學家也將羅馬尼亞歸於巴爾幹地區，不過多數學者都以多瑙河作為巴爾幹地區的北方邊界；依照此分法，羅馬尼亞幾乎都會落在巴爾幹地區以北。有些羅馬尼亞人也不喜歡被貼上巴爾幹的負面標籤，例如作家亞歷山德魯．喬治（Alexandru George）曾於一九九九年寫道：「我認為把羅馬尼亞歸於巴爾幹地區是一種侮辱……這個可恥的名稱其實是古早時期由維也納首相捏造出來的，我們應該立法禁止它出現於外交部的詞彙……相較於塞爾維亞人和土耳其人的殘酷，保加利亞人的誠懇與乏味，希臘人的癲狂和俄羅斯人的狂暴，我們是歐洲地圖上的唯一亮點。」[10]

是啊，我們走著瞧。

10 Alexandru George, “Cei care n-au muncit, dar ne-au ținut,” *Adevărul literar și artistic*, 1999.

第二十二章

羅馬尼亞——斯拉夫汪洋中的孤島

羅馬尼亞小資料

位置：巴爾幹半島北部國家，與保加利亞、摩爾多瓦、烏克蘭等多國相鄰。

面積：約24萬平方公里（台灣的6.7倍）

人口：約1,900萬（台灣的0.82倍）

首都：布加勒斯

主要族群：羅馬尼亞人

人均國內生產毛額：14,825美元（2022年資料）

哈利路亞！我剛踏上羅馬尼亞的土地就立刻歡呼。過去四個月來，我在歐洲接觸的不是波羅的海語言或斯拉夫語言就是火星語（例如匈牙利語和阿爾巴尼亞語），這段時日都陷於無助的文盲狀態，我對羅曼語言的認知完全派不上用場，我的俄語程度也乏善可陳。現在我終於找到一個感覺夠熟悉易懂的東歐語言，當然我也只能懂大約兩成，但此刻羅馬尼亞對我而言就像斯拉夫沙漠中央的一塊拉丁綠洲。

說到羅馬尼亞語，我們又得提起不勝其煩的東歐界定之爭。截至目前，我們主要都是用地理邊界來定義東歐，有時也會考量到東歐多數國家的共產歷史，但除此之外還有另一種方式可以劃分東西歐：天主教和東正教的界線。若用這種分法，立陶宛、波蘭、匈牙利、斯洛伐克、克羅埃西亞和斯洛維尼亞都會落在天主教的那一邊，俄羅斯、白俄羅斯、烏克蘭、羅馬尼亞和巴爾幹半島的多數國家則會落在東正教的陣營。如果東歐人真的那麼認真看待宗教，這樣分或許有意義，然而共產時代的無神論已經消弭了宗教在多數東歐國家中的重要性（除了波蘭和羅馬尼亞以外）；事實上，愛沙尼亞、拉脫維亞和捷克的非信徒比信徒還多。因此，用宗教界定東歐是不充足的。

另一個分法是用語言，假如羅馬尼亞和摩爾多瓦也是屬於斯拉夫語系，這樣就能畫出一片完美的連續區塊，可惜它們不是。語言的重要性不可輕忽，俄羅斯跟斯拉夫語系國家的關係通常都優於其他東歐國家（波羅的海三國、阿爾巴尼亞、匈牙利、羅馬尼亞和摩爾多瓦）。所以羅馬尼亞破壞了東歐語言的完美連線，它可以說是一片斯拉夫汪洋中的拉丁島嶼。

羅馬尼亞的語言

羅馬尼亞語聽起來有點像個在俄羅斯長大的義大利人發明的語言，例如他們會說 da（是），而且百分之十四的字有斯拉夫根源。有些羅馬尼亞人喜歡刻意貶低斯拉夫語與自己的關係，例如語言學教授尼古拉・史坦丘（Nicolae Stanciu）曾告訴我，雖然羅馬尼亞文中有三千個字來自斯拉夫文，這只占整個詞彙的不到百分之二。然而這個數字的可信度很低，以他們過去數百年跟斯拉夫民族交手的歷史看來，官方預估的百分之十四比較合理。尼古拉還聲稱羅馬尼亞文有六成是來自法文，另一派則認為法文或義大利文只占大約百分之三十八，但整體有大約八成的詞彙是源自拉丁文。無論如何，羅馬尼亞跟拉丁語系的關聯顯然勝過斯拉夫語系。

比方說，la revedere（再見）顯然有 arrivederci（義大利文）或 au revoir（法文）的影子，scuzati-mã（抱歉）和 bunã seara（晚安）聽起來也很像義語的 mi scusi 和 buona sera。如果你會說某一種羅曼語言，你應該就能聽懂這些詞句：unde este un hotel?（旅館在哪？）pot plãti în monedã localã?（我能否付當地現金？）unde este biroul pentru bagaje de mânã?（行李寄放室在哪？）multi ani（生日快樂）nu înțeleg（我聽不懂）cum se chema?（這叫什麼？）cît costã?

（多少錢？）bună（你好）ne（不是）。有些字的來源則不是那麼明確，例如 vă rog（請）和 mulțumesc（謝謝）。

羅曼語使用者可以輕易學會週一到週日的說法：luni、marți、miercuri、joi、vineri、sîmbătă、duminică。從一數到十也很簡單：unu、doi、trei、patru、cinci、şase、şapte、opt、nuoă、zece。連交通工具都聽起來很耳熟：vaporul（船，類似義語的 vaporeto）、autobusul（公車）、trenul（火車）、tramvaiul（電車）、avionul（飛機）。有這些單字當作基礎，我就能猜出一些句子的意思，例如 cea mai bună legumă e carnea de pui şi cea mai buna carne de pui e carnea de porc（最好的蔬菜是雞肉，最好的雞肉是豬肉）。

羅馬尼亞人是從哪來的？

由於東歐人對於先來後到非常執著，他們也喜歡爭論羅馬尼亞人的來源。我們已經聽過匈牙利人、阿爾巴尼亞和馬其頓人的起源爭議，其中一方總是宣稱自己從古至今都定居在某個地區，另一方則駁斥那是謊言，他們是昨天才來的；簡言之就是「我才是本土人，你不是。」既然語言等於我們的國旗，我們就從語言歷史來解答這個幼稚的爭議。

羅馬尼亞人自稱是古羅馬殖民者的後代。在西元一〇六年，羅馬帝國征服了大部分的達契亞王國（基本上就是現今羅馬尼亞的位置），我們對達契亞語言的認知甚少，但我們知道羅馬人占領此地後就帶來了通俗拉丁語。到了二七一年，羅馬帝國已撤出達契亞省，我們不確定當地的拉丁語族是否有留下，或是暫時離開數百年後又回來，不過以我對歐洲人習性的了解，我敢打賭他們都留下來了。

所以我們有三道待解的謎題：為何拉丁語言唯獨能在羅馬尼亞存活下來，在巴爾幹地區卻被斯拉夫語言取代？（羅馬帝國畢竟也曾在巴爾幹地區殖民。）羅馬人在達契亞只待了一百六十五年，他們為何能在這麼短的時間內留下如此長久的語言根基，在巴爾幹地區卻沒留下任何影響？為何數百年後出現的斯拉夫人無法將自己的語言推廣到羅馬尼亞？

我找不到明確答案，所以這是我的個人理論（別人可能也提過，它也不見得正確）：達契亞有豐富的貴金屬礦產，因此羅馬人比較積極開拓這片殖民地，當羅馬帝國撤出時，它留下了大量的拉丁語族，足以抵抗斯拉夫文化的入侵。所以這些古羅馬人的後代接收了西里爾字母和東正教信仰，但沒被斯拉夫語言同化。

但有少數斯拉夫和匈牙利學者提出相反論點，他們認為羅馬尼亞語（這也代表它的使用者）是個相對較新的東歐語言。例如亞諾斯就在信中告訴我說有些匈牙利人相信羅馬尼亞語是大約兩百年前從某個斯拉夫語言演化而來的，「我是從著名文化史學家帕普．蓋柏（Pap Gabor）的口中聽到此理論，他說那其實是一位羅馬尼亞語言學家觀察到的結論，而他對自己的發現也感到非常吃驚。我從未親眼看過古代或近代的羅馬尼亞書籍，所以我無法證實這點，不過蓋柏是學術界的權威，他不會隨便信口開河。」

各位不妨捫心自問哪種說法較欠缺說服力：古羅馬人占領了今日的羅馬尼亞，把它變成殖民地，而羅馬尼亞語就是源自他們當初使用的通俗拉丁語？或是羅馬尼亞人在兩百年前突然靈機一動，決定拋棄他們的「斯拉夫語言」，發明一個以拉丁語為基礎的新語言？

多數頭腦清楚的學者都會同意的是，羅馬尼亞人在大約兩百年前就停止用西里爾字母書寫，當時的知識分子希望強調羅馬尼亞跟義大利的歷史淵源，於是他們就採用了拉丁字母。正如我們在前一章所見，我們其實可以用西里爾字母寫英文，而且不必改變任何單字、拼音或文法。當多數群眾都不識字時，這些變革是很容易推行的。

窮人版的巴黎

自從跟羅馬尼亞語產生共鳴後，我就迫不及待想要拜訪首都布加勒斯，不過這段路程並沒有想像中輕鬆。我在下午抵達保加利亞邊界的魯塞，準備搭火車橫渡多瑙河進入羅馬尼亞，沒料到下一班車要等到隔日凌晨三點才會發，於是我嘗試直接走路過橋，但橋上禁止步行。我只好回到車站，拿出睡袋，在一位來自約旦的腸胃科醫師旁邊打地鋪。

布加勒斯感覺有點像窮人版的巴黎。羅馬尼亞人比較希望你叫它「小巴黎」，或至少稱之為「巴爾幹的巴黎」。無論你如何形容它，這的確是個很美的城市，十九世紀後期，受過法式訓練的建築師徹底重塑了布加勒斯，所以到處都會看到美好年代（Belle Époque）的輝煌建築。他們有自己的凱旋門，紀念一次大戰後的統一，甚至還有三點二公里長的林蔭大道；為了挑釁法國人，他們刻意將它設計得比巴黎的香榭里舍大道長六公尺。

這些仿法式建築象徵羅馬尼亞人亟欲脫離周遭鄰居，投奔西方世界。史學家阿德里安・齊奧羅亞努（Adrian Cioroianu）在《永不得脫身：羅馬尼亞人與巴爾幹人》中寫道：「你若想激怒一位羅馬尼亞人，只要說他的行為很像巴爾幹人，十之八九都能成功。」[1]說來也真諷刺，因為過度情緒化和易怒都是巴爾幹民族的典型人格特質。

羅馬尼亞一直都向西方看齊，在拿拉丁字母取代西里爾字母之後，他們一八五九年又將東正教儀式中的斯拉夫文字轉換成拉丁文字。在一九二〇年代，民族主義元老尼古拉・約爾加（Nicolae Iorga）宣稱斯拉夫文化對羅馬尼亞的影響很「膚淺」，人們不需用任何斯拉夫文字就能講羅馬尼亞語。這樣說很奇怪，因為羅馬尼亞文中最基本的字就是源自斯拉夫文：da（是）。儘管如此，約爾加還是堅持：「羅馬尼亞人跟巴黎的距離比跟貝爾格勒或索非亞近。」[2]有人也將羅馬尼亞封為「東方比利時」，鼓勵民眾效仿西方文化。這些故事讓我想起約爾加曾講過一句話：「一個國家並不屬於它的地理位置，而是它追尋的目標。」

簡而言之，羅馬尼亞人覺得自己應超脫四周的「野蠻」斯拉夫民族；就像匈牙利人，他們認為自己情況特殊，應被歸屬於西歐俱樂部。話說回來，儘管頂著法式建築和拉丁語言的光環、滿腔自我膨脹的願景，羅馬尼亞人仍不應完全否定自己的東歐基因。正如齊奧羅亞努所言：「羅馬尼亞人就是吃碗內看碗外，既想當舞台上的演員，同時又想當台下觀眾。這種矛盾情結致使他們無法兩者兼顧。」[3]

橫越外西凡阿爾卑斯山

參觀過布加勒斯之後，我帶著木樁、十字架、鏡子和滿口的大蒜味前往外西凡尼亞。我首先來到喀爾巴阡山區的度假小鎮錫納亞（Sinaia），童話故事般的佩勒斯城堡（Peleș Castle）是東歐最精美的城堡之一，不過它的政治地位並不高，只是一位羅馬尼亞國王的夏宮。可惜的是只有第一層開放遊客參觀，因為「第二層無法承受這麼多訪客的重量」。他們為何不將門票費拿來強化建築結構？導覽團中有一位牛津大學畢業的男士很驚訝羅馬尼亞已

---

1 Adrian Cioroianu, "The Impossible Escape: Romanians and the Balkans," *Balkan as Metaphor: Between Globalization and Fragmentation* (The MIT Press, Cambridge, Massachusetts, 2005), p. 225.

2 Nicolae Iorga, *Etudes Roumaines: Influences étrangères sur lea nation roumaine. Leçons faites à la Sorbonne* (Paris: Librairie universitaire, 1922), p. 10.

3 Adrian Cioroianu, "The Impossible Escape: Romanians and the Balkans," *Balkan as Metaphor: Between Globalization and Fragmentation* (The MIT Press, Cambridge, Massachusetts, 2005), p. 210.

脫離君主制（它自從一九四七年就沒有國王了），看來並非只有美國人那麼無知。

我接下來想去布蘭（Bran），對一隻鳥而言，它跟錫納亞的距離其實很近，只要飛越外西凡阿爾卑斯山（又稱南喀爾巴阡山）就行了。任何明智的遊客應該都會選擇搭巴士繞道而行，但我反而選擇當一隻沒有翅膀的鳥，從布希泰尼（Busteni）嘗試翻越羅馬尼亞的第二高峰。

每當我在東歐帶背包旅行，我都會把多數裝備寄放在一個置物櫃裡，好讓自己能快速行動。但這次我不會走回原點，所以我必須把所有行囊帶在身上。幸好我在過去幾個月已經丟棄了將近一半裝備，儘管如此，當年的我還沒精通超輕背包旅行的技巧，所以身上總共帶著兩個背包（一大一小）。我咒罵著那些沉重的裝備，笨拙地爬上外西凡阿爾卑斯山。

我在歐姆山（Mt. Omul，意思是「人類」）的頂峰遇到一個比德古拉伯爵更稀奇的生物——一位苗條美麗、年僅二十八歲的整形外科醫師。柯琳娜．尼古拉（Corina Nicolae）的同伴是個胖老頭，他看起來不像德古拉，所以我起初不了解她為何會跟這種人在一起，後來才得知他們是同事。那位男醫師名叫霍瑞亞（Horia），他不太會講英語，他們今晚會住在山頂附近的小木屋裡。廚房提供了豆子和香腸湯，我們坐在戶外休息，眺望雄偉的喀爾巴阡山脈。柯琳娜和我當時只聊了三十分鐘，不過我們之後會偶爾透過網路聯繫，她在五年後還邀請我去住她的公寓，但那段故事就留待後面再說吧。

當時的我還沒心情去想五年之後的事，光是接下來的五個小時就夠讓我擔心了，因為太陽只剩這麼一點時間就會下山。我先前已將帳篷遺失在保加利亞，所以我必須盡快在日落前走到林木線下方，找地方紮營。柯琳娜和霍瑞亞祝我好運後，我就背著笨重的行李繼續往下爬。我夢想未來某日能帶著輕便的裝備重遊此地，花一個月的時間走遍喀爾巴阡山脈，沿著這道反C形的弧線穿越羅馬尼亞。那肯定會是一趟充滿神奇的旅程。

陰森的鬼屋

不用懷疑，我接著要說的是真實故事。當我走到林木線下方時，日光已幾乎完全消失，我找到一間荒廢的小木屋，它使我想起《厄夜叢林》（*The Blair Witch Project*）的最後一幕，到處都積滿塵埃，木製的地板在我腳下嘎吱作響。唯一的光源是一盞微弱的ＬＥＤ紅燈，氣氛令人毛骨悚然。

兩層樓的外牆都有些破洞，任何生物都能自由進出。除了一隻在地上飛奔的蜘蛛之外，屋內看起來是空的，當我走到二樓，經過部分塌陷的屋頂，一隻大貓頭鷹突然拍翅飛出窗外。這裡是傳說中的外西凡尼亞，德古拉的城堡就在山下。我躺在冰冷又布滿灰塵的地板上，過了一段時間終於睡著。然後，在那死寂的深夜，我被一個聲音吵醒。

聽起來似乎有東西在咬我的鋪墊或睡袋，而且牠好像快要咬到我的肉了。我的食物在左邊，那隻怪獸則在右邊撕咬。牠是蝙蝠嗎？牠會不會攻擊我的脖子？我在做噩夢嗎？還是我其實已經死了？

雖然我不知道那隻生物有多大，我還是對牠盲目揮拳。我擊中了地板，咀嚼聲也停止了。我在伸手不見五指的漆黑中摸索ＬＥＤ燈，搜尋我的眼鏡，室內的空氣如死屍般寒冷。最後我終於打開了血紅的燈光，在它的微弱照射下，我看到自己呼出的霧氣，剛才掀起的沙塵也在空中飄浮。

我觀望四周，但什麼都沒看到。那究竟是一隻老鼠？一隻蝙蝠？還是吸血鬼？

我永遠都不會知道答案。

吸血鬼德古拉伯爵

德古拉確實曾在十五世紀遊走外西凡尼亞，他的父親是弗拉德二世，外號「龍公」（Vlad Dracul）；Dracul在羅馬尼亞語中的意思是龍，所以Dracula也有「小龍」的意思。當邪惡的龍王子長大後，他給自己取名為弗拉德・采佩什（Vlad Țepeș）。對羅馬尼亞人而言，Țepeș這個字遠比Dracula令人不寒而慄，因為它的意思是「穿刺者」，而這位暴君就是最愛將敵人處以刺刑。如果你惹火了德古拉，他會精準地將一支木樁從你的肛門穿過脊椎，同時也不會切斷任何重要神經，這樣你在死前至少還會被折騰四十八小時。中古時代實在應該改名為萬惡時代。

當作家布蘭・史杜克（Bram Stoker）聽過弗拉德・采佩什的事蹟之後，他就根據這位羅馬尼亞暴君寫出一八九七年的世界名著《德古拉》（*Dracula*）。十九世紀的東歐還是個神祕的未知領域，西歐人常以它為背景編撰各種恐怖故事，投射自己內心最大的恐懼。其實這個現象至今依然存在。

經過那恐怖的一夜後，我摸了一下自己的脖子，它感覺還算正常。我收拾行囊，趕緊離開這間鬼屋。草地已經結霜，我繼續往下走了數個小時後，德古拉的城堡終於映入眼簾。它的正式名稱是布蘭城堡，那是個陰冷的早晨，不過城堡看起來並沒有那麼陰森。或許那是因為它從來都不是德古拉本人的城堡。

不令人意外的是，真實世界的德古拉有許多傳說。事實是他就算在布蘭城堡裡待過，那段時間也很短，他大部分時候都住在波納里堡壘（Poenari Citadel）。那座廢墟位於一個乏人問津的陡坡上，由於它外觀普通，位置又偏僻，吸血鬼紀念品的販售者都寧願待在布蘭城堡的德古拉市集或骷髏客棧，推銷他們的假商品。

另一個迷思是德古拉是個極端邪惡的魔鬼。其實弗拉德・采佩什的主要勢力範圍並不在外西凡尼亞，而是在瓦拉幾亞（Wallachia）。他前後當了將近十年的王子，羅馬尼亞人民都將他視為一位英勇的領袖，因為他成功抵禦了土耳其人的侵襲。布加勒斯的王宮裡有他的雕像，一部二〇〇六年的羅馬尼亞電視影集也將他列入「史上最偉大的一百位羅馬尼亞人」。雖然他的刑罰手段很殘酷，但那本來就是中古世紀的常態。最後，德古拉並不是個活了數百年的吸血鬼，他在人生的最後一場戰役被土耳其人砍下頭顱，當時年僅四十五歲。數年之後，土耳其人就征服了瓦拉幾亞和外西凡尼亞。

我在日落前抵達布拉索夫（Brașov），一座被蒼翠山丘環繞的中古世紀日耳曼城鎮。它的議會廣場（Piața Sfatului）是東歐最漂亮的市區廣場之一，也曾是眾多女巫被處以火刑的地點。優雅的巴洛克式建築和行人步道為這個人口二十八萬的城市帶來溫情。那晚，我大膽地躲在中央公園的樹叢裡露營，然後就像個永不見天日的吸血鬼，我在日出之前就消失得無影無蹤。

我的下一站是錫吉什瓦拉（Sighișoara），這也是個古雅的日耳曼小鎮，充滿鵝卵石步道和保存完善的中古建築。位於山頂的堡壘屬於聯合國世界文化遺產，已有超過八百年歷史，從鐘樓可以享受絕佳視野，裡面也有一間舒適宜人的酷刑室。小鎮的中央廣場曾是人民買水果和觀賞死刑的聚集地，現在他們只是來買水果。你可以去堡壘拜訪德古拉的出生地，弗拉德·采佩什出生於一四三一年，據說他在此住了四年，如今它已被改建成酒吧和餐館，不過酒單上並沒有鮮血的選項。

當月亮在寒夜升起，我再次向山上的吸血鬼發起挑戰。小鎮的哥德式教堂旁邊有一道封閉式的陰森階梯，我爬了一百七十二階，錫吉什瓦拉在山丘下方沉睡。雖然我沒有帳篷，但這個位置足以躲避寒冷的濕氣，唯一的缺點是如果有個吸血鬼從階梯爬上來，我將會無路可逃。我躺著靜待惡靈現身，卻只聽到樹葉沙沙作響。雖然德古拉沒來吸我的血，連打聲招呼都沒有，但我已經愛上這個小鎮。

克盧日—納波卡和塞凱伊地區

我的下一站是位於阿普塞尼（Apuseni）山脈旁的克盧日—納波卡（Cluj-Napoca）。西元一二四年，一位羅馬皇帝在此建立了納波卡殖民地。大約四十年前，為了強調這個城市與古羅馬的歷史淵源，羅馬尼亞人又將「納波卡」加在它的名字後面，但現在已經很少人會稱呼它的全名，大多數人都直接叫它克盧日。十四世紀的聖彌伊哈爾教堂（Biserica Sfântul Mihail）高聳於舊城中心的聯合廣場（Piața Unirii），周圍的大學也為城市注入青春力量。一般遊客可能不會注意到這點，但克盧日、布拉索夫和錫吉什瓦拉都很接近羅馬尼亞境內最具爭議的區域——塞凱伊地區（我們在匈牙利的章節討論過它）。羅馬尼亞的族群分布圖有點像甜甜圈，而匈牙利族裔都集中在圓圈中心。

克盧日縣有大約百分之十七的居民是匈牙利人，但附近的哈爾吉塔（Harghita）和科瓦斯納（Covasna）兩個縣有百分之七十四至百分之八十五是匈牙利人，那塊區域就是塞凱伊地區的心臟地帶。雖然匈牙利和羅馬尼亞之間一向存有緊張關係，但有些人的歷史觀念也未免被扭曲得太離譜，例如一位匈牙利人就曾寫信告訴我：「羅馬尼亞人以殺匈牙利人為娛樂，你聽過Bözödújfalu（又稱Bezidu Nou）嗎？那是位於外西凡尼亞的一個匈牙利小村莊。羅馬尼亞政府想在那邊蓋水壩，他們直接淹沒了整個村莊，沒有給當地居民任何補償。好幾個村莊都這樣被摧毀。」

就算這是真的，有些以羅馬尼亞族裔為主的村莊也遭遇了相同的命運，而且匈牙利人有時會把事情誇大化，說得像是一場洪災吞噬了數千人的性命。其實沒有任何人死亡，居民是被迫遷移到其他地方，但任何地方興建水壩都會發生這種事，只要去問曾經住在三峽大壩附近的那些中國人就會知道。羅馬尼亞人並沒有無聊到以殺人為樂，他們蓋水壩也不是只蓋好玩的。羅馬尼亞哲學家蕭沆（Emil Cioran）曾說過一句話：「假想的痛苦感覺最真實，人對它們有著無止境的需求，必須不斷編造這些假傷痛來刺激自己，因為生命中不能沒有它們。」

另一方面，羅馬尼亞人也會以極端不理性的態度看待這些居住於他們國土深處的匈牙利人。馬瑞斯・丘瑞亞（Marius Eugen Ciurea）是一位羅馬尼亞醫生，他信誓旦旦地告訴我說匈牙利人從未統治過外西凡尼亞，無論我提出多少質疑，他依然堅持外西凡尼亞自古以來都擁有獨立主權，從未臣服於大匈牙利王國。

儘管他受過高等教育，他卻不知道匈牙利人曾將克盧日定為外西凡尼亞的首都，而且維持了一個世紀之久；他也無法解釋羅馬尼亞的城市奧拉迪亞（Oradea）為何會有匈牙利國王拉斯洛（László）的雕像。除此之外，克盧日的市中心也有十五世紀的匈牙利國王匈雅提・馬加什（Hunyadi Mátyás）的雕像。羅馬尼亞人並沒有為匈牙利名人蓋雕像的習慣，最後一座是在一九〇二年蓋的，當時外西凡尼亞還是奧匈帝國的一部分。如果連一位醫生都否認這些史實，不知道還有多少荒誕野史會在草莽鄉民之間流傳？

事實是，當奧匈帝國統治外西凡尼亞時，羅馬尼亞人確實受過差別待遇，而羅馬尼亞收復外西凡尼亞之後，匈牙利人也曾經遭到虐待。然而雙方人民都很頑強，尤其是塞凱伊人，正如這個笑話所述：

在不遠的將來，中國已幾乎征服全世界，除了塞凱伊地區之外。當雙方軍隊對峙，中國將軍問塞凱伊將軍：「你難道不害怕嗎？」

「不會啊，我為什麼要怕？」

「因為我們有兩億名士兵，而你們只有四萬人！」

塞凱伊的領袖大驚失色，回頭對他的隨從說：「弟兄們！我們要如何埋葬兩億名中國人？」

塞凱伊人雖然已堅守崗位數百年，但他們也經歷過挫敗。現居於匈牙利的美國好友亞力士曾告訴我：「塞凱伊人曾經稱霸外西凡尼亞，然後他們又陸續被土耳其人和羅馬尼亞人打得落花流水。這就是中古世紀的遊戲規則：你若不海扁別人，就等著被別人海扁。沒有閒工夫去鬼扯什麼人權、國際法或和平會議。」

「所以現在情況如何？」我問。

亞力士回答：「現在塞凱伊人跟他們的羅馬尼亞鄰居同為歐盟會員，表面上維持著脆弱的和平。他們正在討論是否應為塞凱伊人劃定一個自治區，我個人認為這是個好主意，但如果羅馬尼亞人解不開自己內褲裡的民族主義死結，它是絕無可能發生的。」

死結雖然還存在，不過羅馬尼亞和匈牙利已在一九九六年簽署協定，試圖改善雙方關係。如今塞凱伊地區到處都有兩種語言的路標，克盧日的貝比什鮑里亞大學（Babeş-Bolyai University）有將近三分之一的課程是用匈牙利語講授。匈牙利人有他們自己的政黨，對羅馬尼亞政府能發揮不小的影響力。有些書店會賣匈牙利書籍，你在羅馬尼亞也可以收看匈牙利的電視頻道。如果某個城鎮的匈牙利人口大於兩成，他們就能以匈牙利語作為官方語言；即使到了其他地方，也沒有人會禁止你說匈牙利語。總之，雖然雙方依然存有緊張關係，但並不至於釀成悲劇。

南布科維納的彩繪修道院

我從克盧日繼續前往蘇恰瓦（Suceava），它附近有四間被列為世界遺產的彩繪修道院。這些分布於南布科維納的修道院外牆都漆滿壁畫，其中最壯觀的是沃羅內茨（Voroneț）修道院的「最後審判」，它使用的藍色顏料被稱為「沃羅內茨藍」，可惜我在細雨中看不出它有何特色。摩爾多維察（Moldovița）修道院的四面完全封閉，有點像城堡。蘇切維察（Sucevița）修道院最大，完工於一六〇一年。胡莫（Humor）修道院內部的壁畫保存得最完整，但它們都沒什麼幽默感。[4]

彩繪修道院固然高貴，但並不如我想像中特別，再加上當天正在下雨，所以它們的著名色彩都等同被濾鏡淡化。然而即使排除天候因素，它們看起來還是需要重新粉刷。更糟的是，許多東歐修道院都有這個共同汙點：脾氣暴躁的僧侶。上帝的使節實在不應如此冷漠無禮；是的，觀光客確實很煩人，但那不是藉口。神聖先生，麻煩您樹立一個好榜樣，否則還不如下地獄吧。

羅馬尼亞人都說宗教很重要，但他們真正投入的程度並不明確。根據二〇一三年的蓋洛

4 譯者注：Humor在英文中的意思就是「幽默」。

普訪查，有百分之七十三的羅馬尼亞人對自己的宗教組織有信心，這是歐洲第二高的比率（科索沃有百分之八十四）。但話說回來，最近一週去過教堂的人也只有百分之三十六。尼古拉・史坦丘曾說：「我相信羅馬尼亞人對宗教的興趣多半是假的，那對他們而言只是一種形式，沒有深層意義。我們很難想像這些歷經共產主義荼毒的人會突然從無神論者變為虔誠的信徒。」

在雅西重溫大學時光

兩位同樣名叫安德烈（Andrei）的大學生邀請我跟他們的同學一起搭夜車去雅西（Iași）。大家一路說笑，當旅程接近終點，其中一位安德烈又邀我去他的宿舍打地鋪。我們就像典型的大學生，徹夜狂歡到半夜三點。

安德烈的主修科目是化學，他蹺了早上的課。我陪他去上十一點的物理課，這是我首次旁聽大學程度的物理，也是我首次用羅馬尼亞語聽課，不過就算教授講的是英語，我應該也不會了解任何內容。台上那位不苟言笑、充滿福態的老教授使這堂課聽起來格外吃力，羅馬尼亞學生不像美國學生會主動發問，他們只是不斷抄筆記。為了濫竽充數，我偷偷寫了一張「這位老師行房時最常說的十件事情」，並將紙條遞給同學們看。這是極端幼稚的大二學生行為，不過我此刻確實是在跟大二學生鬼混。

下課後，三位同學帶我去參觀羅馬尼亞的第二大城，同時給我上了一堂歷史課。羅馬尼亞在中古世紀分為三個區域：瓦拉幾亞、摩爾多瓦和外西凡尼亞。就某種程度而言，他們就像今日的波士尼亞、克羅埃西亞和塞爾維亞，彼此相關，卻又不完全相同。瓦拉幾亞形成了羅馬尼亞的文化核心，布加勒斯就是它的首都。如我們先前所見，外西凡尼亞是個族群熔爐，羅馬尼亞人、匈牙利人、塞凱伊人和日耳曼民族都對它有影響，土耳其和羅馬帝國的遺跡也依舊留存。如今摩爾多瓦有部分已獨立，其餘仍屬於羅馬尼亞，雅西是它的首府，距邊界僅二十公里。

數百年來，羅馬尼亞人都在追尋「大羅馬尼亞」（România Mare）的夢想，試圖將三個區域合而為一。「勇敢的」米哈伊（Mihai Viteazul）曾在一六〇〇年創下此奇蹟，但沒有維持到一年就再度分裂。不久之後，土耳其人就來了，尾隨在後的則是奧匈帝國。大羅馬尼亞在歷史上唯一存在的另段時期就是在兩次世界大戰之間。有趣的是，當我詢問尼古拉說羅馬尼亞有無所謂的黃金時代時，他並沒有提到這兩段短暫的大一統時期，他說：「羅馬尼亞的盛世出現在十九世紀後期，卡羅爾一世（Carol I）的統治期間。他在五十年內就徹底改造了羅馬尼亞。」

諷刺的是，卡羅爾其實是出身自德國王室，而非羅馬尼亞。正如多數德國人，他行事風格嚴謹，即使先天環境不良也不曾懈怠。史學家齊奧羅亞努有此評述：「儘管他不知道羅馬尼亞的確切地理位置，也從未徹底駕馭羅馬尼亞的語言，卡羅爾一世仍是羅馬尼亞史上執政效能最高的君主，他對這個國家的現代化（西方化）做出了重大貢獻。雖然沒有人看過他開懷大笑，但在他冷若冰霜的領導下，羅馬尼亞在一八八一年終於升格而成為一個王國。」[5]

我跟著三位羅馬尼亞學生來到雅西市中心的聯合廣場，附近的聖三一修道院（Biserica Sfinților Trei Ierarhi）有著雕琢華麗的外牆，不過真正的明星建築是文化宮（Palatul Culturii）。雖然它是建造於一九二六年，但新哥德式的造型使它看起來很古老。我很捨不得離開雅西，它不但讓我重溫大學時光，而且還不必寫作業，這種夢幻生活真是太美妙了。

羅馬尼亞人的開車習慣

以上是我初訪羅馬尼亞的經歷，我五年後還會回去拜訪多瑙河與黑海沿岸地區，不過我們在此要先回顧一下羅馬尼亞的共產時代。我們曾在匈牙利的章節詳細討論外西凡尼亞的歷史，也提到羅馬尼亞是如何在兩次世界大戰之間失而復得外西凡尼亞。這兩次大戰剛開始時，羅馬尼亞都曾試圖保持中立，如同瑞盧卡·古塔（Raluca Guta）所言：「羅馬尼亞人從未發動過任何戰爭，我們的組織效能實在太差，絕無本事向別人宣戰。」

我是透過柯琳娜的轉介認識瑞盧卡，經過數年的書信往來後，我們終於實際碰面，她當時跟德國男友羅夫（Ralf）一起住在法蘭克福，我跟他們共居了幾天。當我們從陽台眺望美因河（Main），瑞盧卡與我分享了一些羅馬尼亞共產時代的故事。她的祖父奧瑞里安（Aurelian）曾因為公開批評政府被警察當街逮捕，丟入監牢，當他的母親詢問警察他的下落時，他們都假裝不知情。她實在無法承受兒子生死未卜的煎熬，於是就辦了一場葬禮，把這顆懸掛的心跟兒子一同埋葬。你可以想像他在消失四年後回家按門鈴時，他的母親是如何反應。

數年後，奧瑞里安在某次交通壅塞時下車怒吼：「我們幹麼還要忍受這種鳥事？政府到底在搞什麼？我們需要革命！」結果他又因為說錯話被關了六年。羅夫曾經在羅馬尼亞工作過一年，他帶著德國口音平靜地說：「我去過一些國家，而我從未看過任何人在開車時像羅馬尼亞人一樣瘋狂。」

瑞盧卡插話：「沒錯，當你在羅馬尼亞超車時，他們會把這種行為視為人身攻擊，他們不會覺得你只是『抱歉啦，我跟大家一樣想快點回家，你就讓我一下吧』；絕對沒那麼單純，他們會認為你在蓄意攻擊他們。」

羅夫繼續說：「他們會相互叫囂辱罵，有時甚至會下車打架。真是誇張，我從未見過這種事。」

---

5 Adrian Cioroianu, "The Impossible Escape: Romanians and the Balkans," *Balkan as Metaphor: Between Globalization and Fragmentation* (The MIT Press, Cambridge, Massachusetts, 2005), p. 214.

我問羅夫：「羅馬尼亞人和德國人還有哪些不同？」

他說：「德國人比較注重團隊合作。」

「這或許正確，」瑞盧卡說，「但羅馬尼亞人比較重視家庭。比方說，每當我回家時，我總是很訝異自己的朋友都還待在同一個城鎮，沒有人搬出去，家庭對他們而言很重要。」

我說：「德國人曾在羅馬尼亞居住過數百年，羅馬尼亞人為何沒有承襲到德國人的組織效能？」

「這只能怪我們自己，我們的本性就是那麼雜亂無章，壞習慣很難改。」

這種回答並不常見，東歐人通常會哀嘆自己只是被世界強權玩弄的工具，這樣就能把自己的失敗推託給那些強國，藉此逃避責任。不過這麼說也不完全錯，例如邱吉爾和史達林曾經私下用一張餐巾商討東南歐的勢力分配：邱吉爾喜歡希臘群島，所以他提議如果西方陣營能拿到希臘，共產黨就能擁有羅馬尼亞。如果你發現自己國家的命運竟是取決於某個在餐巾上塗鴉的英國胖子，你應該也會有點鬱悶。

真正的吸血鬼：希奧塞古

二次大戰之後，羅馬尼亞在蘇聯的掌控下走過鬱悶的十三年，接著又在尼古拉．希奧塞古（Nicolae Ceaușescu）的領導下度過了悲慘的三十年。持平而論，這位獨裁者並不是省油的燈，他就像一個幼兒版的狄托或霍查，對蘇聯毫無畏懼。當蘇聯在一九六八年以武力鎮壓布拉格之春，又在一九七九年入侵阿富汗時，羅馬尼亞是唯一公開譴責他們的華約會員國。希奧塞古曾與西方各國建立合作關係，並鼓吹東歐各國廢除核武和駐外軍事基地；伊莉莎白女王曾經為他頒發獎章，他也曾說自己的終極目標是贏得諾貝爾和平獎。這些宏偉的理念是他的優點，也是他的致命傷；為了追逐這些幻影，希奧塞古花錢的速度比網球明星伊利耶·納斯塔塞（Ilie Nastase）的夫人還快。

> 我不須辦理信用卡掛失，因為偷走它的人絕不會比我老婆更愛花錢。——納斯塔塞，一九七三至七四年世界網球排名第一

基本上，共產主義的弱智經濟絕無可能資助希奧塞古的狂想，但他還是嘗試了。在追夢的過程中，他將羅馬尼亞埋在堆積如山的債款下，例如開鑿一條通往黑海的運河，以及夷平布加勒斯的眾多珍貴古蹟，一切就是為了建造全世界第二大的建築（他的辦公大樓）。他在一九八七年一心想要使羅馬尼亞脫離過時的農業經濟，於是就強迫農民放棄自己的田地，搬入水泥公寓。他下令摧毀了八千多個村莊，許多匈牙利族裔也因而受到虐待。如果有人敢冒犯他，那個叛徒就會被低劑量輻射折騰——不至於立刻致命，但足以引起癌症。希奧塞古就

像個吸血鬼般榨乾了羅馬尼亞的生命。

到了一九八〇年代後期，羅馬尼亞已被債務淹沒。為了省錢，希奧塞古開始限電，羅馬尼亞人開始使用蠟燭。若要償付外債，你就必須製造一些有用的東西，賣給其他國家，問題是共產主義的文化本身就不鼓勵產業創新。羅馬尼亞唯一能生產的只有糧食，但當時的產量不足以帶來收益，於是希奧塞古就對人民限量配給口糧，再把剩下的輸出。當冬天來臨，飢腸轆轆的民眾終於開始暴動，而他在這段期間又夷平了數十個村莊。他在後續的數個月暫時平息眾怒，但這時柏林圍牆也倒塌了。

大約一個月後，蒂米什瓦拉（Timișoara）的一位匈牙利牧師因反政府言論被逐出教會，當地居民為了聲援他而群起抗議。一九八九年十二月二十一日，希奧塞古試圖動員群眾進行造勢，向媒體展現人民對自己的支持，但台下只是報以噓聲。希奧塞古隨即命令坦克碾壓抗議人潮，造成十人死亡。第二天，這位自大狂又與同為政府高官的夫人並肩出現在陽台上，而這回群眾的怒吼再次蓋過了他的麥克風。猶如好萊塢電影中的反派角色，希奧塞古搭上直升機，火速逃離現場，但他很快就被自己的軍隊逮捕。十二月二十五日，羅馬尼亞收到了他們的聖誕大禮：他們透過電視直播，讓全世界見證了希奧塞古夫婦在槍口下的最後一刻。

最大的諷刺是，當希奧塞古被處決的時候，羅馬尼亞已經付清了外債。由此可以學到一個教訓：財政緊縮還是有其用處，但如果執行政策的那個人是你，這就不見得是個好主意了。

對於失去自由的人，自由代表一切；對於擁有自由的人，它只是個假象。——蕭沆

與柯琳娜重聚

上回在外西凡阿爾卑斯山頂結識了整型外科醫師柯琳娜，闊別五年之後，我到她家去領取我的防水帳篷。我當初將帳篷遺留在愛沙尼亞，所以後續兩個月的旅程都沒有它的庇護。這套超輕型帳篷是我的定心丸，只要把它帶在身邊，我就不必擔心天氣變化。在那兩個月中，我總是得煩惱晚上該睡在哪裡，而且我的行程並不固定，因此很難預測自己兩週之後會在什麼地方，或是可以把帳篷寄到哪個安全的地點。柯琳娜是我的最佳選擇，於是我就應邀去她家住了幾天。

雖然我們那次在歐姆山的峰頂只聊了三十分鐘，柯琳娜和我每年都會透過簡訊或電郵保持聯繫。她向我敘述自己跟卓戈什（Dragoș）的初遇，他當時正在公園裡遛狗，「打從遇見他的那一刻，我就知道自己總有一天會跟他結婚。」她寄來他們的婚紗照，一年之後又寄來女兒朵瑞亞（Doreea）的嬰兒照。我從多瑙河邊界搭便車到柯琳娜居住的城市克拉科瓦（Craiova），再等卓戈什來接我。他看起來並不像那種能抱得美人歸的大情聖，身材有點矮胖，頭髮也很稀疏；幸好女人的眼光不像男人那麼膚淺。

卓戈什開車帶我到郊區跟柯琳娜母女會合，他們的朋友馬瑞斯（Marius）也帶著妻兒來

湊熱鬧，我們享受了一頓午後野餐。第二天，我們七人一起步行到日烏河（Jui），它周圍的峽谷可說是攀岩者的天堂。我們稍後又去特爾古日烏（Târgu Jiu）參觀纖細的無盡之柱（Coloana Infinitului）；當你站在正下方仰望它時，這座長柱真的彷彿伸向無垠天際。

我們在特爾古日烏公園的一家傳統露天餐廳吃午餐，如果你認識其他羅曼語言，羅馬尼亞文的菜單應該不難理解。比方說，你應該能認出牛肉（vacă）、豬肉（porc）和綜合沙拉（salată asortată），不過其他字眼就並非那麼好猜，例如肝（ficat）、炸香腸（cabanos prajit）、雞胸肉（piept de pui）、可麗餅（clătite）、甜椒鑲肉（ardei umpluți）和餡餅（plăcintă）。我點了一碗蔬菜湯（ciorbă de legume），羅馬尼亞人就像許多國家的人一樣喜歡把酸奶油倒入湯裡。

出乎意料的是，羅馬尼亞最著名的餐點是來自南美洲的波倫塔（polenta），亦即玉米粥，他們稱之為mămăligă。羅馬尼亞人把它視為窮人的粗食，當他們要形容一個人很窮時，通常都會說Nici o mămăligă pe masă（他的桌上連玉米粥都沒有）。在希奧塞古垮台前的那個冬天，許多人甚至連玉米粥都吃不到。

東歐的邊緣人：羅姆人

回到克拉科瓦之後，我們談到了這個城市的一個重要族群：羅姆人（Romani）。有些匈牙利人和斯拉夫人對「羅馬尼亞」這個國名很反感，他們認為羅馬尼亞人在刻意標榜一個從未存在的歷史連結；同理，羅馬尼亞人也對「羅姆人」頗有微詞，因為這個字很像是從羅馬尼亞衍生而來的。其實不然，Roma在羅姆語中是Rom的複數，意思就是「人」。無論如何，許多人還是習慣稱他們為吉普賽人，而羅馬尼亞人和斯拉夫人則會用一個帶有貶義的字眼，聽起來有點像Tsigani。

羅馬尼亞人經常把自己在歐洲的壞名聲怪在羅姆人頭上，他們相信每當新聞報導「羅馬尼亞人」在某個歐盟國家犯罪，那肯定是羅姆人幹的好事，不是「真正的羅馬尼亞人」。我曾經在巴塞隆納附近搭過一位德國卡車司機的順風車，他正要將數公噸重的西班牙柑橘運送到德國。他提到自己之前去羅馬尼亞送貨，有人趁他睡覺時吸走了兩百公升的柴油，而且羅馬尼亞在加入歐盟前經常發生劫車事件。如果今天有個羅馬尼亞人聽到這些故事，他大概又會把問題全推給羅姆人。

東歐人特別排斥羅姆人。二〇〇六年，捷克政府的一份報告指出國內有八萬名羅姆人住在三百多個隔坨區（ghetto）內，而且其中有八成是在過去十年內設立的。二〇一〇年，一名斯洛伐克歹徒持槍闖入一間公寓，射殺了六名羅姆人，然後又在街上殺了另一個人，傷及十四名路人，最後飲彈自盡。從科索沃到俄羅斯，羅姆人簡直就像過街老鼠到處挨打。同年在匈牙利也有少數政客要求將羅姆人強制送進拘留營，斯洛伐克警察強迫六名未成年的羅姆嫌犯（據說他們偷了一個皮包）脫光衣服、互相鬥毆和親嘴，警察則在旁邊拍攝整個凌辱過程。

羅姆人確實有些問題。若單獨分析羅馬尼亞境內的羅姆人，他們的人類發展指數跟非洲國家波札那（Botswana）差不多（一百名上下），然而羅馬尼亞整體的發展指數卻超前波札那將近五十名。根據聯合國的統計資料，保加利亞境內的羅姆人的嬰兒死亡率比全國平均值高六倍，他們的收入則是全國平均的三分之一。國際特赦組織也曾報告斯洛伐克的羅姆人只占一般學齡人口不到一成，反倒是占了弱勢族群的六成。他們唯一可取之處大概就是音樂天賦。

有些東歐人以為羅姆人是近代的入侵者，其實他們的祖先早在十四世紀就從印度遷移到歐洲。羅姆語中有些字跟印度西北的旁遮普語（Punjabi）完全相同，例如dand（牙齒），mun（嘴巴），khel（玩耍），lon（鹽）和akha（眼睛）。羅姆人說話時也會像印度人那樣搖頭晃腦。如今東歐有將近一千萬名羅姆人，羅馬尼亞擁有最大的羅姆族群，但他們在保加利亞的人口比例最高（大約占總人口一成）。

正如猶太人曾經是個沒有國家的民族（直到以色列在一九四七年建國），羅姆人在世界各地也受到次等公民的待遇。歐洲人有時對他們視若無睹，有時則企圖將他們趕盡殺絕：納粹曾經殺害數十萬名羅姆人，大約等於全族人數的四分之一，捷克從一九七三至二〇〇四年也將許多羅姆人強制絕育。最近東歐曾經推行十年計畫，試圖協助羅姆人融入社會，世界銀行預估保加利亞、捷克、羅馬尼亞和塞爾維亞每年都為此花費七十三億美元，但成效不彰。

此計畫已於二〇一五年終止。前捷克總統哈維爾甚至說過一段話：「吉普賽人不僅是民主政治的試金石，也是文明社會的試煉。」

電影《芭樂特》（*Borat*）的開場背景是設定在哈薩克，但它其實是在羅馬尼亞的村鎮格洛德（Glod）拍攝，Glod在羅馬尼亞文中的意思就是泥巴。當鏡頭帶過衣衫襤褸的村民，男主角語帶嘲諷地將他們形容為近親相姦、墮胎頻繁的禽獸。格洛德的羅姆人對此大為光火，因為他們為了配合當臨時演員，每人只拿了五元的片酬，而且他們當初以為這是一部紀錄片，沒想到會變成鬧劇。有幾位村民對製片人提出控訴，但由於指控太含糊，訴訟很快就會駁回。羅馬尼亞人當然是不會同情羅姆人，當地的副市長培特列．布傑亞（Petre Buzea）就說：「他們都拿到錢了，我相信他們應該很滿意。當有錢可拿的時候，這些吉普賽人連自己的老爸都可以殺。」

如果你問羅馬尼亞人去哪裡可以遇到羅姆人，他們都會推薦克拉科瓦；如果你再問克拉科瓦的居民，他們就會指引你去露天跳蚤市場，於是我就依照指示，來到羅姆人的大本營。市集塞滿了數百名羅姆人，婦女都穿戴著鮮豔的頭巾和長裙，當我試圖尋找一位會說英語的羅姆人，有個羅馬尼亞人很不屑地告訴我：「這裡的東西都是從其他國家偷來的。」我無法證明這是否正確，就像任何販售二手商品的市場，你根本無從得知賣方是如何取得這些物品。可以確定的是，你在克拉科瓦的跳蚤市場可以買到任何你能想像到的東西。

我最後找到了一個合適的訪談對象：二十五歲的羅馬尼亞人席維歐・康多（Silviu Condoiu），他的妻子比昂卡（Bianka）是羅姆人，所以他正好腳踏兩個世界。我想藉機證明羅姆人並不是大家刻板印象中的守財奴，可惜事與願違，當周圍的羅姆人發現席維歐要讓我訪問，他們就開始起鬨：「記得向他收錢喔！」

席維歐試圖打發那些討厭鬼，但他們還是一直圍在旁邊偷聽，他終於不堪其擾，帶著我遠離人群。雖然我們的位置已經夠隱密，但他很少正眼看我，因為他自始至終都在察看附近有沒有認識的人。我問的第一個問題是：「關於羅姆人的最大迷思是什麼？」

「他們都是竊賊。其實多數人都很誠實，羅馬尼亞人才是偽君子，他們稱羅姆人為竊賊，然而真正的汪洋大盜都是羅馬尼亞的商人和政客。羅姆人只會犯輕罪，羅馬尼亞人比較聰明，所以他們專搞大案件。」

「還有其他迷思嗎？」

「世界上只有一種羅姆人。其實他們還可以分為好幾類，例如胡尼（Huni）是最富有的，有時候也是犯罪率最高的階層，科斯托拉里（Costorari）是最窮的，萊耶提（Lăieti）是勞工階級，波茲格里（Bozgori）是最懶惰的，提斯馬納里（Tismanari）則是羅姆和羅馬尼亞的混種。」

「所以你的四歲女兒是提斯馬納里？」我問。

「是的，」我們離開市集之前，他就已經向我介紹過自己的妻女，「但我太太的家族是胡尼，所以跟她結婚相當困難。」

迎娶羅姆女孩的代價

席維歐開始解釋身為胡尼女婿的困難之處。多數胡尼都會跟新郎簽訂一個協議，如果他在未來離婚，就得用黃金償付違約金。女兒的身價取決於該家族的聲望，但它通常都在三萬美元左右。這可以解釋他們的低離婚率。這種協議乍聽之下似乎很奇怪，但它跟一些美國人會簽的婚前協議書有點類似。

除此之外，新郎按照禮俗還得付錢給女方的家庭，價位通常都在一萬五千至七萬五千元之間，視新郎本身的經濟能力而定，而且最好是用黃金支付。婚禮可能會辦得很大，他們有時會在某個浪漫地點宴請四百位賓客，不過這些規則是可以調整的。例如席維歐和比昂卡當初就私奔到西班牙，因為她的家人要求太多，後來比昂卡的家人終於接納席維歐，他們才回到羅馬尼亞。他沒有付任何錢給親家，因為他們知道他沒錢；他的月薪是兩百元，跟羅姆人的平均所得差不多。比昂卡有五名兄弟，她是家裡的獨生女，所以他們原本希望她能嫁給一個有錢的丈夫。我問他：「羅姆社會是否也遵循傳統的男女角色？」

席維歐說：「對，家事都是女人在做，男人是老大。」

「羅姆社會有司法制度嗎？」

「他們若發生糾紛，通常都會私下和解，」他說，「只有在無法自行解決時才會使用羅馬尼亞的司法系統。」

「羅姆人會因為糾紛而殺人嗎？」

「現在已經不會了，他們以前會那樣做，但現在那種事很少發生。」

東歐有一些極端浮誇的民間房屋，其中一部分也是羅姆人的住家，你在克拉科瓦會看到井然有序的羅姆豪宅，完全打破貧困潦倒的刻板印象。我曾經從羅馬尼亞人的口中聽過各種天花亂墜的謠言：他們會說那些房子只是外表好看，裡面什麼都沒有，裝潢也未完成；為了保持乾淨，家具都包著塑膠，因為羅姆人都是物質主義者，而且他們會把馬放在裡面，自己則住在穀倉裡。席維歐聽到後只是一笑置之，根據親身經歷，他可以保證「那些房子內部很正常，很舒適，而且沒有人把馬放在裡面。」

我感謝席維歐提供的獨特見解，之後就跟著柯琳娜走向市場出口。這時，幾名肥胖的中年人突然爆發口角，他們是用羅姆語對彼此尖叫，所以我聽不懂他們在吵什麼。其中一人猛推了對方一下，他太太則試圖壓制他，雙方繼續互推叫罵幾回之後便自行解散。柯琳娜無奈地搖頭，向我使了一個眼色，她的表情顯然是在說：你了解我的意思了吧？

我度過了充實的三天，誠摯感謝柯琳娜和卓戈什的招待，然後就搭車前往布加勒斯。兩年之後，柯琳娜告訴我說他們已搬到盧佩尼（Lupeni），因為她比較喜歡周圍的高山。另一方面，卓戈什則跌破大家眼鏡，跑去讀醫學院。或許我五年後應該再跟這家人重聚，看看他們還會發生什麼趣事。

結識西蒙娜

我在布加勒斯的沙發衝浪主西蒙娜・帕拉德（Simona Palade）是一位舞台劇演員，她在首都的一些大型劇場都有定期演出。我在這種場合通常都會帶個伴手禮，但這次沒特別準備，只能臨時在路邊攤買一些花。她欣然接受了我的心意，我們一起走到她的現代公寓後，她向我介紹自己的一歲嬰兒。當我走進浴室，就發覺自己正墜入愛河。

西蒙娜是一位二十九歲的金髮美女，但我此刻愛上的是她的馬桶。跟美國不同的是，多數東歐馬桶都會讓你選擇沖水量，你可以視情況按下適合的按鈕。對於住在像加州這種乾旱地區的我而言，這是一項絕妙創新，因為我從小就背過這首打油詩：「如果是黃色，就溫柔一點；如果是咖啡色，就沖下去。」

雖然這種兩段式沖水馬桶是在乾燥的澳洲發明的，但東歐人購買的數量比澳洲人還多。它平均可以使每戶省下百分之六十七的用水量，對一個小家庭而言，他們一年就能節省三萬兩千公升的水。這個馬桶還挺管用的。

西蒙娜從未參觀過全世界第二大的建築，所以我就邀請她一起去見識。議會宮（Palatul Parlamentului）比美國五角大廈小，但它從地面上看起來較壯觀。一九八四年，希奧塞古嫌自己的辦公室不夠大，於是他就拆毀了一整片社區，包括七千間住宅和二十六座教堂。他剷平許多絢麗的法式古典建築，一切都是為了蓋一座仿北韓式建築。這實在不是一筆好交易。

西蒙娜和我正在等候導覽，同組的英國水手拜瑞・羅（Barry Raw）聽到我們在聊沙發衝浪，便上前自我介紹。他是一位三十五歲、西裝革履的金髮帥哥，此行是獨自來布加勒斯遊玩。一小時的導覽只展示了這座十二層巨大宮殿的十分之一，整個工程耗資五十億美元，動用了七百名設計師和兩萬名工人，經過連續五年的三班輪替才大功告成。希奧塞古很委婉地將它稱為「人民宮」，它占地三十三萬平方公尺，有三千一百個房間，看起來就像一位共產主義者想仿造凡爾賽宮，但預算沒那麼寬鬆。

導覽結束後，西蒙娜得回劇場排練，拜瑞和我則繼續逛市區。我們參觀了展示豐富的農民博物館（Muzeul Național al Țăranului Român），在地下室看到堆疊的列寧雕像——這個位置確實很適合。後來我們三人又在西蒙娜的公寓共用晚餐，西蒙娜提到了城鄉文化差距，她說：「羅馬尼亞的村莊至今仍停留在中古世紀，教會扮演極重大的角色。」

第二天，當我搭公車前往火車站時，一位名叫芙洛莉亞（Floria）的女士也提到類似現象。她說：「無論發生什麼事，羅馬尼亞人都會用宗教解釋。如果是壞事，那就是因為你沒向聖母瑪利亞禱告；如果是好事，那就是因為你有向聖約翰禱告。我們也很迷信，如果一位新娘在婚禮失手掉了花束，她的父母可能會抓狂，因為那是不吉利的象徵。」

芙洛莉亞是在布加勒斯長大，後來到加拿大學音樂。她現在已經跟德國人結婚，平常住在科隆。她說羅馬尼亞人比西方人懂得在狹縫中求生存，個性也比較直率，「當他們不喜歡你時，都會明確表達出來。」她坦承羅馬尼亞人的服務態度還是很差，「他們都把你當成垃圾，我很想告訴他們：『喂，我是顧客啊。』」

我問她除此之外還觀察到哪些相異處，她回答：「我們的心態不同。假如今天有一群羅馬尼亞人在野餐，你肯定會知道，因為他們會留下一堆垃圾。他們很不尊重大自然，這點跟加拿大人或德國人不同。當然並非所有羅馬尼亞人都是如此，那些受過教育的人也會尊重自然。還有，基本上我們在羅馬尼亞是不可能靠誠實賺錢，這裡到處都很貪汙。」

在久爾久和魯塞之間通車的雙胞胎

當火車穿越多瑙河橋進入保加利亞，我結識了一對來自保加利亞的雙胞胎兄妹狄姆科（Dimcko）和安妮（Ani），他們目前在魯塞對岸的久爾久（Giurgiu）上大學。狄姆科表現得很強勢，經常打斷他妹妹說話，而她也只能用翻白眼表示不滿，這反映了東歐社會尚存的大男人主義。我問他們跟羅馬尼亞人相處得如何，狄姆科回答：「還不錯，不過多數東歐人都討厭自己的鄰國。」

我問：「這兩個國家有何共同點？」

他說：「羅馬尼亞人和保加利亞人都很有耐心，希臘人遇到挫折就抗議，我們則只是默然接受，試圖自我調適。」

「你們有何不同？」

「保加利亞人對自己的小孩很好，羅馬尼亞人則對待他們如同禽獸。」

根據羅馬尼亞人對蓋洛普的回應，這句話也有部分屬實。在二〇一〇年，每十名保加利亞人中有六人說「孩童在國內都能受到應有的尊重」；反觀羅馬尼亞則只有三成的人同意，在歐亞各國中排名最低。

當我問狄姆科對歐盟有何看法，他回答：「我覺得很好，這給了我們很多文化和經濟交流的機會，像我們就是在羅馬尼亞求學的保加利亞人，人們也能在其他國家找工作。」

「那你覺得吉普賽人如何？」

「吉普賽人就像疾病。」

東歐的環保問題

我第三次拜訪羅馬尼亞的行程重點是黑海岸線和多瑙河三角洲。雖然保加利亞的瓦爾納和羅馬尼亞的康斯坦察（Constanța）都是鄰近黑海的主要城市，而且距離相對接近，但它們之間卻沒有任何大眾交通路線，這凸顯了兩國之間的嚴重隔閡。我最後攔下了一台從瓦爾納前往烏克蘭的廂型車，那位烏克蘭司機答應在康斯坦察放我下車。

康斯坦察是個漂亮的城市，它位於多布羅加（Dobrogea）地區北部（南部屬於保加利亞）。這裡有許多古羅馬時代的遺跡，優美的考古歷史博物館前方有詩人奧維德（Ovid）的雕像，他在西元八年被羅馬皇帝放逐到此地。大清真寺（Great Mahmudiye Mosque）則是土耳其時代的印證。康斯坦察的舊城區很小，逛起來感覺很愉快，其中最美麗的建築是建於十四世紀的熱那亞燈塔（Genoese Lighthouse），從上方可以眺望黑海。我繼續朝北前進，最後來到圖爾洽（Tulcea），這座城市是達契亞人在西元前七世紀創建，現在多數人來這裡都是為了探索多瑙河三角洲的迷宮。

尼爾・米契爾教授曾在塞爾維亞講授環境法學，他告訴我：「多瑙河根本就不是藍色多瑙河，它是『棕色多瑙河』。水質汙染導致藻類在河底大量繁殖，延伸進入黑海數公里。大家都喜歡把環境問題推給其他國家，前南斯拉夫人對很多事情都莫衷一是，但只要矛頭指向羅馬尼亞，他們就突然變得很團結；反正羅馬尼亞人不是壞蛋就是白癡或乞丐，任何你所能想到的負面形容詞都能套在他們身上。」

「那我們到底應該怪誰？」我問。

他回答：「凡是多瑙河流經的國家都是這個環境的一分子，貝爾格勒肯定是其中之一。根據我的學生，貝爾格勒直到二〇〇九年都還沒建造二級汙水處理廠，你能想像一個人口兩百萬的城市竟然沒有二級廠？看來所有的汙水經過一級處理之後都往下游流走了。唉，把多瑙河的汙染全盤歸咎於羅馬尼亞實在不公平啊！如果塞爾維亞加入歐盟，貝爾格勒就會有二級廠了。」

雖然一般人直覺都會認為「資本主義對環境有害」，其實整體而言共產主義更糟。共產主義者不會比資本主義者更重視經濟外溢效應（例如環境汙染），因為他們整天都忙著搞一堆不切實際的五年計畫。當希奧塞古在追尋他的美夢時，他絕對不曾考慮過「環保」這兩個字，況且在一個如此貪汙腐敗的體制之下，任何環保法規也是形同虛設。共產制度在環保方面的主要優勢就是它強迫人民省吃儉用，所以國民平均消耗的資源比較少，但話說回來，共產經濟的定價方式並非以市場價值為基礎，它反而會促使更多資源被浪費，例如蘇聯的能源主要是由政府補助分配，所以很容易被人民濫用。根據多數環境指標，共產主義皆是一場災難。

總結而論，環保主義畢竟還是有錢人的專利。當蓋洛普訪問人們是否會「避免使用對環境有害的特定產品」，西方國家都至少有六成人民以肯定作答，東歐國家則都不到六成。相似道理，耶魯大學的環境績效指數排名最低的國家也是以貧窮居多，排名最高的當然也都是富裕國家，因為你首先必須衣食無虞，才有本錢去思考自己在河裡丟了什麼。

當我向米契爾提出這些論點後，他回答：「你說得對，而且我們還應考慮另一個因素，在共產政府主導的統制經濟之下，異議分子或非政府組織通常都沒什麼生存空間。非政府組織對環保議題可以扮演重要角色，它們在英美的普通法和歐陸的民法體系中都有立足點，然而共產社會中並無此類可以制衡行政法的機制，人們都是聽命行事，那就是基本法則，人民不能挑戰政府。」

漂流到多瑙河的終點

多瑙河末端形成三角洲時分成三條支流：聖格奧爾基（Sfântu Gheorghe）、蘇利納（Sulina）和基利亞（Chilia）。其中最短且最直的一條是蘇利納分支，長度為六十四公里，從圖爾洽可以經由此分支前進到多瑙河注入黑海的終點。班次不多的渡船順著這條寬闊而筆直的通道平緩航行，沿途在幾個小鎮稍作停留，兩岸盡是樹木和蘆葦，此刻東歐似乎也漸行漸遠。

過了兩個小時，我們抵達終點——低調的蘇利納小鎮。我下船時結識了五位二十歲出頭的同行旅客，包括兩位法國女子、一位法國男子、一位義大利男子和一位美國女子，他們都是在同一間羅馬尼亞學校支援，利用假日來這裡旅遊。他們邀請我加入，隨即也找到了一位當地導遊，租到一間民宿。屋主答應讓我在外面免費露營，我還借用了他們的淋浴室，真是喜出望外。

翌日早晨，我們六人穿上救生衣，擠進一艘小船，開啟了三角洲的水上導覽。第一個小時跟想像中有些落差，我以為會看到歐洲的亞馬遜叢林，穿過盤根錯節的狹窄溝渠，在植被包覆的隧道之間觀賞野生動物，沒想到人類文明已經入侵這個世界，眼前只有平淡無奇的人造運河。這也不是《動物星球》頻道，我們只看到幾匹馬、幾隻家貓和一位罕見的漁夫，雖然到處都有蘆葦和草地，但我們並沒有穿越任何林蔭隧道。這種感覺有點像在堪薩斯州開車，差別只是我們坐在船上。

有些團員已經開始不耐煩，可憐的導遊大概覺得自己像在帶領非洲獵遊團，開了幾個小時的車，卻連一隻該死的長頸鹿都看不到。儘管空氣很冷，而且座位並不舒服，隊上有兩個女孩還是無聊到睡著。幸好導遊在午餐後找到一個大湖，我們總算不虛此行。

有一大群鳥正在湖的一端社交，當導遊加速開向彼端，我們可以看見成群結隊的天鵝、鴨子、白鷺和鵜鶘。多瑙河三角洲內有三百多種鳥類和一百六十種魚類，這是賞鳥者的天堂，你甚至還有機會看到鷹隼或白尾海鵰。由於它是群鳥的避風港，又是全球最大的蘆葦沼澤之一，它也因此被聯合國列入世界自然遺產。當年希奧塞古還想把河水抽乾，將整片沼澤地變成農地，真是可恥。當我們接近鳥群，牠們往四面八方飛散，數千隻鳥瞬間遮蔽整個天空。我們的導遊滿意地笑了。

多瑙河的兩個謎

多瑙河有兩道謎題令人費解。第一，羅馬尼亞為何沒有在多瑙河岸建造任何大城市？他們在多瑙河上只有三個城市有超過十萬人口：加拉茨（Galați）、布勒伊拉（Brăila）、德羅貝塔—塞維林堡（Drobeta-Turnu Severin），而它們的人口都不到五十萬。我自己拜訪過的河邊城鎮（卡拉法特、久爾久和圖爾洽）都很小，不值得提。雄壯威武的多瑙河是全世界最重要的河流之一，為何羅馬尼亞會如此無視它的存在？它流經十個國家，戰略價值極高，維也納、布拉提斯拉瓦、布達佩斯、諾維薩德和貝爾格勒都跨坐在它上面。（其中有四個是一國之都！）自古以來，多瑙河一向都是歐洲的主要貿易路線，羅馬尼亞卻沒有在河岸發展任何大城市，反而把它冷落了數百年。

第二道謎題更大：蘇利納為何只是個寒酸的小鎮，而不是大都會？通常一條大河的出口處都會有個大城市，以下是一些例子：紐約（哈德遜河）、上海（長江）、漢堡（易北河）、格但斯克（維斯瓦河）、勒哈佛爾（塞納河）、馬賽（隆河）、舊金山（沙加緬度河）、羅斯托夫（頓河）、河內（紅河）、敖德薩（聶伯河）、里加（道加瓦河）。就算某條河是終結於結構複雜的三角洲，上面通常也都有大城市，例如亞歷山卓（尼羅河）、紐奧良（密西西比河）、加爾各答（恆河）。在大河入海處建立城市本來就是理所當然，若沒這麼做反而會讓人覺得奇怪，然而整個多瑙河三角洲卻只有大約一萬五千名居民，每平方公里只有兩人，是溫帶歐洲人口密度最低的區域。蘇利納在一九一二年還有七千三百四十七人，現今它的人口則不到五千，即使你把貓也算進去。

有些人會說多瑙河的終點還是有一個大城市：康斯坦察。拜多瑙—黑海運河之賜，你不必經由三角洲就能直達黑海。羅馬尼亞政府花了四年時間，動員無數囚犯（包括許多政治犯）建造這條運河，數萬人死於嚴苛的工作環境，因此它也被稱為「死亡運河」。該計畫在一九五三年暫停，過了二十三年後，希奧塞古又重啟工程。它的長度有六十四公里，可以省去大約四百公里航程，船隻通過前後兩道閘門時都要付費。當初整個運河工程耗資二十億美元，他們期望在五十年內繳清貸款，不過從近年收入看來，他們還要等六百年才能達到收支平衡。但由於這條運河是現代建設，所以這仍無法解釋古人為何沒在多瑙河的天然出口建造城市。

為了解惑，我詢問過很多羅馬尼亞人，但多數人都毫無頭緒，也從未思考過這個問題，連新聞業者都不知道答案。一位教授告訴我：「當時沒錢蓋那麼大的城市。」然而前文提到的那些國際都市的歷史都比金錢還悠久，它們會被蓋在河口的主要因素就是地理位置。另一個藉口是三角洲的沼澤地太多，土質太脆弱，然而人類過去從未因為這種事情而退縮；聖彼得堡就是被蓋在一塊蚊蟲孳生的濕地之上，紐奧良、格但斯克、亞歷山卓和加爾各答也都位於沼澤遍布的濕軟三角洲。

少數蘇利納的當地居民告訴我說，多瑙河口不適合建造大型海港，因為冬天河水會結冰。聖彼得堡就不會嗎？很多河川都會結冰，但那並沒有阻止創造力豐富的人類在這些地方經營房地產。羅馬尼亞人有破冰船，他們在冬季一個月平均只會用兩次，幫助被困在河口的居民，當地人也會自己貯存物資，以免破冰船沒出現。如果存貨不足，蘇利納的居民其實可以輕易駕船到烏克蘭、俄羅斯、土耳其和保加利亞去進行交易，因為大家到了冬天都會在黑海岸附近活動，問題是他們自己選擇孤立。

我不確定應該對哪一點感到驚訝：蘇利納居然不是一個國際商貿重鎮，或是羅馬尼亞人很少思考過其背後原因。當我詢問過的人數已經多到令我尷尬，卻無法得到一個合乎邏輯的回應，我終於在一篇撰寫於一九五四年的冷僻文章中找到答案。[6]蘇利納未能發展為大型港都的原因有兩個。第一，那裡沒有好地方為貨櫃船載貨或卸貨，當然他們可以開鑿一個深水港，成本也會比多瑙河—黑海運河便宜，然而他們還是得面臨第二個問題：多瑙河盡頭的三條分支都不適合航行。基利亞分支夠深，但出口結構不夠穩定；蘇利納分支的深度不足以容

6 Nicolas Spulber, "The Danube—Black Sea Canal and the Russian Control over the Danube," *Economic Geography*, vol. 30, no.3 (July 1954), pp. 236-245.

納航海船艦，跟鐵路也不相通；聖格奧爾基分支則是太淺、太彎曲。

這兩個問題背後有個根本因素：多瑙河的末端有大量砂土和淤泥沉澱。這是任何河川都會遇到的共同問題，尤其是當它終結於一片大三角洲的時候。話說回來，其他大城市都能克服這點，羅馬尼亞為何不行？

這就要怪俄羅斯了。這個三角洲在過去數百年都是由俄羅斯控制，而他們不想發展一個可能會跟其他黑海港口（尤其是敖德薩）競爭的大型海港，於是俄羅斯就刻意不維護多瑙河三角洲，放任淤泥累積而形成天然屏障。由此可見河川保養的重要性：蘇利納分支的水深在八年內減少了將近一半，船艦因而無法進入，他們也沒機會建造一個合適的港口，多瑙河至今依然是一條沒有適當出口的藍色高速公路。

持平而論，這也不完全是俄羅斯的錯。土耳其和羅馬尼亞過去也輪流控制過這個地點，沒有人阻止他們建立一條適合航行的通道，將蘇利納轉變成大都會。多瑙河三角洲被冷落的最大贏家就是今日在上面大量繁殖的野生動物。依照羅馬尼亞人對其戰略位置投注的心思，它應該會持續被隱藏在這個寂寥的角落。

導覽結束後，我們六人走到蘇利納的沙灘去觀賞日落。周圍不見一絲人影，我們彷彿身處世界邊緣。經過漫長的東歐旅程，多瑙河在附近汩汩湧入黑海；這是歐洲第二長的河流，僅次於俄羅斯的窩瓦河。我獨自坐在救生員的守望台上，遠眺豔麗的夕陽與純淨的沙灘，讓自己的思緒沉澱。

羅馬尼亞從未充分利用多瑙河的資源，由此可以反映他們的孤立與保守。當一個國家願意向外發展，他們自然就會喜愛跟別人交易。假若羅馬尼亞是個較為外向的國家，多瑙河和黑海岸就會成為它的經濟中心，然而事實卻相反，全國最大的城市都是位於內陸的布加勒斯和雅西，另外還有少數工業重鎮位於匈牙利邊界附近，而且它們原本也是匈牙利人建立的，後來才經由特里亞農條約割讓給羅馬尼亞。或許羅馬尼亞的內向可以解釋他們的語言中的斯拉夫單字為何會比你想像中少，假如他們當初跟那些斯拉夫語系的鄰國有更多互動，他們的語言也會反映這點，但多數羅馬尼亞人都不喜歡跟鄰居來往，寧可自我封閉。當羅馬尼亞偶爾向外看的時候，它反而捨近求遠，只看到西歐。倘若有朝一日羅馬尼亞開始拓展多瑙河三角洲和黑海岸，那就表示它終將破殼而出。

隔日，導遊帶領我們經由沙洲運河（Canali Cordon Litoral）前往南方的小鎮聖格奧爾基，再沿著它那蜿蜒的支流重返圖爾洽。我在圖爾洽的火車站與五位新朋友道別，然後就去加拉茨轉搭小巴前往摩爾多瓦。

蒂米什瓦拉之旅

許多個月之後，我正從諾維薩德趕往蒂米什瓦拉。我的計畫是從蒂米什瓦拉搭飛機去羅馬，而我這回又自作聰明，以為兩個相隔一百公里的城市之間一定會有大眾交通，即便它們是在不同國家。這種情況在歐洲很常見，唯獨羅馬尼亞例外；正如瓦爾納和康斯坦察之間沒有交通路線，諾維薩德和蒂米什瓦拉之間也沒有公車相通。羅馬尼亞確實是躲在斯拉夫汪洋中的一座拉丁孤島。

我先前已跟蒂米什瓦拉的沙發衝浪主約定晚上八點見面。我給了自己四個小時來完成一百公里的路程，這樣時間理應很充裕，實則不然。從諾維薩德出發的公車最遠只會開到一個距離羅馬尼亞邊境三公里的塞爾維亞村莊，我一邊徒步行走那三公里，一邊試著招攬便車，但那四十分鐘內只有五輛汽車呼嘯而過。塞爾維亞的邊界守衛很驚訝一位美國人竟然會步行穿越國界，他要求檢查我的背包和皮夾，我的裝備引不起他的興趣，但他質疑我怎麼可能只帶十五元就能跨國旅行，所以我就向他說明提款機的神通廣大。或許他很失望我沒有大筆現鈔可以賄賂，其實他不知道我在腰帶裡藏了好幾百元。最後他終於放我通行。

羅馬尼亞的邊界守衛很好心地幫我找到一位卡車司機，他帶著我走完最後的五十公里。我這時才發覺羅馬尼亞的時區跟塞爾維亞差一小時，所以我已經損失了一個小時，現在時間是晚上九點。卡車司機在蒂米什瓦拉的郊區放我下車，我隨即轉搭電車到市中心，飛奔到東正教會大教堂。當我跟還在耐心等候的衝浪主會合，時間已經是晚上十點。

我利用隔日探索蒂米什瓦拉的市區。這可以說是羅馬尼亞最優質的城市，當地人稱之為

「第一自由城」（Primul Oraş Liber），因為希奧塞古的垮台就是起源於此地。雖然整座城市只有三十萬人，但它的廣場數量非常多。自由廣場（Piaţa Libertăţii）是一九八九年的革命起始地，聯合廣場（Piaţa Unirili）有兩座同時建造於一七五四年的大教堂（一間屬於東正教，另一間是天主教），優美而修長的勝利廣場（Piaţa Victorei）的一端有東正教會大教堂，另一端則有國家戲劇院和歌劇院。除此之外還有三個較小的廣場。市政公園位於市中心，另外在城市南區還有六個相連的公園。這些巧妙的設計應歸功於匈牙利，畢竟他們曾經統治蒂米什瓦拉和巴納特地區[7]長達數世紀，直到第一次世界大戰才輸掉這些領土。

羅馬尼亞的矛盾

假設你可以揮一支魔法棒，讓全世界的人都消失，但其他東西都還在，包括所有房屋和基礎設施。現在你帶著房地產經紀人走遍天下，準備挑選一個好位置來建立你的新王國。你大概不會選擇科索沃或馬其頓，但你可能會選擇羅馬尼亞，它有炫麗的大城市（布加勒斯和蒂米什瓦拉）、中古世紀的城堡（布蘭和佩勒斯）、迷人的小鎮（布拉索夫和錫吉什瓦拉），還有雄偉的喀爾巴阡山脈，可以讓人盡情登山滑雪。巴納特地區盛產小麥、梅子和葡萄酒，

7 譯者注：巴納特地區（Banat）今日橫跨匈牙利、塞爾維亞和羅馬尼亞三國交界。

多瑙河具有高度戰略價值，在天然資源方面，它也有貴金屬礦產和石油儲備。黑海岸區更是不乏像康斯坦察這樣的觀光景點，以及多瑙河三角洲的荒野天堂。羅馬尼亞可說是擁有了一切，它真的很有福氣。

然而現實中的羅馬尼亞卻總是一敗塗地。這就是矛盾之處，一個如此有潛能的國家怎麼會老是陷於泥淖？羅馬尼亞的外交部長曾描述國人「必須在歷史洪河中為這永恆的哀嘆尋找不在場證明」。[8] 責備民眾固然容易，但在適當的領導下，羅馬尼亞其實是可以繁榮興盛，過去數百年來的建築奇蹟就是最好的證據。羅馬尼亞在二次大戰之前曾經是全球最大的糧食輸出國之一，直到希奧塞古將資源耗盡。二〇二〇年只有百分之十六的國人對政府有信心，這是全球最低的比率。

羅馬尼亞記者辛吉娜．德米安（Sinzina Demian）在信中告訴我：「羅馬尼亞完全是一團亂，我實在無法為它說什麼好話，它在很多方面都在走回頭路，教育和醫療體系爛得嚇人，失業率正在竄升，曾經叱吒風雲的體育國手（他們在賽場上的勝利起碼還能緩解民怨）早已銷聲匿跡，更別提賄賂文化依然橫行無阻。這個國家是如此美麗又充滿潛力，二十年來卻還在原地踏步，基本上我已經徹底幻滅，心中只有憤怒。」

三位在斯洛維尼亞讀書的羅馬尼亞學生告訴我說全國上下都有錯，政府固然汙走了很多錢，但人民也難辭其咎。他們說：「相較於羅馬尼亞人，斯洛維尼亞人的效率很好。他們很早起床，總是精力充沛，可以做很多事情。他們在街上都走得好快。我們都懶得起床，動作很慢，不喜歡工作。」

羅馬尼亞人有點像非洲人，無法脫離貪汙、怠惰和散漫的惡性循環，但就另一方面而言，他們又跟非洲人完全相反：羅馬尼亞人會把自己被外族「殖民」的時期視為歷史上的光榮年代，有些人很懷念德國來的國王卡羅爾一世的執政，他們甚至還開玩笑說如果羅馬尼亞再次被侵占，那可能是近年以來最好的一件事。

儘管如此，我們還是可以從羅馬尼亞身上學到幾件事。當我反問辛吉娜喜歡羅馬尼亞的哪一點時，她回答：「羅馬尼亞人了解黑色幽默，無論情況多糟，他們都能一笑置之。有時候這會顯得很低俗，許多外國人也可能會被嚇到，以為這些無禮的羅馬尼亞人是在惡意嘲諷他們。我們通常都不在乎政治正確，但如果你能理解這點，就能體會箇中妙趣。羅馬尼亞人說話很直率，毫無掩飾，就某些情境而言確實很魯莽、很不專業，但這似乎能帶動人們的歡樂氣氛。無論好壞與否，殘酷的誠實在這裡就是王道。」

---

8 Adrian Cioroianu, "The Impossible Escape: Romanians and the Balkans," *Balkan as Metaphor: Between Globalization and Fragmentation* (The MIT Press, Cambridge, Massachusetts, 2005), p. 209.

✣ **請愛用兩段式沖水馬桶**。多逛幾家賣場，就會找到這種省水又省錢的馬桶。它們在東歐很普遍，在美國也沒理由不普遍。

✣ **關門**。美國有些店家習慣把大門敞開，同時又放任暖通空調全速運轉，任由錢財和能量從店門流失。其實羅馬尼亞人有個很簡單的解決之道，只是美國人已經很少用這招：關上門，掛上一個「營業中」的招牌。

✣ **重複使用**。羅馬尼亞人就像多數東歐人，他們會盡量重複使用各種物品。在他們的妥善保養之下，所有東西都會遠比你想像中長壽，這是共產主義留下的環保優勢之一。

✣ **直言不諱**。羅馬尼亞人不會粉飾言詞，雖然他們有時候會坦率得有點誇張，如果你是個經常語帶玄機的人，有時也不妨說出真心話。

本書最前面的五個國家有四個曾經屬於蘇聯，現在我們已經回到原點，最後三個國家也曾經是前蘇聯共和國：摩爾多瓦、烏克蘭、俄羅斯。

第二十三章

摩爾多瓦——歐洲大陸的窮困角落

摩爾多瓦小資料

位置：東歐內陸國家，四邊國界被羅馬尼亞與烏克蘭包圍。

面積：約3.3萬平方公里（台灣的0.92倍）

人口：約290萬（台灣的0.13倍）

首都：基希涅夫

主要族群：摩爾多瓦人、烏克蘭人、俄羅斯人

人均國內生產毛額：5,435美元（2022年資料）

Moldova
România
?
O-ZONE
Numa
Numa

「你必須在十月十四日之前離開。」摩爾多瓦領事館的官員用法語對我說。

「如果我還沒走呢？」我直接提出心中的疑問。

「你會遇到大麻煩。」她面帶笑容向我保證。這聽起來就像標準的刺刑。我花了三十元申請到的過境簽證允許我有三天時間經過摩爾多瓦，進入烏克蘭；鑑於摩爾多瓦只比馬里蘭州大一點，這點應該不難。

為什麼愈不受歡迎的國家反而愈難入境？你可能會認為那些最頂尖的國家會嚴格慎選訪客，其他冷門國家則會讓任何智障進去。事實並非如此，當年東歐最難入境的國家竟然是白俄羅斯和摩爾多瓦。幸好現在摩爾多瓦已經免簽證了，或許他們終於發覺欲擒故縱的老套策略已無法吸引遊客。

如何區分羅馬尼亞和摩爾多瓦

巴士跨越了邊界的普魯特河（Prut），這基本上也是羅馬尼亞和摩爾多瓦之間的唯一分界。兩國的語言其實完全相同，摩爾多瓦的法務部長在二〇〇二年就如此說過，教育部長和總統也都同意，然而他們在二〇〇三年卻出版了一本摩爾多瓦—羅馬尼亞字典，它的實用價值等同一本紐約州—德州字典，完全是浪費紙張。

摩爾多瓦內部也缺乏共識，認定自己講的是摩爾多瓦語的人數是講羅馬尼亞語的三倍。

既然這兩種語言只是差在名稱，由此可見在摩爾多瓦人的認知中，他們跟羅馬尼亞人之間的區隔不僅是一條河。二〇〇九年的一項訪查顯示，全國有百分之四十七認為羅馬尼亞和摩爾多瓦的文化特性「不同」或「完全不同」，只有百分之二十六覺得兩者「相同」或「極端相似」。

蘇聯曾經為了鼓勵這種思維，強迫摩爾多瓦人使用西里爾字母，致使他們倒退了兩百多年（當時羅馬尼亞人也是使用西里爾字母），然而摩爾多瓦在脫離蘇聯之後就恢復使用拉丁字母，所以他們的語言跟羅馬尼亞文已經難以分辨。儘管如此，當初誤植的概念似乎已根深柢固，這可能也是多數摩爾多瓦人不想跟羅馬尼亞復合的部分原因。

摩爾多瓦境內每十人中有一人屬於斯拉夫族群，他們多數住在摩爾多瓦的東邊。最後還有百分之四是加告茲民族（Gagauz），他們講的是一種土耳其方言，但信奉東正教。這個小國之所以會分化得這麼細，就是因為歷來統治者的流動頻率比紐約股市還快。

歐洲最貧窮的國家

我的巴士抵達了首都基希涅夫（Chişinău）。這個扁平的城市有六十七萬名居民，重劃過的街道形成一條條方正的格線。多數人講的都是羅馬尼亞語，不過俄文標誌也很常見。除了少數共產風格的建築以外，這裡沒什麼值得參觀的景點。或許基希涅夫的最大特色就是它看起來像個正常的東歐城市，當你身處於歐洲最貧窮的國家時，光是這點就可能已經超出你的期望。

的確，摩爾多瓦二〇一九年的人均所得只有兩千四百美元，位居歐洲的經濟谷底，中情局將它列在葉門和烏干達之間。如果你喜歡用其他指標來衡量財富，那就再來看看聯合國二〇二〇年的人類發展指數，摩爾多瓦依然是分數最低的歐洲國家。但令人驚訝的是，無論一個國家的經濟是多麼慘澹，人們仍照樣逛街購物、對著手機狂吠、炫耀滿頭的髮蠟與染料、相約喝咖啡，或是把錢浪費在香菸上。

另一個矛盾現象是，對旅行者而言，愈貧窮的國家反而住宿費用愈貴。像斯洛維尼亞和捷克這些物價相對較高的國家都有很廣泛的青年旅舍網路，你可以輕易將一個晚上的預算控制在三十元以下；反觀那些最貧窮的國家卻沒什麼青年旅舍可選，你得付出至少兩倍的旅館房費。像白俄羅斯這種統制經濟就是專門坑觀光客的錢。

一九九二年，摩爾多瓦發生了一場迷你波士尼亞戰爭。當它在一九九一年八月宣布獨立，內部的兩個少數族群（斯拉夫人和加告茲人）也想各自獨立。這跟波士尼亞剛獨立時的情況類似，克族和塞族都想脫離波士尼亞，同時也想挖走一部分的領土；不同的是摩爾多瓦的內戰只持續了五個月，死亡人數也只有數百，殺傷力遠不及波士尼亞戰爭。結局也不相同，加告茲人在妥協後獲得自治權，斯拉夫人則獲得一個被稱為「外聶斯特里亞」

（Transnistria）[1]的準國家，那也是我在東歐拜訪過最詭異的地方。

探訪外聶斯特里亞

當各國在劃分內部行政區時，大家通常都沒考慮到這些地區萬一自行宣布獨立，將會衍生哪些問題；這實在很可惜，如果他們有想到這點，就能迴避許多內戰。結果多數國家都只是隨便亂畫內部分界，我們在南斯拉夫就遇過這個問題，摩爾多瓦也是相似情況。過去數百年來，聶斯特河（Dniester）都是斯拉夫人和羅馬尼亞人（現在是摩爾多瓦人）之間的自然分界，斯拉夫人大多定居在東岸（左岸），羅馬尼亞人則偏好西岸（右岸），他們甚至不認同對岸屬於聶斯特河，這就是「外聶斯特里亞」的名稱由來。當你跨越到東岸，即可感覺到文化的差異。

問題是蘇聯當初卻不沿用這個歷史悠久的自然分界，基於某些複雜的理由，他們硬要將東岸的一小部分塞入摩爾多瓦共和國。因此當摩爾多瓦脫離蘇聯而獨立後，它當然也會想保有全部領土，包括東岸的那一小片地。住在那裡的斯拉夫人則對此頗有意見，感謝俄羅斯的軍事支援，他們創立了自己的中央銀行、貨幣、郵票、治安和司法體系，並設置邊界檢查哨。

由外聶斯特里亞可以看出聶斯特河是如何從一個軟性邊界演化為硬性邊界。該區域的俄裔人口在過去一百年內已增長超過兩倍，摩爾多瓦人則從將近一半減為三分之一，現今的五十萬名居民可以大略平分為三個族群：俄羅斯人、烏克蘭人和摩爾多瓦人，但地方議會中沒有摩爾多瓦議員。俄語是他們的通用語言，你可以寫摩爾多瓦文，但必須用西里爾字母。雖然多數居民還是摩爾多瓦公民，但許多人也持有俄羅斯或烏克蘭護照。

當我搭乘小巴前往外聶斯特里亞的首府蒂拉斯波爾（Tiraspol），全車只有我一個外國人。雖然這種情況在東歐已經屢見不鮮，外聶斯特里亞的混沌局勢使我不禁懷疑這是否為明智之舉。聶斯特河的邊界管制很嚴密，俄羅斯的衛兵向我收了十元的單日簽證費，經過兩道登錄手續之後，我終於入境。

摩爾多瓦的官方貨幣在此不通用，於是我就把一些美金換成當地的盧布。這種錢最早出現於一九九四年，然後很快就變成廢物，當政府在二〇〇一年換發第三代盧布，其價值等同一代的一百萬倍。如今它已與美金掛勾，但外界（包括摩爾多瓦本國）依然無人認為它比衛生紙更值錢。

外聶斯特里亞曾試圖恢復共產制度，但經過幾年失敗的嘗試後，他們又轉向資本主義。儘管如此，蒂拉斯波爾還是充滿蘇聯時代的影子。你可以經由列寧街穿過殘破的基洛夫公

1 譯者注：這是英語世界直譯的通稱，中文有時候也會照俄語把它譯為「聶斯特河沿岸共和國」。

園，再走到馬克思街；全城最漂亮的建築是白色的蘇聯人之屋（Dom Sovetovul），白色的列寧雕像從上面俯瞰車流；中央大道上有一座蘇聯坦克的紀念碑，附近的無名公墓則點著永恆火焰，紀念一九九二年內戰的陣亡士兵。我想找個路人幫忙翻譯上面的銘文，那是一個冷清的十月下午，只有兩個人在附近走動。

認識聶斯特河的左岸居民

每當我詢問俄語族群是否會說英語，他們通常都會呈現兩種極端反應，第一種人是很高興能認識美國人，第二種人則似乎以為我在罵三字經。比方說，我剛來到蒂拉斯波爾時就這樣問過兩位年輕人，他們立刻皺起眉頭，輕蔑地瞟了我一眼，不發一語就走開了，真是無禮到可笑。

幸好戰士公墓旁的兩位女人是屬於友善型，不過她們的英語能力都不太好。她們很好奇一位加州人為何會出現在蒂拉斯波爾，我也想知道這裡的生活實況，雖然有些溝通障礙，但她們還是邀我去一間咖啡館取個暖、聊聊天。她們名叫凱蒂雅（Katia）和薇塔（Vita），年齡大約二十五歲，主修經濟，兩人都是金髮，說話參雜英語和俄語。凱蒂雅已經結婚，薇塔則是單身。當她們問我晚上要住在哪裡，我答說還不知道，當時是下午三點，我通常都會等到最後一秒才做這些決定。凱蒂雅說我可以借住她的公寓，由於青年旅舍的選擇很少，我就欣然答應了。由於她們有事得先離開，凱蒂雅就留下地址，我可以繼續逛幾個小時，晚上再去她家。我當時完全沒料到那晚會發生什麼事。

我在外面待得比預期久，而且在尋找凱蒂雅的住址時迷了路，最後我終於在晚上九點半抵達她的八樓公寓。凱蒂雅並不介意，她在客廳向我介紹一對俄羅斯夫妻和他們的嬰兒，接著帶領我到廚房，為我盛上一碗美味的馬鈴薯湯。凱蒂雅像在對自己的三歲兒子講話般緩慢地對我說俄語，但我的理解程度可能比他更差。

吃飽後，她帶我去浴室。他們沒有熱水，只有瓦斯，所以凱蒂雅就煮了一鍋沸水，再加入更大的一鍋冷水，讓我享受闊別已久的海綿浴。我在泡澡的同時不禁有點納悶：凱蒂雅的丈夫和兩個兒子為何都沒出現？或許孩子們已經入睡，她的丈夫還沒回家吧，我若無其事地聳肩。當我洗淨全身，時間已經是深夜十一點，我也筋疲力竭。在一個語言不通的地方旅行是很耗神的。凱蒂雅帶領我到房間時只說了一句話：「Tam spat. Spakoinoi nochi.」（你就睡在這，晚安。）

當我躺在床上沉思，才發覺事有蹊蹺。我為何會睡在一張床上？照理說我應該要睡在客廳的沙發，或許是因為那對帶著嬰兒的夫妻還在客廳，而且他們看起來也像是要睡在客廳。問題是凱蒂雅和她的丈夫要睡在哪裡？她的孩子呢？顯然這間公寓比我想像中大，有些看似通往壁櫥的門搞不好是通往其他房間。好吧，此刻我的頭腦已經無力思考這些複雜的問題。

我很快就睡著了。

我突然在三更半夜驚醒。房門打開了，一個人影正進入黑暗的房間。

蒂拉斯波爾的奇遇

當我在朦朧中逐漸清醒，就認出那是凱蒂雅。她穿著輕薄的情趣內衣站在床邊，示意我讓位，並以嚴肅的口吻警告：「不要碰我，不准亂摸，否則就殺了你！」

我說：「好，好，沒問題！別擔心。」

我當作凱蒂雅會傳染瘟疫，盡可能挪到床的彼端，將身體緊貼著牆壁。她似乎很滿意我讓出的空間，隨即鑽入被窩。我通常習慣平躺，但為了配合她，只好背貼牆壁側躺，以確保不會碰觸到她。初始的腎上腺素退潮之後，我再度酣然入睡。

過了幾分鐘後，凱蒂雅卻將自己的背貼近我的胸膛，又將臀部擠向我的胯下。她略微扭動了幾下，調整角度之後，終於找到她要的點——正對著我的陽具。

我僵住了。我們沒有說任何話，好像什麼事都沒發生。我不知道該怎麼辦，只能假裝自己是一座雕像，然而我全身只有一個部位正在變硬。我試圖放鬆身體、緩慢呼吸、淨空所有雜念，最後她終於把我的右手拉到身前，用小湯匙偎合的姿勢與我緊密疊合，之後又回頭在我的耳邊低語：「這樣就夠了，你如果做更多，我就會殺掉你，懂嗎？」

「是，是，我懂。」我了解自己正在跟一個精神變態者睡覺，但我不介意，況且這樣也滿舒服的。經過這麼多個孤獨的夜晚，能跟別人依偎在一起也不錯。我上回跟某人一起脫光衣服已經是三個月前，地點是白俄羅斯的多布魯什，在桑拿房裡被一個全裸的男人鞭打。

這次的經驗比上次好太多了，凱蒂雅的身材很性感，於是我就抱著她沉入夢鄉。然而這維持不到幾分鐘，她又開始「調整」自己的臀部，隔著薄紗內衣緩慢磨蹭我的下體，再次將它喚醒，同時把我的手輕巧地放在她那豐滿的酥胸上，並繼續用力摩擦我的身體。她貼得愈緊，我就愈難保持耶穌形象。我直覺地撫摸了一下她的胸部，但她突然轉身斥喝：「住手！我說過不准亂摸！」

嗯，看來我正在跟蒂拉斯波爾的凌虐者睡覺。她在接下來的兩小時繼續玩弄我，偶爾用指尖在我的腿上漫遊，擠壓我的陽具，每當我開始興奮，她就重申「禁止觸摸」的約定。直到凌晨四點，經過少許的非插入式性行為，她似乎有滿足到，我們也終於睡著。

當我在九點醒來時，凱蒂雅已經不見蹤影。我去上廁所時遇到她的朋友，他們正準備離開，我向他們道別之後又回去睡覺。這時我的外聶斯特里亞挑逗者又爬回床上，用相同招數勾引我，但這回她提升了美俄的邦交關係。姑且就這麼說吧，我不會在國際外交期刊中詳述細節。

地獄公路

到了中午，我感謝凱蒂雅的特殊招待之後就告辭了，她的故事還會有後續發展。我的簽證即將到期，於是我就搭上小巴，經由摩爾多瓦的地獄公路前往烏克蘭。這種二合一道路兩邊的外車道是相反方向，內車道則開放給兩側雙向超車，所以大家都在玩鬥雞遊戲；即使你已經在內車道全速衝刺，也無法防止任何人從對側插進來挑戰你的位置。在這種時候，我只能躲在巴士後面向上帝求助。

我們沿著地獄公路顛簸而行，車內音響狂放著一首我那年在所有東歐國家都聽過的歌：歐龍樂團（O-Zone）的〈椴樹之戀〉（Dragostea din tei），多數人則簡稱它為Numa Numa（因為副歌一直重複這兩個字）。它曾經橫掃歐洲各國單曲榜首，YouTube上面可以找到許多翻唱版，有些影片的點閱率甚至超過十億。他們的另一首經典〈口哨歌〉（Despre tine）也是出自同一張專輯。東歐人總是告訴我說他們是個羅馬尼亞的流行樂團，可悲的是，很少有人知道這首紅遍世界的單曲其實是源自摩爾多瓦。

五年之後，我又回去探險。這次我從羅馬尼亞的加拉茨搭車到鄰近邊界的萬恰（Oancea）。前往摩爾多瓦的末班公車已經離開，於是我就直接走到邊界。衛兵在五分鐘內就找到一位願意讓我搭順風車的中年駕駛，車上已經有兩名乘客：一位二十歲出頭的男子和一位三十幾歲的女士。直到他在卡胡爾（Cahul）郊區的一間加油站放大家下車，我才知道他們也是在搭便車。

我們三人下車後就發覺情況不太妙，其實我並不擔心，但我的兩位摩爾多瓦同伴有點緊張。他們要去基希涅夫，但太陽即將在一小時內下山，而且很難找到一台能同時載三個人的車。數百公里的路程相當於半個摩爾多瓦，我們的目標更是顯得遙不可及。我隨身都會攜帶帳篷和睡袋，所以我可以輕易在加油站附近的田地露營，但他們付不起計程車或旅館的錢；如果搭不到便車，他們就會被困在荒郊野外。

過了一個小時，還是招不到車，天色也逐漸變暗，那位年輕人只好打電話給他的朋友，拜託對方開兩個小時的車來接我們。當他的朋友終於出現時，我的女隊友對我說：「你想知道摩爾多瓦人能教美國人什麼？這就是了，友情真是可貴。」

她也展現了卓越的團隊精神，邀請我們三個男人去她的公寓借住一晚。我們到達基希涅夫的時候已經是半夜，所以一進家門就直接去睡了。我睡在她的沙發上。翌日早晨，大家一起喝茶，我問他們摩爾多瓦和俄羅斯之間關係如何，他們說雙方可以和平共存，但情況並不完美。他們提到一個笑話，由此可以反映部分摩爾多瓦人對此事的看法：

一個美國人、一個法國人、一個俄羅斯人和一個摩爾多瓦人坐在救生艇上漂流。船太重了，水已經開始溢入，於是那個美國人就把幾袋鈔票丟入海裡。其他人說：「你瘋了嗎？」

「沒關係，美國的每個路口都有很多錢。」船還是太重，於是法國人就丟掉了幾箱高級葡萄酒。其他人說：「你癡呆了嗎？」

「沒關係，法國的每個路口都有很多美酒。」然而船還是逐漸下沉。突然間，那個摩爾多瓦人把俄羅斯人丟入了海裡。其他人大驚失色：「你是哪根筋不對？」

「沒關係，摩爾多瓦的每個路口都有很多俄羅斯人。」

重訪外聶斯特里亞的妖婦

經過上回那次巫山雲雨之後，我在同年冬天收到凱蒂雅的電郵：「原諒我的打擾，我決定打擾你。我們玩得很高興，玩到早上四點才睡。你很善良，這真的是我的榮幸。別生氣，拜託你寫信給我，我每天都在期待你的信。這裡很冷，從早上九點到傍晚五點都在零度以下，天氣真是有夠爛！我要溫暖的天氣和火熱的男人。我想要見你，非常想，我很感激你為我做的一切。寫信給我，我在等。」

外聶斯特里亞的狐狸精顯然透過網路也能施展魔力，她的朋友薇塔後來告訴我，凱蒂雅當時生病住院，據說她在恍惚中哭喊過我的名字。天曉得哪件事才是真的。或許凱蒂雅曾經結過婚，但已經分居或離婚，或是她從未結過婚，只是假裝已婚，好讓自己能滿足出軌的幻想。無論如何，我們大約每隔一年就會交換電郵，當她得知我即將重返摩爾多瓦，就邀請我再去一趟外聶斯特里亞。我不確定這回是否會遇到她的幽靈丈夫和兒子，基於好奇心，我實在無法拒絕她的邀約。

凱蒂雅已從蒂拉斯波爾搬到勒布尼察（Rîbnița）。蘇聯在二次大戰之後曾對摩爾多瓦大量投資，但資金主要都集中在外聶斯特里亞這片薄殼。一九〇〇年摩爾多瓦的國內生產總值有四成是來自外聶斯特里亞，全國電力有九成是由它供應，即使該地居民只占總人口百分之十七。全國最大的公司就是位於勒布尼察的煉鋼廠，外聶斯特里亞的預算收入有六成是靠它提供。蘇聯對紡織業也有投資，因此今日外聶斯特里亞也擁有歐洲最大的紡織公司之一。摩爾多瓦感覺並不擁擠，但它其實是前蘇聯人口密度最高的共和國；矛盾的是，它也是全歐洲都市化比率最低的國家。

我在前往外聶斯特里亞的車上結識了鄰座的大學生伊妮絲（Inesse）。我提到旅遊書有警告遊客可能要交出三十元才能拿到簽證，遠高於我上回付的十元。她答應幫我跟只會講俄語的邊界衛兵談價碼。當我們抵達邊界，大家都下車填寫入境表格。說來諷刺，伊妮絲雖然是當地人，卻要付兩元手續費，衛兵反而讓我免費過關。後來有一位開車入境的西方人告訴我說他被收了三十元，這似乎是個常見的不成文規定：國外自駕者需要付的賄賂總是比搭公車的外國人多（不過有些地方確實也要繳道路稅）。

當我來到凱蒂雅的新家，正要準備敲門時，一個恐怖的景象突然閃過我的腦海。摩爾多瓦的人口販運相當出名，多數受害者都是女性，她們會被賣到歐洲或中東去當妓女，孩童也會被抓去充當乞丐，連男人都會被販運，通常是去做奴隸。根據中情局的報告，當年共有超過兩萬五千名摩爾多瓦人被販賣進行強制勞動。我跟凱蒂雅並沒有多熟，也許她正準備暗算我，也許她的丈夫早已守候在門內，即將帶著五名俄羅斯暴徒把我壓倒在地、五花大綁，以九百九十九美元的價碼把我賣給一位沙烏地阿拉伯王子，然後他會強迫我寫一本關於東歐的書。

我還是按下門鈴。凱蒂雅帶著妖媚的笑容應門了，但我並沒有被暴徒攻擊。事隔五年，她的英語還是沒進步，我的俄語也沒進步。她的丈夫已經搬去聖彼得堡，而她再過幾個月也打算搬過去。競相出走是摩爾多瓦的國民運動。

你可能從未聽過水底曲棍球，但摩爾多瓦的水底曲棍球隊可是舉世聞名，這倒不是因為他們表現很傑出，而是他們的策略很奇特。二〇〇〇年奧運期間，摩爾多瓦的男子國家隊把澳洲裁判搞得一頭霧水，因為他們竟然需要別人幫忙穿蛙鞋，好像這輩子從來都沒穿過。想當然耳，各國都把他們打得潰不成軍。沒有人能理解這些摩爾多瓦人為何願意千里迢迢來被羞辱，直到他們向澳洲政府申請難民身分，大家才恍然大悟。

兩年後，他們的女性同胞更是青出於藍。來自蒂拉斯波爾的水底曲棍球聯盟先是乞求加拿大使館給予每位女選手簽證，讓她們去卡加利（Calgary）角逐世界冠軍。加拿大為她們發行了簽證。當乏人問津的摩爾多瓦國歌在開幕儀式播出時，女子國家隊卻沒出現，為什麼？那些聰明的女人正在一千公里外的多倫多申請難民身分，她們各自付了一千兩百美元，讓自己能入選國家隊——只要有機會移民到加拿大，這可以說是相當划算。最棒的是她們不需要像男人們那樣在水裡慘遭痛宰。

凱蒂雅帶領我參觀了勒布尼察。首先她必須替我登錄訪客身分，我們花了一整個小時跑行政流程、影印我的護照、填寫各種表格，看來共產時代留下的繁文縟節還是很難破除。勒布尼察的街道和建築都是典型共產時代的設計風格，滿街都是灰暗乏味的高樓和欠缺維護的操場，偶爾可以看到一座嚴肅的蘇聯獨石碑和幾間優雅的東正教堂。共產主義之下的城市都有合格的基本功能，它們缺乏的是魅力和美感，跟義大利的城市恰好相反。

凱蒂雅介紹我認識了她的八歲和五歲兒子。看來他們確實存在，但我還是不確定她是否真的已婚，她似乎有所暗示，當他們不在一起的時候就會保持一種「開放關係」。她還是會跟我玩那種欲擒故縱的變態遊戲。我不確定摩爾多瓦的法律對婚外性行為有何限制，他們的尺度在過去二十年內變了很多，例如同性行為在一九九五年之前是違法的，但不到十年後，摩爾多瓦就徹底改變，現在你只要超過十四歲就可以跟任何人發生性關係，基希涅夫每年也會舉辦同志遊行。摩爾多瓦已經從一個老古板進展到像舊金山的變裝皇后一樣自由。

我離開數個月後，凱蒂雅又從聖彼得堡寫信給我。她邀請我去她的舊公寓寫書，並提議：「你可以免費獨享一間公寓，我還可以幫你找個性感的女友。」是啊，她確實是外聶斯特里亞的妖婦。

哪個國家酒量最大？

無論我到東歐何處，人們都宣稱自己的國家最會喝酒。我已經聽過太多這些片面之詞，所以我決定查明世界飲酒冠軍究竟是誰。答案在二〇一八年世界衛生組織的全球調查裡，就每人平均攝取的純酒精量而言，東歐人的飲酒量確實比其他地區都高，其中又以摩爾多瓦居冠。[2]

你可能會認為摩爾多瓦人喝的都是他們舉世聞名的葡萄酒。米列什蒂密茨（Mileştii Mici）確實擁有全世界最大的酒窖，它長達兩百五十公里，總共貯藏兩百萬瓶酒，但實際可以容納四百萬瓶。其中有大約七成是negru或roşu（兩種紅酒），兩成是vin alb（白酒），另外還有一成是甜酒。別忘了指明你要的口味是sec（乾），dulce（甜）或spumos（氣泡酒）。最昂貴的品種是在一九七三年製造，每瓶大約七百美元。

雖然摩爾多瓦的葡萄酒很讚，但它只占國人飲酒總量的百分之五；另外有三分之二是來自烈酒，例如伏特加。一位在摩爾多瓦工作的美國人告訴我：「這裡的酗酒問題相當顯著，在工作時喝酒是常態。基本上，他們會找任何藉口去買一瓶伏特加或干邑白蘭地，再用小杯互乾。如果美國的大學兄弟會開趴灌酒像在跑百米，摩爾多瓦人喝起酒來簡直像在跑馬拉松。我的寄宿家庭很擅長交際，他們每年都會自釀兩千五百公升的葡萄酒，從十月開始喝，隔年六月就喝光了。」

搭便車遊遍摩爾多瓦北部

我很慶幸自己沒有淪為凱蒂雅的性奴。後來我就離開勒布尼察，轉而探索摩爾多瓦的北部。我從薩哈納（Saharna）開始，那裡有一座漂亮的藍色修道院，它擁有五百年歷史，穩坐在陡斜的山坡下。我接下來搭巴士到崔布耶尼（Trebujeni），從那個小鎮可以轉車到歐海爾維格（Orheiul Vechi）的岩洞修道院（Mănăstire în Peşteră），但我懶得再等巴士，所以我就攔下一台廂型車，請求他們順道載我一程。他們在距離修道院十五公里處放我下車，當我站在路邊等候的同時，兩名女子也在對面等著搭反方向的便車。摩爾多瓦的道路通常都很安靜，每隔五分鐘才會有車輛經過，她們可以看出我不是當地人。最後其中一名女子終於對我

2 http://www.who.int/substance_abuse/publications/global_alcohol_report World Health Organization, *Global Status Report on Alcohol and Health* (Switzerland: 2011), p. 275.

大喊：「你是從哪來的？」

「舊金山！」我喊回去。

「你在這種地方做什麼？」

「我也在問自己同樣的問題！」

她們大笑。我們繼續隔著道路用高分貝閒聊，最後我比她們早搭上便車，一個胖老粗坐在狹小的駕駛座上，用懷疑的眼光打量著我。我用俄語說自己不會講羅馬尼亞語（其實我也不太會講俄語），但他同意載我走幾公里。當我在下車前拿出二十列伊（大約等於兩美元），他的心情似乎也沒那麼差了，我向他道謝，繼續嘗試招車。過了二十分鐘後，一對開著黃色金龜車的男女在路邊停下，開車的埃米爾．波耶書（Emil Bojescu）英語講得很流利，因為他曾在英國住過幾年。這回我的運氣不錯，他們也是要去修道院。

岩洞修道院鑲嵌於一面巨大的石灰岩崖壁，俯瞰著壯闊的河谷。五百年來，這個絕佳位置都是僧侶們的隱居地，但他們在十八世紀遺棄了它，直到一九九六年才清掉蜘蛛網，將這座宗教界的傑作重新開放。山頂還有一座建於一九〇五年的教堂，蘇聯在一九四四年將它關閉，現在已經整修完成。參觀完畢後，埃米爾在伯爾齊（Bălți）的交流道附近放我下車。太陽即將下山，我實在應該找個地方露營，但我反而厚顏無恥地站在路肩招車。這大概是違法的，不過摩爾多瓦已經激發了我的冒險精神。

一位獨自開著廂型車的男士讓我上了車，為我帶來一次難忘的經驗。他碰巧也要去我的下一站：位於烏克蘭邊界的索羅卡（Soroca），而且他本身是計程車司機，有時也會載人搭便車。我給他十元當作九十分鐘的路程費，他還把手機借給我向沙發衝浪主勞德米爾克（TJ Lowdermilk）詢問地址。當我們在晚上九點抵達索羅卡，勞德米爾克還沒接電話，我就請這位司機找個適合露宿的地方放我下車。他直呼我瘋了，二話不說就帶我回他家休息，並向我介紹他的太太，叫她為我遞上茶水和烤洋芋。我已經打開背包，坐了大約三十分鐘，這時勞德米爾克終於回電。我重新收拾行囊之後，司機先生又免費專程送我去勞德米爾克的公寓。雖然我們只能用簡單字詞溝通，但他的熱心相助將使我銘記在心。

跟和平工作團的志工玩沙發衝浪

勞德米爾克是一位美國和平工作團（Peace Corps）的志工，專門協助當地居民創業。他年紀二十八歲，身材高大，看起來像個慎思熟慮、善解人意的理想主義者：留著短薄的棕髮，臉上戴著眼鏡，蓄著山羊鬍鬚。他的單房公寓很陽春，我今晚就睡在硬木板地上，這已經優於一般的露營場地。房子沒有熱水，他說我們明天可以去他女友家借用淋浴；反正我也不急，我曾經在美洲大陸分水嶺跋涉七個月，一度連續四十五天沒沖澡。

雖然索羅卡堡壘是這個低調城鎮的主要景點，但我對它的羅姆社區更有興趣。此地是摩爾多瓦的羅姆人大本營，正如羅馬尼亞的卡拉法特有羅姆豪宅，索羅卡也有浮誇的迷你皇宮。有些人可能會說羅姆人蓋房子搞不清楚先後順序，只注重炫麗的外表細節，還沒輪到內部裝潢，就把錢花光了。例如有些房屋外牆都有精細的科林斯梁柱和石雕，屋頂上可能也有駿馬銅像，但內部仍然是個空殼。一般人都會等到最後再加裝飾物，其實巴爾幹地區有很多房屋外表尚未完成，但裡面照樣可以住人，而羅姆人卻完全相反，他們似乎認為一間房子如果沒有浮華的外貌，就不值得搬進去住。

當勞德米爾克帶領我走過羅姆社區，我問他摩爾多瓦人能教我們什麼，他說：「他們總是會問食物是否新鮮，不像美國人，摩爾多瓦人極端重視生鮮飲食，許多人都會在自家後院種植蔬果，他們只吃當季食物，同時也會為冬天儲備糧食。另一點不同是美國都是一人一瓶啤酒，不像東歐有兩公升的大啤酒瓶，我喜歡這點，因為它可以鼓勵人們分享，只喝你需要的份量。」

「它也可以鼓勵你像摩爾多瓦人一樣狂喝酒，他們到底為何這麼會喝？」

「摩爾多瓦的土質很好，能生產大量優質水果。就像《憤怒的葡萄》中的老祖父夢想搬去加州逃避旱災、在褲袋裡塞滿水果、快樂的離開人世，你在摩爾多瓦也可以這樣。當你在街上散步，你可以隨意摘蘋果、杏桃、櫻桃或任何當季水果，沒有人會在乎，因為它們不可能會被吃光。這可以解釋摩爾多瓦人為何能在家裡釀造那麼多酒，就像美國人的肥胖症，美國有很多食物，價格又便宜，所以我們會亂吃；摩爾多瓦有大量葡萄，價格又便宜，所以他們會亂喝。」

我轉移話題：「看來你跟摩爾多瓦的女友滿認真的，他們有不同的婚姻習俗嗎？」

「有啊，因為他們收入低，所以參加婚禮時都會送大禮，而且還會宣布自己包了多少錢，這對同儕造成的壓力很大吧？他們還有個很棒的傳統，新郎和新娘不會只是各自挑選一位男女儐相，還會挑一對已婚夫妻，為日後的婚姻生活提供諮詢服務。他們的角色有點像教父和教母，但主要是為了維護婚姻關係，他們會教你化解爭執，營造幸福。」

「我認識外聶斯特里亞的一位俄裔居民，這項傳統應該會對她有幫助。他們還有哪些我們沒有的習慣？」

「這裡經常有不速之客，他們會不請自來。摩爾多瓦人說話也很直，如果你最近體重增加了，人們就會說『嘿，你看起來有點胖喔。』」

勞德米爾克向我介紹了他的主管，索羅卡的達契亞青年資源中心的執行長伊恩．巴比奇(Ion Babici)。伊恩是一位健壯的中年人，英語能力很好，他這輩子都在為兒童服務。我們三人在一間餐廳享用了標準的摩爾多瓦午餐。我點了一盤涼拌高麗菜，搭配玉米粉、酸奶油、雞蛋和一點豬肉。伊恩提到摩爾多瓦的其中一個問題就是他們「沒有自己的歷史或民族特色」，有一位政治家曾經說摩爾多瓦不屬於俄羅斯，也不屬於羅馬尼亞，它是「雌雄同體」。

我請他比較蘇聯解體前後的生活情況，他回答：「蘇聯時期的生活比較好過，摩爾多瓦獨立之後，人民的生活水平就衰退了，因為之前摩爾多瓦獲得的資助比它本身能夠生產的多。就某方面而言，此現象在外聶斯特里亞依舊存在，俄羅斯至今仍持續給予該地區經濟協助。」

「當初摩爾多瓦有無任何機會防止外聶斯特里亞脫離？」

「或許有，」伊恩說，「最大的問題是，當初摩爾多瓦宣布獨立時，他們堅持將摩爾多瓦語定為唯一的官方語言。有些民族主義者想迫使當地的俄裔居民講他們的語言，這激怒了俄羅斯人，反而助長了獨立運動的氣勢。」

午餐很可口，但就像多數東歐食物，熱量有點高。每當我問東歐人自認為可以教美國人哪些事情，他們一貫的回答就是：「如何做出好的食物。」當伊恩如我所料地說出這句話時，勞德米爾克也附和：「我完全同意，摩爾多瓦的食物真是比美國好太多，即使是美國的那些農民市場賣的有機蔬菜都比不上這裡的任何蔬菜。」

這樣說是沒錯，但許多東歐人對美國也有錯誤偏見，因為他們很少去美國，以為我們只吃麥當勞和其他人工食品，殊不知美國也有數百萬人極度講究健康飲食，只購買有機農作物和野放肉類。假若東歐人見識過我們的純素生食餐飲，他們可能會懷疑人類如何只靠殺植物維生。

再者，幾乎所有國家的人都會以自己的餐食為傲，認為它是人間極品。東歐人都把自家食物捧上天，但如果它真的那麼好，它應該就會像泰國、義大利、中國、法國、印度、土耳其、日本或墨西哥美食一樣普遍，然而我們在東歐以外的地區卻很難找到東歐餐食。儘管如此，他們依然堅信它是最棒的。簡言之，人類最愛自己吃著長大的食物。

訪問一位博物館館長

午餐過後，勞德米爾克向我介紹索羅卡的民族歷史博物館館長尼古拉．布拉特（Nicolae Bulat）。他出生於一九五二年，所以大半輩子都是在蘇聯統治下度過。由於他的專長是文化研究，我就請他比較摩爾多瓦和羅馬尼亞的文化差異，他說：「在共產主義者和民族主義者的影響之下，我們有一整個世代都相信摩爾多瓦是獨特的，不屬於羅馬尼亞的一部分。他們就像外聶斯特里亞的人，已被徹底洗腦。」

「外聶斯特里亞的問題要如何解決？」我問。

尼古拉說：「很難，俄羅斯早就看上了它的戰略價值，所以他們才對當地居民那麼大方，拿到俄羅斯護照的人已經超過兩成。最好的解決方案就是把外聶斯特里亞送給烏克蘭，但那樣俄羅斯和摩爾多瓦肯定會跳腳；摩爾多瓦並不打算放棄它，因為國內多數重工業都設置在那邊。」

「為何有那麼多人投票給共產黨？」

「共產黨可以影響整個村莊，從警察、伐木工到郵差都相信如果共產黨的代表沒被選上，自己的飯碗就會不保。人們真的相信這種事。」

「摩爾多瓦和美國有何文化差異？」

「摩爾多瓦人的臉部表情是真誠開放的，我們會坦然展露內心感受。美國人比較閉塞，他們即使不快樂也得強顏歡笑。」

「女人在這裡過得如何？」

「我們還是個傳統社會，一個女孩若嫁不出去就會被稱為『恐龍妹』（fata mare）。說來滿可悲的，但人們還是會比喻『沒被打過的老婆就像沒被掃過的地板』。」

我在告辭前問他認為摩爾多瓦是否有可能加入歐盟，他回答：「有機會，但現在還太早，二〇三五年之前應該可以。我們需要歐盟的法律約束，但我們必須先改變自己的文化，摩爾多瓦的貪汙問題太嚴重，你不能在一灘混水裡釣魚。」

勞德米爾克協助我找到前往烏克蘭邊界的小巴，我感謝他讓我看到摩爾多瓦鮮為人知的一面。話說回來，這個世界上也很少有人見過摩爾多瓦的任何一面，它確實非常隱蔽，名氣可能還比不上《時差旅遊》（*Jetlag Travel Guide*）這個惡搞文學系列中的《莫法尼亞：未遭現代牙醫蹂躪的土地》（*Molvanîa: a Land Untouched by Modern Dentistry*）。這個虛構國家影射的並不只是摩爾多瓦，而是東歐整體，它的語言極端複雜，要花十六年才能學會，不同的音調和重音可能代表不同意思，你還必須根據男性、女性或中性名詞選擇不同的對應冠詞，連乳酪都有自己的專屬冠詞。希望這個章節能讓你認識真實的摩爾多瓦。

摩爾多瓦能教我們什麼

使用公制。雖然這本書的目標讀者群是美國人，但我都是用公制單位描述距離或高度，因為它比笨拙的英制單位方便。現在全世界只有緬甸和美國會笨到堅持不用公制，連當初把這個爛系統傳授給我們的那些英國老古板都已經採用公制。美國的科學界有跟上世界趨勢，因為他們夠聰明，懂得利用手邊最合邏輯的系統。啤酒工業已經教我們什麼是一公升，所以加油站應當不難放棄加侖。藥物劑量通常也是以毫克呈現。賽跑者和美國軍方都已經知道十公里是什麼意思，所以採用公里制應該不複雜。攝氏和公斤會比較難適應，但任何人練習幾分鐘後都能上手。我們若能做到這點，就能永遠造福世界（以及下一代的美國人），所以請各位在日常生活中多學習使用公制系統，讓你的朋友們知道它有多簡單。別怕麻煩，多走一公里。

在婚前（婚後也可以）挑選一對你欣賞的夫妻，給予自己適時的建議。摩爾多瓦的這項傳統可以拯救許多家庭，也比雇用婚姻諮商師便宜，最重要的是他們可以預防一些問題擴大，免除你尋找專業諮商師（或離婚律師）的必要。

我們已接近旅程終點。現在就剩下歐洲最大的兩個國家：烏克蘭和俄羅斯。

第二十四章

烏克蘭——東西方相遇的歐洲之門

烏克蘭小資料

位置：東歐內陸國家，與俄羅斯、白俄羅斯、波蘭、斯洛伐克等多個國家相鄰。

面積：約60萬平方公里（台灣的16.7倍）

人口：約4,200萬（台灣的1.8倍）

首都：基輔

主要族群：烏克蘭人、俄羅斯人

人均國內生產毛額：4,828美元（2022年資料）

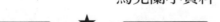

THE HIDDEN EUROPE

有個烏克蘭的旅遊網站宣稱：「烏克蘭位於歐洲正中央！」更令人疑惑的是，它接下來又說「烏克蘭是東歐最強大的國家之一」。這兩句話有部分確實正確：若以領土完全位於歐陸內部的國家來定義，雖然俄羅斯光是在歐洲境內的占地面積就比烏克蘭大，丹麥若加上格陵蘭也比它大，但如果排除這兩個特例，烏克蘭確實是歐陸最大的國家，而且它幾乎跟德州一樣大。我從一九九九年起每隔五年都拜訪過烏克蘭，直到俄烏戰爭爆發。本章將呈現尚未被俄羅斯擊破的烏克蘭。

共產主義的影子

我在烏克蘭的首都基輔住過一間名叫Mir的旅館，Mir是個美麗的東斯拉夫單字，可以代表世界或和平。當時共產主義已從檯面上消失將近十年，但到處還是可以見到它的遺跡，例如旅館每層樓都有一位肥胖的中年女管家，除了負責該樓層的精采警務，這位不苟言笑的女士還會保管你的鑰匙，因為大廳的櫃台接待員顯然無此能力。相似的，地鐵站的每一道電扶梯下方都有一名警衛負責確保周遭生物都安全無虞，真是刺激啊。共產主義的終極目標就是給大家一份工作，於是它就發明了數百萬份沒用的工作，這些毫無意義的工作至今多數依然存在。

共產時代的一大遺毒是警方的強勢與貪汙。當我從遠處拉長鏡頭拍攝巨大的祖國鋼鐵紀念碑，一名警察立刻上前阻止，他以為我正在拍附近的一座軍事建築。我給他看過剛拍的照片，他才相信我不是間諜。

雖然我多次拜訪都未曾遇過任何貪官汙吏，旅遊網誌作家賈斯汀・克萊恩（Justin Klein）在一次短期旅行期間曾被警察「勒索」過五次，他提供了一些迴避的招數：附近有警察時不要出聲音（不要讓他們聽到你在說英語）；如果他們要求收賄，就強調你很窮，只能付得起便宜青年旅舍或二等車廂，先前已經被其他警察收過各種輕度的「違規費用」；身上少帶現金（起碼別讓他們發現你的皮夾裡有大鈔），他們不太可能會護送你去銀行領更多錢，所以你或許只需付點小費就能消災；最後一招就是假裝語言不通，看看對方會不會覺得自討沒趣。賈斯汀險些因屢經挫敗而提早結束旅程，但他很高興自己有留下來，因為他整體而言還是喜愛這個國家和它的人民。

另一個共產文化遺跡就是各處張貼的獨斷規定，所幸它們都是西里爾字母，你大概也看不懂，不過我已經認識他們最愛的詞語：「嚴禁！」這些規定在共產時代可能只有一半具有約束力，而現在烏克蘭人似乎完全沒把它們放在眼裡。所以蘇聯時期坊間曾流傳過一段耳語：「我國法規縱然嚴苛，但執法者的無能提供了適度的制衡。」

基輔是個引人入勝的城市，細膩地融合了輝煌的古建築、閃耀的玻璃帷幕大樓和醜陋的共產時代房屋。它在中古世紀曾經是歐洲一大強國「基輔羅斯」（Kievan Rus）的中心，最具代表性的景點是聖索非亞主教座堂和附近的洞窟修道院，兩者並列為一處世界文化遺產。當數以千計的信徒輪番親吻那些聖人棺墓和聖像外的玻璃框，我只能祈禱他們會頻繁清洗那些外框。

這個人口將近三百萬的都市有許多值得參觀和體驗的地方，我最喜歡沿著平緩的安德烈斜坡（Andriyivsky Uzviz）往下行走，循著迷人的鵝卵石街道走到巴洛克式的聖安德烈教堂，沿途欣賞攤販兜售各式各樣的俄羅斯娃娃。基輔固然是個很棒的城市，但烏克蘭畢竟是個大國，我還想增廣見聞，所以接下來又去了敖德薩（Odessa）。

烏克蘭的派對城：敖德薩

我剛來到敖德薩就很豪氣的讓一位計程車司機騙了錢，我們能溝通的範圍有限，但他了解我想找一間便宜旅館。他在第一間旅館幫我詢問價格，每晚要六十元，他說太貴（doroga）。我們開到第二間旅館，他很滿意價格（十五元），於是他就要求先看房間；它們很破舊，他撇下一句「Nyet garyachei vodi!」（沒熱水！）就帶我離開。我們又開到第三個地方，這回有熱水，價格合理（二十五元），位置也不錯。他向我酌收了一筆極高的計程車費（二十元），但因為跟著他到處交涉實在太有趣，我就心甘情願地付錢了。

敖德薩的街道布局方正，看似沒什麼創意，但它是個美麗的城市，擁有一百萬名漂亮的居民。每到夏天，敖德薩就成了派對城，年輕俊男美女紛紛展示最新潮的衣著，徹夜熱舞狂歡、喝到昏天暗地。如果你是個男人，這幅美女如雲的流動景象肯定會使你頻頻回首，直到頸項斷裂。

我在浪漫的普列莫斯基林蔭大道（Prymorsky Bulvar）散步，德里巴斯街（Vul Derybasivska）的行人購物區也很值得逛，附近還有普希金博物館（Pushkin Museum）。諷刺的是普希金曾經被逐出敖德薩，如今他被譽為俄羅斯的莎士比亞，當年他在敖德薩待了十三個月，之前才剛被沙皇趕出莫斯科，因此他在世時沒有任何城市願意收留他，但現在每個城市都想沾他的光。

法國和義大利的建築師規劃了敖德薩的許多精巧建設，但其中最具象徵性的波將金階梯（Primorsky Stairs，多數人對蘇聯時期的名字Potemkin Stairs更熟悉）卻是由一位英國工程師設計的。這座階梯會如此吸引人的原因有二：第一，它們又寬又長，總共有一百九十二階，中間有十個大平台可供人暫時休息，頂層的寬度是十二點五公尺，底層則寬達二十二公尺。這形成了第二個獨特現象：雙重錯覺。當你從底部往上看時，你只會看到階梯，看不到平台，而你在頂部卻只看得到一片連續的平台！由於從下至上寬度逐漸縮減，另一個錯覺就是它從底部看起來比實際長，從頂部則看起來比實際短。可惜他們沒有把上下顛倒。

被俄羅斯併吞之前的克里米亞

我從敖德薩搭乘夜車，前往一九四五年邱吉爾、羅斯福和史達林的著名會晤地點，它位於烏克蘭最南端的克里米亞半島（Crimea，俄語發音較接近烤布蕾crème）。當克拉文夫人在一七八六年告訴聖彼得堡的居民說她要去克里米亞，他們都大驚失色，宣稱「那裡空氣腐敗，水中充滿劇毒，我肯定會死在那邊。」[1]

豪氣的男爵夫人只是不屑地翻個白眼，照常上路。事隔一年，在一七八七年的寒冬，聖彼得堡的凱薩琳大帝也想去克里米亞看一眼，她規劃的路線會經由波羅的海進入黑海。「各界人士都向我保證此趟旅程會極端曲折坎坷，他們都想嚇阻我，不斷向我描述這段路是多麼艱困，會經過乾旱的沙漠，遇到各種險惡的天候。」每當我嘗試進入野生的東歐，人們也會告訴我類似事情，但我同意凱薩琳大帝的名言：「反對我等同激勵我。」[2]

---

1 Elizabeth Craven, *A Journey Through the Crimea to Constantinople: In a Series of Letters from the Right Honourable Elizabeth Lady Craven, to His Serene Highness the Margrave of Brandebourg, Anspach, and Bareith, Written in the Year MDCCLXXXVI* (Dublin, 1789; rpt. New York: Arno Press and New York Times, 1970), p.184.

2 Louis-Philippe, comte de Ségur, *Mémoires, souvenirs, et anecdotes, par le comte de Ségur, vol. II, in Bibliothèques des mémoires: relative à l'histoire de France: pendant le 18e siècle, vol. XX, ed. M. Fs. Barrière* (Paris: Librairie de Firmin Didot Frères, 1859), p. 87.

我很愛烏克蘭和俄羅斯的火車。它們雖然速度慢，卻有點像傳送器，因為你只要躺下來睡個覺，醒來就能抵達目的地。比起五小時的巴士或兩小時的飛機，我寧可花十小時在舒適的火車上過夜，它通常較便宜，而且可以省一晚旅館費。雖然坐夜車不能看風景，但烏克蘭和俄羅斯的地形多數都很平坦乏味，你就算看了也會很快被催眠。

車廂有三種等級，分為沒什麼隱私的開放式車廂、四人包廂，以及雙人包廂。廁所很陽春，可以小額加購床單和茶水服務，多數乘客都自己帶食物上車。就像旅館的每層樓二十四小時都有人員值班，每個車廂也有一名管理員。這是個跟當地人互動的絕佳機會，不過會講英語的人很少。火車從敖德薩跨入克里米亞，來到首府辛菲洛普（Simferopol），你可以在此轉搭巴士去雅爾達（Yalta）。

到了雅爾達後，我這回選擇讓旅館騙我的錢，於是就付給計程車司機五元，請他帶我去一間好旅館，最後花了七十元住進一間有挑高天花板和陽台的頂級客房。雅爾達是個很棒的地方，你可以悠閒地沿著徒步區（Naberezhnaya）穿過棕櫚樹林立的普列莫斯基公園（Prymorsky Park），走到市民的活動熱點列寧廣場（Ploscha Lenina）。你可以參觀教堂、宮殿，甚至動物園。雅爾達曾經吸引過俄羅斯的兩大作家：托爾斯泰在那裡度過許多夏天，契訶夫也曾在此長期定居。雅爾達的生活步調遠比敖德薩緩慢，它吸引的族群主要是想來放鬆，而非狂歡。

在沙灘曬過日光浴後，你可以去拜訪附近其他景點。其中之一是里瓦幾亞宮（Livadia

Palace），當年有三個人坐在這裡決定歐洲的命運，而他們三位本身跟歐洲幾乎沒有交集；邱吉爾和史達林都是來自歐洲邊緣，羅斯福則是來自另一洲。雅爾達密約簽訂於大戰落幕的數個月前，為歐洲版圖畫上了鐵幕。諷刺的是，里瓦幾亞宮曾經是一間精神病院。

離開里瓦幾亞宮之後，你可以經由六點四公里長、相對平坦的沙皇之路（Tsar's Path）繞過山脈，爬到歐洲最美的城堡之一：燕巢堡（Lastochkino Gnezdo）。這座精巧的新哥德式城堡是由一位波羅的海—日耳曼人男爵於一九一二年建造，它坐在四十公尺高的懸崖上，俯瞰著黑海，是個可愛的童話城堡，裡面還有一間義式餐廳。除此之外，你也可以去逛尼基茨基（Nikitsky）植物園。列寧曾宣稱雅爾達是疲憊的無產階級的最佳歇腳處，他這輩子犯了很多錯，但至少這句話說得很對。

我在本書的初版（二〇一一年）曾如此寫：「普丁威脅烏克蘭如果嘗試加入北約，他就會將它支解。那只是政治秀，所以別期望他們會真的為這件事開戰，除非有人喝了太多伏特加。」但沒想到普丁竟跳進了一整個池子的伏特加！俄羅斯在二〇一四年併吞了克里米亞，接著又在二〇二二年全面攻擊烏克蘭，讓我們先打個比喻來了解這為何會發生。

假設美國眾議院在二〇五四年表決將紐約州的長島（Long Island）歸給康乃狄克州。紐約州政府會抱怨失去了一個重要的稅基，但這個決定終究還是影響很小，因為長島還是屬於美國。但現在試想美國在三十七年之後分裂，紐約和康乃狄克在二〇六五年分別成為獨立國家，紐約會不會要求康乃狄克把長島還給它？

這就是克里米亞的故事，你只要看地圖就會發現，克里米亞東邊跟俄羅斯接壤的程度其實跟北邊的烏克蘭相差無幾。烏克蘭從未在此地當過老大，數世紀以來，俄羅斯人和韃靼人一直都是克里米亞的主要族群。二次大戰之後，史達林將數十萬名韃靼人強制驅逐到中亞，這波種族清洗使克里米亞變成俄羅斯的半島，只有少數居民是烏克蘭人，史達林將德國人踢出加里寧格勒也是類似情況。儘管如此，蘇聯領導人赫魯雪夫卻在一九五四年將克里米亞轉送給烏克蘭共和國，這份禮物在當時的意義就如同今日紐約將長島轉送給康乃狄克，問題是當蘇聯在三十七年後解體時，俄羅斯就後悔當初送了這份禮物。

一九九一年，烏克蘭全國人民有百分之八十四投票贊成獨立，但克里米亞只有百分之五十六表示支持。當通膨率飆漲到天高的一百倍，許多克里米亞人都希望回歸俄羅斯或自行獨立，直到烏克蘭給予克里米亞自治權，他們才打消此念頭。然而，當烏克蘭人罷免了總統亞努科維奇（Victor Yanukovych），普丁就逮到了機會。二〇一四年一場飽受爭議的公投（被聯合國否決）授權俄羅斯併吞克里米亞，這回別期待俄羅斯會再放手。

克里米亞的港都塞凡堡是俄羅斯的海軍基地，為了說服俄羅斯放過克里米亞，烏克蘭當初同意讓俄羅斯租賃塞凡堡的軍港，原本期限是二〇一七年，但烏克蘭在二〇一〇年又將租期延長到二〇四二年，換取俄羅斯天然氣的七折優惠，因為這可以幫他們省數百億元。烏克蘭國會曾經為此案上演全武行，但最後還是表決通過了。由於黑海在伊斯坦堡的出口是由北約控制，克里米亞的軍事用途其實有限，但這個海軍基地對烏克蘭的民族主義者而言就如同古巴人對關塔那摩灣的看法——他們的領土被外國軍隊「強占」了。

重返烏克蘭

五年後，我準備從摩爾多瓦進入烏克蘭，入境程序就如我想像中一樣輕而易舉。是的，它實在有夠麻煩。烏克蘭的邊界衛兵在半夜三點粗魯的命令大家下車，讓他們檢查行李，我留在車上目送其他乘客在刺骨的寒夜中顫抖。十分鐘後，巴士司機出賣了我，於是我就把塞滿古柯鹼的手提袋留在座位上，加入那群又冷又累的同志。

我把裝滿毀滅性武器的背包放在櫃台尾端，假裝它已經通過檢查。此招奏效了，海關人員一眼都沒看就讓我們上車，他們完全沒檢查車上的私人物品，至少他們沒有種族偏見，我是全車容貌最像阿拉伯人的乘客。

我前往涅魯拜西克（Nerubayske），探索地下墓穴。敖德薩的地底下有超過一千公里的隧道迷宮，它們源自十九世紀，當時居民開採砂岩留下這些密道，後來陸續成為走私商、革命義士和二戰反抗軍的藏身之地。游擊隊榮耀博物館（Museum of Partisan Glory）說明烏克蘭人如何過著鼠輩般的日子，守衛自己的國家。你將拿著手電筒探索這個迷宮，想像自己在地下生活，穿梭於龐雜的人形蟻窩。歷史在二〇二二年重演，烏克蘭人再度在地下墓穴建立生活圈。

接下來，我在烏克蘭的第二大城哈爾科夫（Kharkiv）停留了一日。哈爾科夫在蘇聯時期的頭十五年曾是烏克蘭的首都，它也因此成為一個強大的學術和工業中心。它有十三間大學院校。首都在一九三四年遷移到基輔之後，哈爾科夫依然保有崇高地位。最令人印象深刻的景點是自由廣場（Maidan Svobody），這也是全歐洲第六大的廣場。烏克蘭在二〇一二年與波蘭聯合主辦歐洲足球冠軍聯賽，其中有部分賽事也是在哈爾科夫舉行。

烏克蘭人對自己國家的看法

當我在凌晨五點抵達車尼夫契（Chernivtsi），天氣實在冷得讓我想哭，但我的眼淚可能會直接在臉上結冰。我已經穿了六層衣服，前胸後背各背著一個背包，而且正在做爬坡運動，牙齒卻依然不斷打顫。我知道這只是一波短暫的寒流，但還是無法想像這些人如何能在冬天生存，我連秋天都撐不過去！

當初在網誌寫下前面這段文字時，一位烏克蘭讀者蕾娜（Lena）曾寫信向我反映：「你必須更新你的網站資料，有些針對天候、貧窮和生育率的評論已經過時，而且有失公允。」真抱歉啊，如今我們即將邁入二〇二三年，拜全球暖化之賜，烏克蘭已經變成熱帶天堂，當你在秋冬季拜訪時，帶短褲和比基尼就夠了。多數烏克蘭人都很富裕，貧民已幾乎不存在，而且他們比阿爾巴尼亞人還會生小孩。

如果你喜歡事實勝過幻想，那就來看數據吧。烏克蘭在二〇二二年的生育率只有一點二三，是全球最低的之一，人口成長率也是負值。至於氣候，烏克蘭境內沒有任何地方可以避開冬雪，即使是黑海區域，每年也會下一兩次少量的雪。雅爾達的一月平均低溫是攝氏二度，敖德薩是零下三點五度，基輔和哈爾科夫則低至零下八點五度。簡言之，烏克蘭確實比俄羅斯溫暖，但這樣說意義不大。

但別再談天氣和生育率，蕾娜說我也誇大了他們的貧窮程度，那就來聽聽烏克蘭人是如何看待他們的完美涅槃。從最近的蓋洛普訪查看來，烏克蘭的現況確實跟我當年描述的不同，它變得更糟了。

根據二〇二一年的一項全球蓋洛普訪查，沒有其他國家比烏克蘭對自己的司法體系更缺乏信心（百分之十七）。有更多證據可以指出東西之間的隔閡，多數西歐國家（除了葡萄牙和義大利）都對自己的法庭有信心，多數東歐國家（除了芬蘭、捷克、匈牙利、愛沙尼亞、立陶宛）則不相信。

我的札格雷布沙發衝浪主羅斯圖哈告訴我說東歐人骨子裡還是支持貪汙，他有一天就在果菜市場憤怒地指控兩名攤販對他開高價，並刻意提高嗓門罵給大家聽：「你們只會抱怨有錢有勢的人貪汙，但你們還不是一樣！這個國家的貪汙從果菜市場就開始了！我們或許窮，但我們的價值觀就跟有錢人一樣腐敗！」

皮尤研究中心曾訪問烏克蘭人：「你是否贊同多黨制的轉變？」一九九一年有七成二的人以肯定作答，到了二〇二一年，只有三成四的人對民主政治的運作模式感到滿意。一九九一年全國有大約半數支持轉向資本主義，如今多數人都在埋怨。

就貧窮現象而言，烏克蘭擁有全球最低的個人經濟指數，這是根據受訪者本身與其生活圈的經濟情況評量而得。雖然烏克蘭敬陪末座，但它並不孤獨，多數東歐國家也在底層徘徊。中情局估計有百分之三十五的烏克蘭人在二〇〇九年生活在貧窮門檻之下。我的英國讀者潘妮洛普·張伯倫（Penelope Chamberlain）說：「烏克蘭是我去過最貧窮的國家之一，尤其是老年人，政府已停止所有撫卹津貼，很多老人都在高樓後巷的垃圾堆裡撿破爛。在英國可以看到許多烏克蘭人在做各種低賤的工作，這其實是大材小用，問題是他們在自己國家能拿的工資實在少得可憐。」

二〇二一年，烏克蘭人只有百分之二十二對國家的環保政策感到滿意，全球只有義大利和南蘇丹的滿意度更低。另一方面，蓋洛普也揭露三成六的烏克蘭人有「健康問題」，只有屈指可數的非洲國家比他們狀況更差。只有百分之八的烏克蘭人「強烈同意自己的生理狀態近乎完美」，這是全球最低的比率。此外，烏克蘭人也討厭他們的醫療服務，每十人中只有三人對醫療品質感到滿意，波蘭是唯一比率更低的歐洲國家。總體而論，東歐人對於國家醫療的滿意度遠比西歐人低。

當受訪者被問「你是否滿意自己的生活水平以及你能享受的物質？」歐洲國家中最不滿足的也是烏克蘭，他們在二〇二一年的滿意度才百分之三十九。確實，大多數東歐國家（除了芬蘭、捷克、波蘭）的滿意度都不到百分之七十七，同時所有西歐國家（除了義大利）都在這個數字以上。

二〇一八年，蓋洛普採訪了一百六十個國家：「貴國人民能否藉由努力工作提升社經地位？」烏克蘭人的回應最負面，只有四成以肯定作答。確實，全球最後三十名的國家有二十個來自東歐。相對的，西歐人至少有六成（東歐則只有芬蘭、斯洛維尼亞和阿爾巴尼亞）相信努力就能得到回報，東西歐的鴻溝又多了一件證據。

烏克蘭人（以及其他東歐人）似乎都樂於自怨自艾，蓋洛普在二〇二一年問歐洲人「昨天是否學到或做過某件有趣的事？」西歐人表示「強烈反對」的不到百分之七，反觀幾乎所有東歐國家（芬蘭除外）的反對率都高於百分之七，又是一道東西分隔。

實際情況到底如何？

這些淒慘的數據背後有一大矛盾。就一方面而言，如果你跟烏克蘭人分享這些，他們可能會說：「是啊，那就是烏克蘭。」當我跟烏克蘭人討論這些事情，多數人確實很會批評自己的國家，態度也都很悲觀；然而話說回來，凡是頭腦清楚者也不會認為這裡的生活比辛巴威、多哥或奈及利亞艱苦。依照我的觀察，人們的生活水平雖然偏低，但還可以接受。當然路邊偶爾還是有乞丐，這很正常，即便是在全球最繁華的都市也屢見不鮮。

一位在烏克蘭住了十幾年的美國人告訴我：「烏克蘭的貧富問題本身就很矛盾，從官方數據來看，人們似乎很窮，但當你去基輔或其他大城市時又會看到一堆名牌車，似乎比美國還多。這真是令人費解，那些窮人到底去哪了？」

我問：「所以你要如何解釋這個矛盾？」

「多數美國人除了日常消費之外還需要定期付很多費用，例如保險、房貸和昂貴的水電費。多數烏克蘭人的住宅都是來自蘇聯時期，他們只需把當初免費獲得的公寓私有化，再加上相對便宜的水電費，多數人只要靠微薄收入就能維持生計。」

雖然這可以解釋烏克蘭人的生活水平為何不像經濟數據顯示的那麼糟，它仍無法解釋他們在多項全球性訪查的排名為何那麼低。的確，假如有個火星人只看那些民調數字，他應該會認定烏克蘭人的生活品質跟撒哈拉以南的非洲地區差不多，然而大家（包括烏克蘭人）都會同意這是錯誤的結論，所以實際情況到底如何？難道這些訪查只是少數有錢人為了達到己身邪惡目標而操縱的宣傳伎倆？抑或是事情另有蹊蹺？

答案是烏克蘭象徵了一個東歐普遍現象的極端——**他們喜歡抱怨，偏愛悲觀看待人生、扮演受害者，這是一種文化傾向**。歐洲人本來就比較憤世嫉俗，東歐人在這方面更是箇中翹楚。此傳統有部分是出自人類的天性，當人們在衡量自己是否幸福時，他們的直覺就是拿自己跟別人相比。由於東歐人都習慣跟西歐人比（而不是阿拉伯人或非洲人），他們當然會覺得自己吃虧，加上共產主義的世界觀本來就很絕望，更是助長了這種怨天尤人的習性。

客觀的經濟數據（人均生產總值、人類發展指數、失業率等數值）會顯示烏克蘭和多數東歐國家都落在世界中上，但如果你叫人們自我評量生活品質，東歐人的主觀感受通常都在世界中下，甚至常常墊底。與其懷疑這些訪查背後是否有某種陰謀，較合理的結論應該是東歐人本來就傾向將半杯水視為一個半空的杯子。「人們只喜歡計算自己的麻煩，不喜歡計算自己的喜悅。」作家杜斯妥也夫斯基留下這句名言時，心裡想的一定是東斯拉夫的民族靈魂。

小心，在東歐不要碰冷的東西

烏克蘭人或許會坐在原地抱怨，但你絕不會看到他們坐在一塊冷石頭上面抱怨，因為他們就像多數東歐人，相信坐在冷石頭上會帶來厄運。例如我有一次跟十位愛沙尼亞人共餐，請他們「如果認為坐在冷石頭上是極端不衛生的，就請舉手」，十隻手立刻舉了起來。根據東歐人的說法，這會導致尿道感染、腎臟炎、卵巢炎和不孕症。斯洛維尼亞人更誇張，他們會警告小孩：「如果你坐在濕冷的地方，一隻狼就會跑進你的屁股。」（Če sediš na mrzlih ali vlažnih tleh, boš dobil volka v rit.）

我很喜歡在冬天坐在一個冰冷的地方跟東歐人辯論這個話題。他們的論點是寒冷會在肛門周圍製造濕氣，我再怎麼反駁也沒用。你可以說肛門就像腋窩，可以長期跟潮濕和細菌和平共存；你可以說卵巢位於體內深處，能維持恆溫，不受外界環境影響；你可以說低溫不會引起發炎，反而會抑制它；你可以說感染通常都是由細菌和病毒引起，它們在溫暖的地方才會孳生；你可以在東歐嘗試上述所有論據，但說再多也是對牛彈琴。

雖然「冷座理論」是東歐最普遍的保健迷思，他們還得提防寒冷的其他相關風險，例如瑪玉的愛沙尼亞醫師就說她是因為沒保持雙腳和小腹溫暖才染上尿道炎，我的年輕塞爾維亞朋友荻安娜和瑪利亞說起以前被教導的「知識」就噗哧而笑：據說赤腳走路會傷害卵巢，屋內空氣對流會導致感冒。瑪利亞談到她母親的怪癖時更是大笑，像是他們的房子即使熱得像桑拿屋，她的母親仍拒絕開窗子，因為她怕製造氣流而著涼，她只要感覺到一絲微風，就會叫瑪利亞去尋找漏風口，把它封住。荻安娜也曾被告誡說女生絕對不能頂著一頭濕髮外出，你至少要等六小時讓它全乾，否則就會感冒，甚至會得中耳炎。

我們不確定東歐人為何會緊抓著這些古怪的觀念。沒錯，當你吹到涼風時，你的免疫系統會被弱化，患病的機率也會增加，問題是這個觀念到了東歐就被放大到極致。或許東歐的嚴寒冬天驅使他們的巫醫發明這種愚蠢理論，或許共產黨的醫學研究員都是蒙古大夫，或許他們知道某些我們不知道的祕密，假設真是如此，你最好保持屁股溫暖。

拜訪烏克蘭的七大奇蹟

我的火車抵達聶伯城（Dnipro，又稱 Dnipropetrovsk）。這個城市建於一七七六年，有一百萬名居民，是烏克蘭第三大城，它跟基輔一樣都是位於聶伯河岸。由於它在蘇聯時期專門生產軍武、核武和太空硬體，所以不開放觀光，而且它現在仍是個重工業城市。我正在搭乘一台小巴士（marshrutka），這時一名亞洲男子上了車，我猜想他應該是來自東俄羅斯，但他卻開始跟身旁的烏克蘭同伴說英語。我問他是從哪來的，他回答：「洛杉磯。」

我說：「哇塞，兩個加州人一起在聶伯城的小巴上並肩而坐的機率有多高？你在這裡做什麼？」

他名叫艾德（Ed），在這裡幫和平工作團教英文。他的同伴名叫奈莉（Nellie），他們邀請我一起去墨西哥餐廳吃午餐。當我請艾德比較烏克蘭人和美國人之間的差異，他說：「就某方面而言，美國人其實比烏克蘭人閉塞，我們會隱藏真正的情感，強顏歡笑，內心卻常在掙扎。烏克蘭人不會隱藏自己的感受。」

那天傍晚，奈莉邀請我陪她和賈斯汀（Justin，另一位亞裔和平志工）在市中心的馬克思大道（Karla Marksa Prospekt）喝杯飲料。賈斯汀來自達拉斯，他很大方地讓我在他家借住一晚。這些和平志工的居住環境遠比我想像中陽春，或許美國政府還是懂得節約海外計畫的預算？但賈斯汀隨即又說烏克蘭和平工作團的總部很豪華，再度使我夢碎。

聶伯城的機能很充足，但它不是觀光勝地，於是我就搭火車去克利福洛（Kryvyi Rih）。如果你喜歡探索煉鋼廠，你肯定會愛上這個地方，它負責收集該地區的廣大礦產，烏克蘭的經濟有四成是來自鋁和鋼鐵的輸出。克利福洛在二次大戰期間全毀，重建後的市區只有寬闊的車道和平淡無奇的公寓陣列，沒有任何值得看的東西。

幸好烏克蘭有它專屬的七大文化奇蹟，基輔的聖索非亞主教座堂和洞窟修道院是其中兩個，車尼夫契的霍京要塞（Khotyn Fortress）是另一個。堡壘上的景觀固然不錯，但我對車尼夫契這個城市更有興趣，它在優雅中兼具國際多元文化，看起來就像個漂亮的波蘭城市。這要感謝波蘭統治它夠久，才得以留下這麼多巴洛克式建築。遍布於外牆的茂密藤蔓構成了舊城區的典雅街景，行人專用道兩側樹木林立，沿路都是琳琅滿目的咖啡廳、餐館和店家。從庭院中的木製陽台和階梯可以看到土耳其時代的印記，色彩精緻的亞美尼亞教堂則又展現了城市的另一面。實在很難想像，多數歐洲人竟然從未聽過這個美妙的城市。

我從車尼夫契搭巴士前往卡緬涅茨—波多利斯基城堡（Kamianets-Podilskyi Castle），這也是烏克蘭的七大奇蹟之一。斯莫特里奇河（Smotrych）在此繞了一個大彎，刻出一座陡峭的岩島，這座中古山城就位於島上，獨特的地理位置形成近乎完美的天然護城河。當初《魔戒》的製作團隊若是知道此地的存在，他們說不定也會在此取景。

九座石塔俯瞰著建於十六世紀的宏偉城堡，兩側各有一道通往城內的橋梁，當你從西側通過城門，踏入古城的鵝卵石街道，你可能也會感到很英勇。我在道明會修道院附近拜託一位十六歲的青年幫我照相，令我訝異的是他居然很會講西班牙語，他的父親是來自聖彼得堡，目前住在西班牙。不久後，他的十幾個朋友也出現了，我們一起參觀城堡，在這個寒冷的十月天，整座城就只有我們這群遊客。最後他們建議我去伊凡—法蘭科夫（Ivano-Frankivsk）走走，於是我就去了。

經過另一趟長途巴士旅行，我來到伊凡—法蘭科夫。它位於喀爾巴阡山脈的基底，有四個大廣場，完全看不到那些前蘇聯國家常見的淒涼景象。西烏克蘭似乎獨占了全國最令人驚豔的一些城鎮，在逛完三個富麗堂皇的城市之後，我就前往西烏克蘭的寶石：利維夫（Lviv）。

美哉利維夫

俄羅斯人稱這座城市「利沃夫」（Lvov），但請不要在這個充滿愛國情懷的城市提到那個字，它的本名是利維夫。正如聖彼得堡在文化和學術方面都跟莫斯科不分軒輊，利維夫也足以與基輔相提並論。這座城市讓我想起二十年前的布拉格，只要稍微翻修，它一樣也能贏得「歐洲明珠」的美譽。直到一九三九年之前，它從未被莫斯科統治過，二次大戰期間亦未遭受戰火波及，因此它可說是個活生生的歷史博物館，完整保留了哥德時代至現代的西方建築。七百五十歲的舊城區已被列為聯合國世界遺產，裡面有許多美好年代建築和一間新文藝復興式的歌劇院。雖然共產黨也留下了一些龐然怪物，但瑕不掩瑜，古城巷道依舊散發著迷人的光芒，這無疑是烏克蘭最美麗的城市，也是東歐最卓越的城市之一。

我在清晨抵達利維夫，為了暖身，我下車後立刻爬到它的最高點，也就是高堡（Vysokyi Zamok）。值得逛的景點包括三間壯觀的大學、舊城區和利察基夫墓園（Lychakiv Cemetery），這也是東歐最華麗的公墓，很難想像它在一九七五年前是何等光景，當時蘇聯才剛停止破壞裡面數量最多的波蘭墳墓。我在市政廳（Ratusha）旁的市集廣場（Ploshcha Rynok）向一位高䠷的紅髮女士詢問附近何處有網咖，她給了一些好建議，當我向她道謝並準備離開時，她突然問：「等一下，你是從哪來的？」

我差點脫口而出：「我來自俄羅斯解放軍，要帶你脫離這些可笑的烏克蘭傳統。」但我還是照實回答了。

她說：「真的？我以為你是波蘭人！」

這在一百年前會是個合理的猜測，因為當時利維夫有百分八十六的人會講波蘭語，即使到了一九三一年也只有百分之八會講烏克蘭語，其餘多數都是講波蘭語或意第緒語。當德軍在一九四四年逃竄時，全市還有三分之二是波蘭人，雖然波蘭曾與德國對戰，蘇聯卻送給他們一張出境單程票。如今利維夫只剩不到百分之一是波蘭人。

這位女士名叫尤莉亞．赫尼列克（Yuliya Hnylyukh），主修藝術。我們在寒冷的廣場閒聊了幾分鐘後，另一位尤莉亞也出現了，她主修英文，有金黃頭髮和灰眼睛；接下來出現的是戴眼鏡的棕髮甜姐蕾娜（Lena），她總是滿臉笑容，但英語能力有限；最後是精力充沛、身材玲瓏有致的金髮辣妹伊芙莉娜（Evelina），儘管經過多年調教，她卻不會說任何英語。時間真是湊巧，我路過市集廣場的同時，這四位年輕貌美的烏克蘭女子就恰好相約在此見面，我只能哀嘆自己的霉運。我努力試圖逃離她們的魔爪，但她們堅持要在我搭夜車去基輔之前請我喝咖啡；我無奈地接受了邀請，結果反而因禍得福，學到更多關於烏克蘭的知識。

烏克蘭的語言

我們來到咖啡廳時，她們叫我不要隨便說 spasiba（謝謝）。「那是俄語，」尤莉亞說，「烏克蘭語是 dakuyu（發音有點像 dya-koo-yoo）。」而且我若要說「聽不懂」也不該說 ya ne panimayu，烏克蘭人會說 ya ne rozumiyu，跟巴爾幹語很像。

她們估計烏克蘭語和俄語之間大約有百分之七十五的交集，三個東斯拉夫語言的一個極端是俄語，另一個極端是烏克蘭語，白俄羅斯語則介於中間。三者都使用西里爾字母，其中雖有些許差異，但互通程度很高，這表示它們很相似。儘管如此，這些學生仍堅持你既然在烏克蘭就應該講烏克蘭語。

她們可以完全理解俄語，但她們說俄羅斯人聽不懂烏克蘭語。這似乎有點奇怪，但我們先前就看過這種不對等的現象，例如愛沙尼亞語和芬蘭語就是一個例子。這種隔閡是有原因的：媒體只往一個方向流。芬蘭人和俄羅斯人會將自己的媒體輸出到南方人口較少的鄰國，但他們不會引入對方的媒體，所以只有一方會接觸到對方的語言。

烏克蘭的語言版圖曾發生過巨大波動。蘇聯時期的官方語言是俄語，它主宰所有小學課程，但這在烏克蘭獨立後完全翻盤，如今有大約八成的小學是用烏克蘭語授課，大學使用烏克蘭語的比例也極高，即使多數師生都精通雙語。所有俄語電視節目和電影都必須配音或配上烏克蘭文字幕。即便如此，烏克蘭語的使用率並不均衡，全國有三分之二人民習慣說烏克蘭語，另外則有三成偏好說俄語。等俄烏戰爭結束後，烏克蘭人肯定會加緊把關自己的語言。

我們聊了一小時後，女士們又陪我去火車站，協助我購買基輔的車票。當我們在交談時，我可以明顯看出她們已經厭倦俄羅斯對烏克蘭的影響，她們也對廣泛的貪汙腐敗感到憤怒。烏克蘭在一九九〇年代深受惡性通膨傷害，國內生產總值流失了六成。我拜訪利維夫的不久之前，親歐盟的總統候選人尤申科（Viktor Yushchenko）才剛發生戴奧辛中毒，他在一週內瞬間老了二十歲，據說是被對手下毒。後來他雖然撿回性命，但毒素已使他元氣大傷、面目全非，我的新朋友們臉色鐵青地說，烏克蘭必須經由革命徹底西化。過了一個月後，革命果真爆發了。他們稱之為「橘色革命」（二〇〇四年）。

外強中乾的橘子

我離開利維夫一個月後，親俄派候選人贏得總統大選，人民群起抗議，憤而指控政府操控選舉。繼捷克的天鵝絨革命和喬治亞的玫瑰革命之後，烏克蘭人穿上橘色衣服，將此行動取名為橘色革命。其中最狂熱的支持者就是來自利維夫地區，尤莉亞寄給了我一些她的家人在基輔獨立廣場（Maydan Nezalezhnosti）抗議的照片，她有許多朋友在冰冷的街上連續露宿了一個多月。最後烏克蘭的最高法院終於下令重新投票，橘色陣營也順利獲勝。

當我在五年後重訪烏克蘭，原本樂觀的橘軍又在爆怒了，這回矛頭已轉向當初被他們拱上台的人。橘色革命的領導者跟被他們取代的那些政客一樣爛，尤申科的施政滿意度已經只剩百分之二點七，創下全球新低。

世界金融危機固然拖垮了烏克蘭的經濟，然而持續的貪腐並不能因此脫罪。幻滅的改革主義者決定迴避這次的總統大選，有人花錢買選票，有些選票被塗上隱形墨水，有一間幸運投票站找了四位脫衣舞女來拉客（該區的投票率特別高）。儘管有這些異常現象，多數西方觀察者卻咸認這是一場自由公正的選舉。這回，親俄派奪回了執政權，這回掌權的亞努科維奇是一名前科犯，情勢在此之後更是雪上加霜。

烏克蘭和加拿大的相似之處

乍看之下，加拿大和烏克蘭除了寒冬之外似乎沒有任何共同點，但如果仔細比較還是會發現一些交集。比方說，兩者的面積都不小，都跟一個超級強國共享一段很長的國界。美國和俄羅斯在軍事、經濟和政治方面都遠勝過它們的鄰居，美俄的國內生產總值都分別比兩個鄰國高十倍，美國的軍費支出比加拿大多四十倍，俄羅斯則比烏克蘭多二十五倍。由於加拿大和烏克蘭的上頭都有一個「靠山」，所以它們的國防預算都只占生產總值大約百分之一點二，美國和俄羅斯則分別花費大約百分之四。加拿大人通常很討厭別人把他們跟美國人混為一談，許多烏克蘭人也不喜歡被貼上俄羅斯人的標籤，他們會說：「不，我們是好人。」

雖然加拿大和烏克蘭極端不願意承認這點，但他們確實必須仰賴自己的老大哥，因為美俄是他們最主要的貿易夥伴。比方說，烏克蘭的石油有八成是經由俄羅斯供應，占全國一半電源的核能也大多是來自俄羅斯。烏克蘭的出口產品有百分之二十一是由俄羅斯購買，進口產品也有百分之二十八是由俄羅斯提供；同樣的，加拿大的進口貨有超過一半是來自美國，而美國更是為加拿大貢獻了七成五的出口市場。另外，加拿大和烏克蘭的文化跟它們的鄰居實在太相似，外人很難看出差異；反之，任何人都能輕易看出美國跟墨西哥或俄羅斯跟阿富汗之間的不同。最後，多數美國人和俄羅斯人對他們的「兄弟」都秉持友善或中立態度，加拿大人和烏克蘭人有時卻會鄙視或批評他們的大哥。

然而這些對應終究還是不攻自破，加拿大人和美國人或許有很多相似的特質，但他們自認為在許多方面比美國人更優秀：他們享有較佳的生活水平、學校教育、醫療品質和自然環境，擅長滑雪和冰上曲棍球。根據蓋洛普訪查，加拿大人這麼說也是對的，他們的多項指數都勝過美國人。簡言之，你可以說加拿大複製了美國的成功模型，而且青出於藍。

相反的，烏克蘭搞砸了俄羅斯的後共產模型。相較於俄羅斯，烏克蘭的貪汙問題更嚴重，生活水平和醫療品質更差，冰上曲棍球隊也更弱。令人惋惜的是烏克蘭其實有潛力超越俄羅斯，它有充足的資源、豐富的農產品和天賦異稟的工程師，蘊藏觀光商機的廣大黑海海岸線、供人滑雪和健行的喀爾巴阡山脈，以及任君挑選的美女。加拿大、瑞士和挪威都證明你不必成為軍政強權也能過得豐衣足食，你可以安靜享受美好人生，讓其他國家繼續在世界迴圈中拚死拚活。

有趣的是，全世界烏克蘭族裔人數第三多的國家（僅次於烏克蘭和俄羅斯）就是加拿大，他們有一百三十萬名烏裔居民。這或許可以解釋當年加拿大為何會率先承認烏克蘭獨立。雖然加拿大的氣候比烏克蘭寒冷，但那邊的烏克蘭人可能就是特別認同這種活在強國陰影下的感覺，至少他們還可以吹噓自己的新國家比隔壁那個討厭鬼享有更高的生活水準，國土面積也更大。

染上物質主義

瑞克・狄龍（Rick DeLong）雖然出生於明尼蘇達州，卻迷戀東歐，十七歲時（一九九四年）就在斯洛伐克住過一年。他說：「美國有很多方面跟我理念不合，我比較喜歡一個以人民為導向的文化，不希望它過度以商業或物質為導向。這不是在批評美國，它是個富裕的國家，經濟組織也很完善，但我想探索一些較為狂野、文化迥異的地方，所以當時我深受斯拉夫文化吸引。」

他讀了一年大學之後就去聖彼得堡傳教，後來就定居在基輔。我對他說：「你當初愛上東歐是因為它揚棄物質主義，然而自從二十一世紀以來，東歐的物質文化不只是追上西方世界，有些方面甚至已經超越，他們是如此致力於追逐名利，似乎比美國人還關心品牌和名車。這種說法公正嗎？」

「我完全同意，」瑞克說，「自從我在二〇〇〇年首次造訪烏克蘭後，它確實變了很多。我發現烏克蘭人比美國人更注意最新的手機和電子配件，因為美國人已經有夠多身外之物，我們不像他們那麼狂熱。」

東歐其他地方也有類似現象，我的匈牙利朋友蘇莎在信中提到：「我就是這樣問我的兄弟，為何匈牙利人總是抱怨生活有多苦，然而你在布達佩斯卻到處都能看到嶄新豪車（相對之下，郊區就正常很多，遠比都市低調、務實）。『既然大家都過得那麼苦，為什麼還有那麼多高檔汽車？』他說那些汽車多數都屬於銀行，並不是他們自己的車，這些人為了跟鄰居互別苗頭，不惜身背巨額貸款，買一堆他們並不需要的東西。我的兄弟說許多人寧願餓死也不願放棄購買最新的手機，他們平時住在狗窩裡，出門卻一定要開超炫跑車。當一個女人把月薪的一半花在一件裙子上時，我會認為這是很大的問題，而這種女人確實還不少。」

「我在波羅的海地區也看過類似的行為。」我說。

她繼續說：「東歐人原本已習慣節儉生活，當他們看到這些暴發戶炫耀財富時，心裡就很不是滋味。媒體也鼓勵這種虛偽的名流文化，單憑個人淨值衡量一個人的社會價值，形成了一種畫虎不成反類犬的次文化，有些人分明經濟能力不足，卻無所不用其極，試圖假裝自己屬於『高富帥俱樂部』，購買各種時尚名車、手機（匈牙利人似乎已選定前兩者作為他們的財富指標）和服飾。」

儘管如此，瑞克還是說：「再多的 iPad 和汽車也無法抵消烏克蘭社會內部蔓延的壓迫感和無助感。如果你努力工作、廣結善緣，就有機會在職場步步高升，在苦海中脫穎而出，擺脫烏克蘭社會的不良元素和無數『老百姓的悲劇』，然而你還是無法得到永久的安寧。」

共產主義留不住的好習慣

共產主義有一些高尚的理念，它教人不要屈服於貪婪的資本主義和物質主義，推崇社會共同體、團結向心力和兄弟情懷，鼓勵人們幫助同胞；平等是它的中心思想，人人都應享有相同的生活水平，並公正相待。

然而近年訪查數據卻完全看不出這些優良傳統，所以這代表什麼？共產政府是否真的對人民灌輸過這些觀念，只是在資本主義接手時流失了？抑或是這些價值觀從未深植人民內心？他們是否只是假裝支持這些理念，其實從未相信過它們？

這很難判定。許多東歐人都告訴我，人們在共產時代不只是行為不同，連思想也不同。既然如此，為何那些價值觀會消失得如此迅速？東歐人為何沒有保留這種集體意識形態，再循序過渡到北歐的社會主義模式？如果人民真的那麼藐視物質生活，完全沒有自我意識，為何他們現在卻超越了最拜金又自私的美國？如果一切都是資本主義的錯，為何全球最資本的美國在多項指標都能表現得這麼好？

無論答案是什麼，有一點很明顯：就算共產主義曾經傳授給東歐任何高尚理念，他們也忘光了。即使共產主義曾經對人民灌輸過平等和共同體的精神，教導他們尊重少數族群、追求非物質目標，東歐也早已放棄這些價值觀。

瑞克在信中寫道：「在花了十五年走遍前蘇聯各國之後，我可以胸有成竹地說，烏克蘭人無緣享受幸福的主因並非缺乏金錢或經濟發展，而是缺乏團結心和社會認同感，對政府缺乏信任關係（這句話聽起來有點好笑），基於執法與司法系統的貪汙腐敗所導致的無助感，以及將個人事業與房地產合法化的困難。」

但其他劣習依然殘存

共產主義留下的習慣並未完全消失，瑞克說：「在烏克蘭居住的最大挑戰就是要面對雜亂無章的經濟、政府和法規。當你住在這裡，就勢必會遇到這些官僚問題，很多事情都永遠得不到明確的答案，對於習慣凡事透明化的西方人而言，這實在非常惱人。」

「契約有任何效力嗎？」我問。

「人們不會照實寫契約，他們會竄改款項或你的工作內容，所以你得學習承受這些永無止境的片面事實。如果這時候放不下西方人的思維，你就會陷入鑽牛角尖的死胡同，因為他們不像西方人那麼重視這方面。」

「老一代調適得如何？」

「他們只知道現在情形和蘇聯時期之間的不同。如今消費者文化已逐漸走向國際和大都會，唯獨政治界仍舊是由一群出自蘇聯的大老主導，並持續偏向歷經時代考驗、依然屹立不搖的獨裁專制體系。」

「所以這幾年究竟有多大變化？」

「過去二十年來，政府機器的運作模式幾乎沒什麼變，每當我跟那些官僚交涉，就感覺自己彷彿倒退了好幾個世代。到目前為止，執政者仍未針對這台長年失修的老機器採取任何實際作為。」

露芭（Luba）是一位定居在舊金山的烏克蘭人，她告訴我：「烏克蘭其實有很多聰明人，可惜他們通常都無法爬到頂端，就算爬上去也會被被權力腐化。」

烏克蘭就像一個倒楣的小孩，只遺傳到父母最差的缺點，沒遺傳到任何優點。它完全遺忘了共產主義的高尚理念（平等、共同體、非物質目標），卻保存了其中最爛的部分（貪腐、官僚、低效能），同時亦未吸取自由市場和民主制度的最佳特質（經濟效能、企業精神、法治原則），只學到壞榜樣（貪婪、拜金、自私）。烏克蘭需要徹底的基因治療，不過幸好它並非一無可取。

人際關係還是有意義

我問瑞克在烏克蘭住了十年有沒有學到一般觀光客不會注意到的事情，他說：「烏克蘭人很開放，在這裡很容易交朋友，人們通常願意花時間跟朋友交流，他們會讓別人親近自己，這是個重情感的文化。」

我問：「跟在美國長大比起來有何不同？」

「烏克蘭遠比美國注重人際關係，你在美國的某一州出生後會搬到另一州，可能在求學期間又會搬到另一州，最後離開家去另一個州讀大學，畢業後又去另一個地方找工作，之後還會再移動兩三次。你在每個階段都會交到新朋友，但各階段結束後就再也不會跟多數朋友重聚，這就是美國的移動式商業文化的不幸之處。烏克蘭人會盡力跟小時候和學生時期的朋友維繫感情，由於人們沒有移動得那麼頻繁，所以較容易保持聯繫，而且他們通常也是為了工作需求而搬到大城市。」

伊蓮娜．沃特（Elena Wolter）出生於敖德薩，跟美國人結婚，現居於亞利桑那州的鳳凰城。當我問她想念烏克蘭的哪些事情，她回答：「我已經離開故鄉十一年，但還是會懷念真誠的友誼。美國人實在太浮誇虛偽，而且多數都只是熙攘往來的過客，我喜歡交那種不請自來的朋友，不必事先邀約，也不必擔心對方是否會在乎你的家裡有什麼東西、房子是否乾淨。或許美國還是有這種人，但不會是在大城市裡。那是我最想念的。」

攀登烏克蘭的最高峰

時間又經過了五年，我回到烏克蘭去攀登它的最高峰。跟前兩次不同的是，這回入境非常輕鬆，不需要昂貴的旅遊簽證，不需解釋我要去哪些地方或住在何處，我直接從摩爾多瓦的錫雷特（Siret）過橋進入烏克蘭，邊界守衛只是在我的護照上面蓋個章就歡迎我進入他們的國家。

我來到亞列姆切（Yaremche），這個可愛的城市也是喀爾巴阡國家公園的入口，除了克里米亞的南端之外，喀爾巴阡山脈是烏克蘭境內唯一的高山地區。你可以感受到此地文化的不同，蘇聯的遺跡很罕見，人民也不太一樣，由於他們曾在短時間內被許多國家輪流統治，他們的語言和習俗也包涵了多國文化。比方說，亞列姆切的多數居民都是來自羅馬尼亞的胡楚爾人（Hutsul），而霍偉拉山（Mt. Hoverla）南方數公里處就是羅馬尼亞的邊界。我在一間餐館吃了皮羅什基餡餅（pyrizhky，做法是將圓麵包塞滿薯泥，裹上厚奶油和蒔蘿後烘烤），然後就拎起背包，走向霍偉拉山。

這時登山季才剛開始（四月底），通往霍偉拉山的十公里路程可說是空無一人。西歐多數規模相似的國家公園都有更大的交通量，這裡每隔十分鐘才會看到一輛車經過，偶爾參雜幾台馬車。當我走到道路盡頭，白天已只剩三小時，我在巨大的登山旅舍休息了片刻，裡面沒有其他訪客。太陽下山後，我在一間小禮拜堂內紮營，享受寒夜中的一絲溫暖。

黎明時分，我沿著步道往上走。霍偉拉山的高度只有二〇六一公尺，為了增加樂趣，烏克蘭人喜歡在冬天挑戰它，那至少可以保證留下一些凍瘡。我花了兩小時踏過溪流、山毛櫸和雲杉森林後，平滑而雪白的峰頂就映入眼簾。除了最後幾步之外，這段山路走得還算輕鬆。最後的陡坡用踢踏步爬起來確實有點危險，因為腳下的冰很硬，但沒有想像中可怕，我就算失足也摔不死，只是會不太好過。

我匍匐爬到頂端後，全身瞬間被一團冰冷空氣撞擊。我頂著寒風傾身蹣跚而行，走向猛烈搖曳的國旗，獨自一人站在烏克蘭的最高峰。往東邊望去，普魯特河的主要源頭就位於遙遠的下方，它是羅馬尼亞和摩爾多瓦的分界。拍完幾張照片之後，我就在狂風的持續襲擊下打退堂鼓。

烏克蘭人也沒有多了解我們

自古以來，多數東歐人都將烏克蘭視為一個與世隔絕的神祕國度。當年瑞典國王卡爾十二世（Karl XII）去烏克蘭結交盟友共同對抗俄羅斯時，他坦承「不確定該走哪條路」；六十年後，英國旅遊作家約瑟夫．馬歇爾（Joseph Marshall）在一七六九年也遇到相同困擾：「烏克蘭是如此偏僻，近一百年來都沒有人去過，沒聽過任何人與世界分享自己的觀察心得。」[3]

---

3 Joseph Marshall, *Travels Through Germany, Russia, and Poland in the Years 1769 and 1770* (London, 1772; rpt. New York: Arno Press and New York Times, 1971), p. 179.

將近兩百五十年後，這個國家對多數歐洲遊客而言依然是個謎。

話說回來，美國對烏克蘭而言也是個謎。我下山後搭便車到拉克赫夫（Rakhiv），再轉搭巴士去烏日霍羅德（Uzhorod）。途中，一位名叫露德米拉（Ljudmila）的女大學生在胡斯特（Khust）上車，坐在我旁邊。她說自己經常夢想住在美國，對二次大戰歷史很著迷，於是我就測試她：「你知道蘇聯和美國在二次大戰期間是盟友嗎？」

她錯愕地看著我，「真的？」

「你聽過雅爾達會議嗎？」

「什麼意思？雅爾達發生過什麼事？」

我解釋：「邱吉爾、羅斯福和史達林曾在那邊討論戰後要如何分割歐洲，他們最後同意將西歐歸由英國和美國管理，讓俄羅斯管理東歐。」

她看起來很疑惑。「你有沒有聽過D日？」我發覺烏克蘭人可能會用另一個詞稱呼它，所以我又補充：「那是一九四四年六月六日，有沒有印象？」

「沒有。」

「那天有三萬艘戰艦和十七萬名盟軍橫越英吉利海峽，進入歐陸。後續的幾個月內，數百萬名美軍將戰線推進到德國。」

「我從來都不知道大戰期間有那麼多美國人在歐洲。」她承認。她以為蘇聯是納粹敗戰的唯一原因，其他同盟國都沒扮演任何角色。

我告訴她：「我猜你們的學校也沒教過北非和日本附近的戰事。」她開始惱怒了，「我不了解學校為何沒有教更多，我們的教授看起來滿客觀的，也很有知識，他是反共產主義的。我們的歷史書籍也是新的，不是共產時代的舊教材。」

雖然重寫歷史只需要一天時間，新觀念卻可能要等一個世代才能滲透整個社會。當時烏克蘭已經獨立了二十年，但這位二十歲的高材生對於二次大戰的一些基本常識依然一無所知。不過話說回來，一位二十歲的美國人也不見得能在世界地圖上指出歐洲。

無知也可以在鄰居之間交互傳染。尼爾．米契爾教授告訴我：「我最近要去波蘭授課，地點距離烏克蘭的邊界不到一百公里。我原本想順道去一趟烏克蘭，於是就向波蘭的聯絡人詢問了一些相關細節，她似乎以為我要去中國！她很訝異有人會想從波蘭拜訪烏克蘭。」

巴士搖晃著經過胡斯特、別列戈沃（Berehove）、穆卡切沃（Mukacheve），最後終於抵達烏日霍羅德，一個位於斯洛伐克邊界的優美城市。烏日河（Uzh）將它分為舊城與新城。我在等待前往斯洛伐克的夜車時遇到一對俊男美女米洛許（Milosh）和坦雅（Tanya），他們主動邀請我搭便車快速參觀舊城區。我們開車上了山丘，上面有一座維護完善的十六世紀城堡，我們走到民間建築與生活博物館，它沒開門，但米洛許賄賂警衛讓我們進去。他說：「烏克蘭人就是吃這套。」

逛完露天博物館，了解烏克蘭人的古代生活後，我們繼續逛舊城區。我們經過了一間預計下個月會營業的冰淇淋店，價目表還沒貼出來，但它們會比義大利賣得便宜。烏克蘭在當年（二〇一〇年）擁有全球最便宜的大麥克（一點八四美元），挪威則是最貴的——貴到爆炸的七點二元。米洛許和坦雅從未嘗過義大利冰淇淋，我給了米洛許一些現鈔，交代他屆時一定要好好招待坦雅。他們笑著祝福我之後旅途順利。

烏克蘭的未來

烏克蘭的國歌標題是Sche ne vmerla Ukraina（烏克蘭仍在人間），第一句的意思是「烏克蘭的榮耀尚未逝去」。這讓我想起波蘭國歌，它基本上也是在說「我們還沒死」，這兩個國家似乎在潛意識中都知道自己總有一天會再度被迫就範，他們似乎永遠懸浮在動盪邊緣，只要強大的鄰國打個噴嚏，他們的世界隨時就有可能變色。果不其然，普丁爆出了一坨黏稠的鼻涕。

我問瑞克對烏克蘭的未來有何看法，他回答：「烏克蘭數百年來都停滯在邊緣狀態，我預期這種情況會持續，而且這不盡然是壞事。這取決於它的地理位置，以及俄羅斯和烏克蘭的雙重文化特質。我覺得它一直都會在歐盟和俄羅斯之間拉鋸，或許十年後的歐盟也不會再那麼誘人，天曉得？烏克蘭已經當了數世紀的搖擺人，它不太可能會在此刻做出明確的抉擇。」

烏克蘭至今仍無法擺脫進三退二的迴圈，但瑞克可以確定的是「他們不會走上共產主義的回頭路，這點在十年前就已經很明確。我認為這個國家會持續向資本主義邁進，它如果不這麼做，逐年就會虧損更多。國外已經有愈來愈多投資者想要進入烏克蘭的市場，它勢必得接受資本主義，不過它應該會比較偏向歐式資本主義，而非美式。」

我問：「烏克蘭近年有無任何正面發展？」

「烏克蘭人現在對世界比較熟悉了，很多人都去過埃及、土耳其、奧地利、波蘭和西班牙，他們甚至有自己的廉價航空公司。城市地區的年輕人普遍都會使用網路，大家若不是本來就會說英語或正在學英語，就是在自責為何沒學英語。」

烏克蘭確實希望成為東歐的瑞士——中立、和平又繁榮。蘇聯解體時，烏克蘭擁有世界第三大的核武庫，並將軍隊裁減了一半，因為英美俄答應擔保它的安全。如今俄羅斯已背叛此約定，英美會願意守信到什麼程度？別太指望他們。

試想如果美國攻打了加拿大，換成俄羅斯來支援加拿大，美國會不惜一切求勝，但俄羅斯絕對不會那麼投入，因為戰場不在他們的後院。這就是為何美國不會冒著全面核戰的風險去救烏克蘭，俄羅斯也知己知彼，所以它終究會挖走烏克蘭境內俄裔族群比例最高的區域（克里米亞和頓巴斯）。當年俄羅斯吞併阿布哈茲（Abkhazia）和南奧塞提亞（South Ossetia）

就是遵循這個劇本，外聶斯特里亞也是類似的故事。假如普丁的白俄羅斯奴才盧卡申科被一位反俄人士取代，普丁也能以「保衛俄裔同胞抵抗納粹殲滅」為藉口侵占白俄羅斯。

話說回來，雖然俄羅斯擴張了領土，它也跟一位朋友反目成仇。試想美國攻占魁北克的後果，美加關係至少會烏煙瘴氣一百年。更甚者，普丁也驅使原本的中立國（例如瑞典和芬蘭）加入北約，非但沒有遏止烏克蘭加入歐盟，反而將它推向歐盟的懷抱。普丁耗費資源征戰，結果只不過讓俄羅斯的面積增加了可悲的千分之三。未來的俄羅斯人不會記得普丁的德政，只會視他為暴君。

如同土耳其，烏克蘭曾經試圖跟俄羅斯和西方同時維持良好關係，但戰爭終結了這如履薄冰的舞步。烏克蘭還是有可能回歸中立，就像二戰後奧地利選擇以中立換來自由，這場戰爭最終的協定也可能會要求烏克蘭維持中立。或許到了二〇三〇年代，烏克蘭將仿照奧地利加入歐盟，但不會介入北約。烏克蘭的民族主義者仍會感嘆自己失去的國土，但他們應當轉移焦點，將烏克蘭轉化為東歐的經濟龍頭。烏克蘭擁有卓越的科技人才，足以使它搖身變成未來的人工智慧和軟體樞紐，而俄羅斯可能還苦蹲在頓巴斯挖掘煤礦。

✣ **多使用小型巴士：**烏克蘭到處都有小巴，它兼具計程車和公車的功能。美國人很少以這種輕便型休旅車作為大眾交通工具，我們常看到一輛巨大巴士只載著兩三個人，不僅浪費能量又製造空氣汙染，實在可悲。旅行社應該把大型車保留給熱門路線，用休旅車跑冷門路線。請你的市政府做些變革。

✣ **培養並經營深遠的友誼。**在這個數位時代，人際關係已經變得膚淺而短暫。盡量與你的朋友親身互動，鼓勵他們當個不速之客，拋棄面具，分享內心的真實感受。

我們已從波羅的海走到巴爾幹半島，探索過羅馬尼亞、摩爾多瓦和烏克蘭。我們已經拜訪了二十四個國家，最大的一個仍然等著我們。壓軸好戲是否即將上場？讓我們走著瞧，終於輪到「祖國」俄羅斯了。

第二十五章

俄羅斯——野生東歐的「祖國」

俄羅斯小資料

位置：東歐最大國家，也是全世界最大的國家，橫跨歐亞大陸，與多達十四個國家相鄰。

面積：約1,700萬平方公里（台灣的472倍）

人口：約1.4億（台灣的6倍）

首都：莫斯科

主要族群：俄羅斯人

人均國內生產毛額：12,575美元（2022年資料）

- Российская Федерация -

俄羅斯的巨大令人難以想像，數字只有些微幫助。它占地球陸地面積八分之一，跨越九個時區，領土比世界第二大的加拿大還多六成，比第三大的美國多將近一倍（即使把阿拉斯加也算進去）。如果英國長大了七十倍，它還是比俄羅斯小。

俄羅斯充滿極端。它是全球最冷的國家，年均溫是攝氏零下五點五度，有歐洲最長的窩瓦河（Volga）和最高的厄爾布魯士山（Mt. Elbus，五六三三公尺），還有全球最古老、最深、水量最大的淡水湖。它是全世界最大的石油生產者，擁有全球四成的天然氣儲備、最多的森林資源和第二多的煤礦儲備。它的坦克和核武比任何國家都多。多數東歐國家的總人口比首都莫斯科還少。

當初我在構思這本書時，我並不想把俄羅斯包含在裡面。我認為俄羅斯人不屬於東歐，他們是獨一無二的「俄羅斯人」。這頭巨獸有一隻大腳踩在歐洲，另一隻更大的腳踩在亞洲，可說是獨具一格。不過我接下來又學到一件有趣的事：雖然俄羅斯的領土有大約百分之七十五屬於亞洲，但它的人口有大約百分之七十五集中在歐洲，因此總共有超過一億俄羅斯人居住在烏拉山脈的西邊。況且，如果不了解這個對東歐整體發展影響最深的國家，你要如何了解東歐？

歐盟人士有時會自命清高，假裝俄羅斯不在歐洲，那是因為他們平常看的地圖都把莫斯科擠到右側邊緣，忽略了莫斯科和烏拉山脈之間的廣大地域。的確，本書的彩色地圖也犯了相同錯誤。然而這個數據會讓你大開眼界：歐陸面積有四成是位於俄羅斯境內。

俄羅斯並非一直都那麼大，一一五六年的莫斯科只是一個木牆圍繞而成的小堡壘，蒙古人在一二三八年燒掉這個毫不起眼的前哨站，將居民趕盡殺絕。諷刺的是莫斯科反而因禍得福，大約一百年後，它在蒙古人的協助下擊敗競爭者、鞏固權力、發展基礎建設、開拓貿易路線。蒙古人出現之前，斯拉夫人的中心原本是基輔；蒙古人將基輔洗劫之後，權力重心就移轉到莫斯科。到了十六世紀，俄羅斯人已經踢走蒙古人，開始建立人類史上僅次於蒙古與大英帝國的第三大帝國。

北方威尼斯

我抵達聖彼得堡的時候正好是「白夜」——也就是俄羅斯的夏至。由於聖彼得堡的緯度很高，陽光在午後十點依然親吻著精美的巴洛克式建築。市區到處都是運河，因此它又稱北方威尼斯。優美的建築、浪漫的氛圍和交織的渠道使聖彼得堡迅速榮登我心目中全球最美麗的十大城市之一。

令人很難想像的是，聖彼得堡曾經是個蚊蟲孳生的沼澤地。一七〇三年，彼得大帝每年逼迫四萬名農奴在極端惡劣的天候下建造這座城市，從橫跨一群小島的彼得保羅要塞（Petropavlovskaya Krepost）開始，經過九年的勞役，一座令人驚豔的嶄新首都終於誕生。

如今，你無論往何處觀望都是一種感官享受。巴洛克式的冬宮（Zimniy Dvorets）和皇宮廣場（Dvortsovaya）是聖彼得堡的核心，附近就是全球數一數二的隱士廬博物館（Hermitage），它滿載著羅丹、畢卡索、畢沙羅、莫內、梵谷、塞尚和高更的作品，涵蓋了人類歷史所有時期和風格的藝術，包括古埃及。華麗的滴血救世主教堂（Tserkov' Spasa na Krovi）俯瞰著一條運河，此為沙皇亞歷山大二世遇刺之地，這也是教堂名稱的由來，它在共產時代則被當作馬鈴薯倉庫。你可以遊覽仿造凡爾賽宮的彼得宮城，望著新古典式的大理石宮嘖嘖稱奇，或是穿越青檸色的納爾瓦（Narva）凱旋門。如此富麗堂皇的城市應當被冠上另一個綽號：東歐的巴黎。

一七六四年，聖彼得堡還在茁壯時，卡薩諾瓦（Giacomo Casanova）曾來此把妹。卡薩諾瓦的自傳標題很無趣：《我的人生歷史》，他若把它改名為《波羅的海豔遇》可能會賣得更好。他憶起在聖彼得堡市郊遇到的一位農家女孩，「她的美麗令我驚訝」，他尾隨著她回到村中的茅舍，「她像兔子般蜷縮在角落，唯恐自己會被面前的狼犬吞噬。」[1]這位少女的觀察力顯然很敏銳，因為他畢竟是風流出名的卡薩諾瓦。

卡薩諾瓦是個聰明人，他知道若想釣到世界各地的馬子，只會講義大利語是行不通的，

---

1 Giacomo Casanova, *History of My Life, trans. Willard Trask*, Vol. 10 (London: Longman, 1971), pp. 110-12.

於是精通多語的他就用俄語禮貌地向少女的父親徵詢許可。那位父親說：「可是她才十三歲啊！而且她是處女！」他不會如此輕易就把甜美天真的女兒送給卡薩諾瓦這個花柳病窟，是吧？驕傲的俄羅斯父親沉思片刻後回答：「一百盧布。」哇咧！有這種老爸，誰還需要皮條客？然後他們的精采對話就開始了：

「假設我願意付一百盧布？」卡薩諾瓦問。

「她將聽命於你，你也將有權利跟她上床。」她父親回答。

「如果她不願意呢？」

「喔，不會有那種事，你有權利打她。」

「那就假設她是自願的吧，我在享用過她後如果覺得喜歡，能否繼續保有她？」

「你已經是她的主人，假若她逃跑，你還可以請人逮捕她，除非她還你一百盧布。」

「那麼，假如我繼續保有她，一個月要付她多少錢？」

「一枚銅板都不必，你只需提供飲食，讓她每週六洗澡，好讓她週日上教堂。」

「那我離開聖彼得堡時可以帶走她嗎？」

「不行，除非你取得許可，保證她安全。雖然她已成為你的奴隸，但她終究還是女皇的奴隸。」

「很好，替我安排吧，我會給你一百盧布，然後帶走她……」[2]

當卡薩諾瓦在俄羅斯拈花惹草，凱薩琳大帝則在進行大事業。她是一位嫁給彼得三世的德國公主，在廢黜夫君之後英明治國三十四年；若再加上伊莉莎白女皇的統治期，俄羅斯在十八世紀的繁榮年代大多都是由女性領導。凱薩琳大帝經常與伏爾泰交談，並鼓勵科學發展。她贊助過許多藝術家，使他們得以將作品填滿隱士廬博物館。在凱薩琳的領導下，皇宮的興建速度比美國的郊區還快。雖然俄羅斯在十九世紀仍維持君主制，但共產革命的種子已在德國萌芽。

共產主義的起源

為了尋找共產主義的根源，我來到德國的特里爾（Trier），一個鄰近盧森堡邊界的可愛城市。那是馬克思的出生地，他來自一個很典型的中產階級家庭，兒時的故居如今是一間博物館。我沒料到他是猶太人，因為他的姓氏並不像，這是因為拿破崙曾強迫猶太人改名字。馬克思年輕時有點頹廢，他想進入學術界，但沒成功。他的父親懇求他控制隨意揮霍的劣習，但馬克思依然持續耗費不屬於自己的資產，這似乎也為共產主義的殞落埋下了伏筆。

馬克思在二十五歲左右結交了恩格斯，這段友情改變了他的人生。恩格斯在高中就輟

2 Giacomo Casanova, *History of My Life*, trans. Willard Trask, Vol. 10 (London: Longman, 1971), pp. 112-13.

學，為富有的父親工作，他們家在曼徹斯特擁有一間棉織廠。當恩格斯二十四歲時，他已經事業有成，同時也寫了一本痛批資本主義的著作《英國勞工階級的狀況》。諷刺的是，他從資本市場努力掙來的財富反而使他得以對資本主義發起革命。

另一方面，馬克思在一八四八年還躲在法國，因為他曾在普魯士王國興風作浪，被列入黑名單。普魯士在他二十七歲那年要求法國政府將他驅逐到布魯塞爾，後來又撤銷他的護照，害他失去國籍。普魯士人試圖追捕他，但他成功逃逸，並在三十歲完成了《共產黨宣言》。他的下個偉大理念是《資本論》，但他太懶，只寫了一冊，另外兩冊要感謝恩格斯才得以問世。俄羅斯的審查委員還嫌馬克思的著作太乏味，根本不屑禁止它們出版。

馬克思曾經試圖假裝成資產階級，他娶了一位貴族千金，不時舉辦豪華宴會，刻意營造上流社會的假象。然而他就像多數共產主義者，實際上很缺錢，他的妻子經常乞求恩格斯給他們錢。二十年來，恩格斯不斷資助馬克思的理念，若沒有他的經濟支持，共產主義可能早已胎死腹中，東歐在二十世紀或許也會過得更好。

恩格斯很會享受美好人生，品嘗香檳與美女，這要感謝下面有無產勞動階層替他賣命。恩格斯娶了一位不識字的愛爾蘭女孩，她去世後，他又跟她的妹妹纏綿多年，直到她臨終才迎娶為妻。雖然恩格斯沒生小孩，他卻替馬克思扶養了管家的私生子。馬克思應該有告訴她：「寶貝，妳必須分享財富和愛。」

你不會想當馬克思的小孩，他跟妻子生育了七名子女，但有四名夭折，剩下三個女兒，她們都跟母親同名（珍妮）。長女在馬克思去世前兩個月死於癌症，么女在一八八九年自盡，另一個呢？她在一九一一年也自盡了。

滾出去吧！只有嫌自己話不夠多的傻子才需要留下遺言。——馬克思生前的最後幾句話，他在同時將拖鞋扔向管家。

一八八〇年代，一位名弗拉迪米爾．伊里奇．烏里揚諾夫（Vladimir Ilyich Ulyanov）的俄羅斯青年深受馬克思的著作啟發，雖然他的哥哥已因為企圖暗殺沙皇被處以絞刑，尚未成年的烏里揚諾夫依然義無反顧，追隨了兄弟的腳步。他落網後沒有被處決，而是被單獨囚禁，附贈免費去西伯利亞走一回。他獲釋後陸續在慕尼黑、倫敦和日內瓦居住，使用許多假名撰寫革命文章，在三十二歲根據一條西伯利亞河流選定了他的新名字：列寧。

列寧四十七歲時，俄羅斯經歷了美國在一百四十一年前經歷的相同事件：一場推翻君主專政的革命。不過這兩場革命背後的理想是不同的：美國人是為了自由而戰，俄羅斯人則是為了平等。列寧率領共產黨獲勝後，將首都從聖彼得堡移到莫斯科，他七年後在遺囑中寫道：「史達林太蠻橫，有嚴重人格缺陷，他當上祕書長後就令人無法忍受……必須想辦法將史達林調離那個職位，他的接班人只需要有一點優勢就夠了，那就是更容忍他人意見、更忠誠、更有禮貌、能體恤同仁，不會那麼反覆無常……這些細節或許看似瑣碎，卻具有關鍵的重要性。」

列寧真有遠見。史達林年輕時曾搶劫銀行、擄人勒贖，他說：「死亡可以解決所有問題，沒有人就不會有問題。」史達林的問題很多，因此他濫殺的無辜平民遠比希特勒多。他在領導蘇聯期間曾經策劃一場饑荒，餓死了六百萬名同胞。他驅逐過一千四百萬人，其中也有很多人在過程中死亡，大約兩千名作家和藝術家被遣送到勞改營，多數人都死在那邊。史達林甚至說過一句話：「思想勝過槍械，我們不會讓敵人擁有槍械，為何要讓他們擁有思想？」

史達林的大整肅（Great Purge）是一場噩夢，他將手下三百一十六名重量級軍官趕盡殺絕，包括五位大將中的三位。史達林是列寧開創的中央政治局的六位元老之一，他處決了其他五人，第二屆政治局的七名委員也只有兩人存活。根據已解密的蘇聯檔案，史達林在一九三七和一九三八年之間每天大約處決一千人，多數史學家都認為實際人數更多，總共有超過一百萬人遇難，連大整肅的主要協調者都遭到肅清。

多數俄羅斯人還是尊敬史達林，他畢竟贏得了人類史上最大的戰爭，將十四個共和國納入蘇聯，一手掌控東歐，使俄羅斯從農業國家搖身變為工業巨無霸，也創造了許多社會福利。最後，他給了俄羅斯核武軍備，使它成為世界強權。儘管他有這麼多成就，如今俄羅斯卻只剩一幅史達林的畫像（位於聖彼得堡的俄羅斯政治歷史博物館）。二〇一八年，列瓦達民調中心（Levada Center）的訪查顯示俄國人對史達林的觀感依然好壞參半。[3]

在莫斯科兩度遭竊

當夜班火車駛入莫斯科，我不禁感受到自己的渺小。這個人口一千萬的超大城市真是勢不可擋，國內生產總值的百分之二十四是由它包辦，城市周圍有四條巨大環道，莫斯科的地鐵系統總共有兩百七十六個車站、十七條地鐵線和超長的電扶梯，你站在上面會以為自己正降入地獄。

雖然大家都看過莫斯科的紅場照片，我親眼看到聖瓦西里（St. Basil）主教座堂時還是起了雞皮疙瘩。我踏入了列寧的陵墓，他的遺體至今仍保存完善，可供世人景仰。克里姆林宮展示著軍械庫、超大鑽石、皇家棺墓、宗教圖標和共產黨的紀念品。彼得大帝紀念碑也值得一看，因為它曾被票選為全世界最醜的雕像。據說它原本是為了表揚哥倫布，本來應該放在美國，但美國不要，於是設計師就把哥倫布的頭換成彼得大帝。它其實沒有人們說的那

3 https://www.levada.ru/en/2018/04/17/the-perception-of-stalin

麼醜。

莫斯科的地鐵系統固然很棒，但有時你可能也需要搭計程車。在共乘（ride-share）ＡＰＰ問世之前，市民都會使用「吉普賽計程車」，也就是低價的白牌車。它們通常很安全，但我曾在深夜搭上賊車。

我的司機是個聲音沙啞的男人，他開車送我到一個地方跟朋友會合，而那位朋友遲未現身。當我們在等待時，他試圖偷我的皮夾，但被我逮到，我是笨在拿回皮夾後沒有立刻逃跑，反而先付給他一些車資（沒有他要求的那麼多）。後他尾隨著我進入另一輛計程車，脅迫我多給一些錢，當我打開皮夾，他就伸手抽走一百美元，逃之夭夭。

第二次遭竊也是因為愚蠢。我當時住在一間大旅館的長廊末端，莫斯科正遇到炎夏熱浪，我的房間即使開了窗戶，早上八點感覺也像桑拿房。我想多睡一點，於是我就把門開了一個細縫，增加空氣對流。我以為房間位於長廊末端就不會有人經過，結果當我在九點半醒來，原本放在床頭櫃上的皮夾已經不見蹤影。

隔日，管理員「找到了」我的皮夾。神奇的是我的信用卡和身分證都還在，現金當然是不見了，清潔女士大概是趁我熟睡時進來，撿到了她的每月獎金。

拜訪住在莫斯科的美國人

露明娜．雷斯尼克（Lumina Resnick）是一位定居在莫斯科的美國人，平時擔任一位商業大亨的私人家教，負責教他的小孩學英語。當我問她在離開時會想念什麼，她回答：「俄羅斯人將冰雪視為一種恩賜，他們都愛雪，而且它完全不會影響城市的運作，即使有暴風雪，飛機照樣會飛，火車照樣會開，你也還是能開車去任何地方，不必擔心。聽說莫斯科僱用了三萬人專門剷雪和清道。」

「還有呢？」我問。

露明娜說：「地鐵系統很棒，每隔三十到一百二十秒就有一台車，當你在轉車時，通常還沒走到月台對側，下班車就已經在那邊等候。而且熱水是免費的，它是由國家提供，永遠都用不完，你可以沖一個小時的熱水澡也不必擔心。人們比較重視穿著，我喜歡這點，沒有人會穿著運動服跑來跑去，當然這也表示你不能隨便披件衣服就出門，否則人們就會認為你很髒亂，不過我個人是比較喜歡這點。」

「俄羅斯人確實很講究外表。」

「而且你只要懂門路，就能得到廉價醫療。我曾經做過根管治療，牙醫英語說得很好，設備也很現代化。」

「哪些事情會煩擾你？」

「街上的排水道很少，所以街道都很髒，當下雨或融雪時會變得很噁心。你的鞋子也會被毀，如果不立刻清洗鞋子就會縮水，因為他們會用化學藥劑融雪！」

當我問她為何會在此居住五年，她影射到經濟優勢。「外國人和本地人之間的生活品質差距通常很大，外國人因為有特殊才能，例如外語能力或對於某個小眾市場的獨特經驗，所以薪俸都很高。雇主通常會提供免費住宿，包括基本設備。所以雖然西方的進口食物和商品價格較高，但這裡的生活費對我們而言遠低於美國，而且薪水大多可以存起來。」

「還有哪些好處？」

「這裡的工作通常都會遵循歐洲體系，員工每年都有一個月的帶薪假，除此之外還有很多國定假日，加起來又會多出兩週的假期。我自己一年可以放到兩個月的帶薪假。在工時方面，我和其他老師一個星期平均會工作二十到三十五個小時；商人工作的時間遠比那長，但我會說他們跟西歐差不多。」

「我有個長期定居在烏克蘭的朋友，他說那邊生活的固定成本很低，所以人們即使薪水低也能過得不錯。莫斯科也是這樣嗎？」

「是的，多數人都住在俄羅斯剛私有化時以賤價購置的平房，所以他們不必繳房貸。水電費很便宜，政府可能都會資助。你只要不買西方進口食物，這裡的多數食物價格都比西歐便宜。話說回來，莫斯科以外的工資就會往下掉，不論是本地人或外國老師都一樣，但生活費也便宜很多。」

「暴力犯罪的盛行率有多高？」

「我在莫斯科感覺比紐約安全，這裡很少看到人打架，我昨天搭地鐵時看到有人因為試圖偷東西而被打，但那是罪有應得。我曾聽說這裡的暴力犯罪較頻繁，因為人們喝很多酒，但我個人卻從未經歷過。照理來說，喝酒應該也會造成很多家暴，我曾在一篇文章讀到這件事對兩性都有影響，大約有五成男性會打老婆，有三成女性會打老公。他們動粗的理由倒是不同：男人通常是無法滿足性需求，女人則是嫌老公帶回家的錢太少（他可能也把錢都花在酒或情婦身上了）。」

狂歡暢飲的國度

一開始我得先承認，我想要推翻「俄羅斯人是酒鬼」的刻板印象。然而即使我心中有所偏袒，我也不得不面對這些堆積如山的證據，像是研究指出俄羅斯男性的死因有三分之一是跟酗酒有關，女性也有百分之十八。另一項研究則發現一九九〇至二〇〇四年之間有百分之二十一的西伯利亞男性體內，含有致命或將近致命的酒精濃度。長途火車上經常可看到男人狂飲啤酒和伏特加，你在遠處就能聞到他們的酒氣，其中有少數人顯然是喝醉了。他們會到處奔跑起鬨，然後被列車長嚴厲斥喝。我曾經在一個垃圾桶旁坐了數個小時（因為附近有插座可以給我的電腦充電），無法相信裡面的啤酒罐和酒瓶竟然如此之多，而且沒有其他的飲料容器。

我在拜訪俄羅斯期間聽過許多故事。有位女士告訴我，她的父親在森林裡喝醉後不省人事，就這樣凍死了；一位來自波爾霍夫（Porkhov）的女士說她父母都是死於酗酒；一位來自莫斯科的男士失去了祖父，因為他喝醉酒後在床上吸菸；還有個女孩喝醉後躺在草地上睡覺，被一名酒醉駕駛輾斃。

再來是有位男子的綽號「刀疤謝爾蓋」（Sergey Cut），因為他跟另一位酒醉的持刀男子打架，在脖子上留下了疤痕。另一個酒鬼習慣向一位女性友人討錢，她通常會給一些，但有一天她終於受夠而拒絕，他揚言要自殺，她說請便。於是他就打破一個酒瓶，將它插入了自己的咽喉。

一位老祖母的房子不知何故被燒了，她懷疑有人酒後縱火；有位男子因為鬱悶而上吊自殺；我遇過一位二十八歲的肢障人士，他當初醉倒在鐵軌上，醒來時雙腿已被火車輾斷。俄羅斯前任總理維克托・切諾梅爾金（Viktor Chernomyrdin）還講過一句話：「人需要紅白酒維持健康，人必須夠健康才能喝伏特加。」

令我最驚訝的是，我並沒有刻意搜括酒精濫用的故事，人們都是主動告訴我的。很顯然的，若想寫一本關於俄羅斯酒癮的書，你只需花一個星期就能收集到一大堆軼事。當然有些俄羅斯人也會駁斥這個刻板印象，畢竟並非所有人都是酒鬼，經過數十年的反酗酒宣導，俄羅斯人的飲酒量已在下降，平均壽命也因而提升。話說回來，一位俄羅斯人否認俄羅斯人有酗酒問題，就像一位美國人否認美國人擁有很多槍械一樣。

走訪加里寧格勒

每當你遇到某人自稱已「走遍」歐洲，你就該問他是否去過加里寧格勒，他有可能從未聽過這塊罕見的俄羅斯領土。它被夾在立陶宛、波蘭和波羅的海之間，在地圖上看起來像個蘇聯遺留的腫瘤，東歐人似乎忘了將它割除，當地居民在一九九一年似乎忘了推翻政府、宣布獨立。這聽起來很沒道理，直到你發覺這些居民並不是某個古怪冷門的波羅的海民族，他們幾乎都是俄羅斯人。這也很奇怪，鄰近的立陶宛只有百分之六是俄羅斯人，加里寧格勒為何能保持得如此純正？我踏入這個神祕的領域去尋找答案。

巴士在日落時分抵達了加里寧格勒和立陶宛之間的尼曼河。加里寧格勒的入口很壯觀，路易絲王后橋（Queen Louise Bridge）跨越冰封的河面，終端是一道美麗的石製拱門和兩座優雅的高塔。此景暗示加里寧格勒不會只有典型的前蘇聯面貌。諷刺的是，我們來到的第一個城鎮就叫蘇維埃茲克（Sovetsk）。

加里寧格勒在蘇聯時期是軍事禁區，外國人不得進入。如今俄羅斯的邊界守衛則用X光機掃描旅客行李，我把大背包留在座位上，他們根本懶得上車檢查。如此鬆散的保安絕不會發生在蘇聯時期。

蘇維埃茲克有共產時代的灰色方正房屋，但它也有一些跟聖彼得堡相似的古典建築。當巴士繼續開往加里寧格勒的州府，窗外景觀很平坦，人煙很稀少。我們經過森林與田野，黑暗公路上的少數車燈是我們的唯一同伴，偶爾才會在這個冰冷世界看到幾盞孤獨的農舍燈火。

但加里寧格勒又是如何成為俄國的領土呢？根據歷史記載，加里寧格勒多數時間都屬於德國。日耳曼民族曾經占據今日波蘭北部長達數百年，而且加里寧格勒並不是某個被遺忘的邊陲前哨，事實上，它曾是普魯士王國的首都（後來才被挪到柏林）。

然而一切在過去這個世紀完全改變。波蘭在一次大戰之後重新取得制海權，切斷了加里寧格勒和德國的聯繫。後來納粹大軍又席捲波蘭，收復加里寧格勒。二次大戰之後，德國人被踢出多數東歐國家，對於多數地方，這只代表失去少數人口，對於加里寧格勒則代表失去全部的人。蘇聯在戰後大可以在加里寧格勒立起一個巨大的霓虹招牌，上面寫著「空地」。

為了填補德國人留下的空屋和空地，俄羅斯人就將它殖民化。跟其他波羅的海國家不同的是，東斯拉夫民族占了加里寧格勒的九成以上人口。當列寧的好友米哈伊爾．加里寧（Mikhail Kalinin）在一九四六年去世，蘇聯人便將此區域以他命名。令人費解的是，這個州和它的州府的俄羅斯名字都叫加里寧格勒；為了避免造成誤會，我們在此就學多數當地人，將州府稱為柯尼希（Koenig），這個字也是源自它的原始德文名字柯尼斯堡（Konigsberg）。

我的沙發衝浪主瓦迪姆・贊里格（Vadim Zangliger）年約四十歲，個性溫和，戴著眼鏡，會講基礎英語。他當過工程師和金融交易員，同時也是一位單親爸爸，跟內向的八歲兒子阿提歐姆（Artyom）共居一室。由於他家除此之外就只有一間廚房和浴室，我們三人就睡在同個房間。

瓦迪姆是很典型的衝浪主，他很想多認識這個世界，結識外國人。他出生於白俄羅斯，但在冷戰期間遷居到加里寧格勒。由於加里寧格勒長期對外封閉，他對外界總是充滿好奇。我們一邊看地圖，他一邊描述加里寧格勒的戰略價值。它是俄羅斯境內唯一不會結冰的波羅的海港，他們也因此將波羅的海艦隊駐守於此地。瓦迪姆預測俄羅斯終有一日會在加里寧格勒放置飛彈，他說對了，那是俄羅斯針對北約向波羅的海擴展的回應，即使老布希曾向戈巴契夫保證北約絕不會那麼做。

試想美國南部若成為一個獨立國家，但佛羅里達州仍維持對美國效忠，佛州人就會被孤立在外。為了開車到美國其他地方，佛州人將必須經過另一個國家。同理，立陶宛曾經是個蘇聯共和國，現在對加里寧格勒的居民卻是個路障，雖然俄羅斯人可以申請過境簽證，但流程還是比以前複雜。例如一位當地人就告訴我：「立陶宛人和波蘭人不喜歡俄羅斯人。」

於是加里寧格勒就像阿拉斯加，再度變成了一塊飛地。它曾被孤立在德國之外，如今又與俄羅斯分離，似乎註定永遠得當個孤兒。儘管如此，多數當地人並不希望脫離俄羅斯。加里寧格勒會繼續被隱藏著。

發現柯尼希

我曾在自己的播客訪問娜塔莎・裴洛特（Natasha Perreault），她是在加里寧格勒出生並長大，後來跟美國人結婚，定居於華府。她的父親是白俄羅斯人，母親是烏克蘭人。她說：「柯尼希看起來不像典型的俄羅斯城市，沒有一般常見於俄羅斯的東正教堂，它倒比較像個德國城市。」

她說的沒錯，不過柯尼希至今仍能維持德國面貌也是奇蹟。英國空軍曾連續四天對它投擲燃燒彈，之後納粹和蘇聯又在此鏖戰三個月，將殘存的一切摧毀殆盡，如今德裔族群只占加里寧格勒不到百分之一。娜塔莎說：「加里寧格勒也可以算是個熔爐，來自俄羅斯的各地人士都聚集在那裡，當初在一九五〇年代是沒有所謂的本土人，大家都是來建立新生活。」

我透過娜塔莎的接洽，在柯尼希遇到了她的大叔弗拉迪斯拉夫・弗卡洛夫（Vladislav Fukalov），他自願帶我遊覽城市。他年約六十歲，戴著一頂傳統毛帽（ushanka），外表看起來飽經風霜，有著滿臉的皺紋、健壯的體格和銳利的碧眼。但他的態度卻跟外貌完全相反，非常溫和平靜。他出生於烏拉山脈東麓的葉卡捷琳堡（Yekaterinburg）附近的一個村莊，曾經擔任水手，環遊過全世界，英語能力很好，這點在他的世代很少見。

弗拉迪斯拉夫和我探索了柯尼希的最佳景點。我們搭公車到國王之門（Korolevskie Vorota），這是全城修復得最完整的原始入口，看起來像一座磚頭堆成的迷你城堡。我們接著參觀了琥珀博物館，裡面有大約六千塊琥珀，全世界可萃取的琥珀原礦中有將近九成是來自加里寧格勒。

我們沿著積雪的人行道走到中央島（Tsentralny Ostrov），上面有雄偉的柯尼斯堡大教堂，這座哥德式教堂首建於一三三三年，毀於第二次世界大戰，俄羅斯人在蘇聯解體後終於將它重建，現在裡面有一台三萬八千支音管的管風琴。教堂隔壁是德國哲學家康德的陵墓，他出生於加里寧格勒，在此受過教育。我們沿著普列戈利亞河（Pregolya）行走，岸邊有個嶄新的魚村（Fish Village），各種德式建築整齊排列於這條觀光街區。加里寧格勒的德國文化曾被共產黨冷落，如今俄羅斯人卻頌揚它。

舉建於一二五五年的柯尼斯城堡為例，它在二次大戰期間受損後，蘇聯非但沒有對它進行整修，反而愚蠢地在一九六七年把它夷為平地，花了十年蓋了一座奇醜無比的蘇維埃宮（Dom Sovetov）。娜塔莎稱之為「這座城市和蘇聯體制的恥辱」。除了很醜之外，它也無法使用，因為地下通道崩陷，導致地基非常脆弱，至今仍是一棟空屋。弗拉迪斯拉夫自我解嘲地笑著說：「這是德國人給我們的報應。」

現在俄羅斯人已在考慮重建柯尼斯城堡，那將能使城市煥然一新，過去五十年內新增的多數建築都很有礙觀瞻。到了夜晚，柯尼希就充滿霓虹燈、頻閃燈和庸俗的賭場，市郊也被汽車經銷商占據。他們總算在二〇〇六年蓋了一座像樣的建築：柯尼希的第一座俄羅斯東正教堂：基督救主主教座堂。「它就位於列寧雕像的正後方，」娜塔莎告訴我，「真是好笑！你不禁要嘲笑俄羅斯有時是如此落後！」

出生於加里寧格勒的尤莉亞．汀雅柯娃（Yulia Tinyakova）告訴我：「俄羅斯無論如何都會度過一切，過去無數世代都是如此。」年紀比尤莉亞大四十歲的弗拉迪斯拉夫則沒那麼樂觀，他說：「俄羅斯會繼續沉淪，因為領導階層太糟，政府讓少數特殊人士壟斷各大企業，人民卻什麼都沒得到。我根本無法靠退休金維生，必須在一間體育館打工，但他們兩個月前又裁掉一半的員工，剩下的人也被減薪三成。」

我問：「你喜歡俄羅斯的哪些方面？」

「教育制度曾經很好，史達林是個暴君，但他確實將人民的識字率從百分之三十提升百分之九十五。現在的教育制度很糟，人們對二次大戰一無所知，大家只在乎錢。」

「中國如何？」

「中國是一大威脅，百分之七十五以上的俄羅斯人都集中在烏拉山脈西邊，很多中國人都遷居到俄羅斯東部。他們總有一天會舉辦公投，宣布『這個區域屬於中國』。」

在庫爾斯沙嘴冰釣

我在隔日前往波羅的海岸的度假村斯韋特洛戈爾斯克（Svetlogorsk），它有一條很長的木板步道，曾經是個時髦的德國海灘溫泉鎮。寂寥的沙灘上散布著許多漂亮的雕像。我在積雪的海灘把自己凍僵之後，又前往列諾格拉茨克（Zelenogradsk）做相同的傻事。列諾格拉茨克也曾經是個高人氣的德國度假村，但當加里寧格勒成為軍事禁區，觀光業即隨之凋亡。現在它又復甦了，至少對俄羅斯人而言是回來了。每逢夏季，加里寧格勒的海岸線就擠滿了有錢的俄羅斯人。多數歐洲人仍持續忽略它，主因是俄羅斯的旅遊簽證太貴，他們寧可拜訪其他波羅的海國家的海灘。儘管如此，多彩的德式木屋和安靜的沙灘仍為列諾格拉茨克留下獨特的旅遊經驗，而且它擁有全歐洲最大的日晷，雖然波羅的海地區是以陰天著稱。

我最難忘的經驗就是探索庫爾斯沙嘴（Curonian Spit），它在地圖上看起來像個人造的防波堤，分隔波羅的海和庫爾斯潟湖，寬度相當於幾個足球場，然而這道九十八公里長的海灘卻是完全天然，它因此也被聯合國列為世界自然遺產。它有歐洲最大的沙丘，可以高達六十公尺。這個沙嘴有一半屬於俄羅斯，一半屬於立陶宛。我曾在夏天探索立陶宛的那一側，五年後的冬天，我又回來探索俄羅斯的這一側。

人在快樂時不會區分夏冬。——契訶夫（Anton Chekhov），俄羅斯作家

我在雷巴奇半島（Rybachiy）的南方下車，四周空無一物。我朝西穿過松樹，走過沙丘，兩分鐘後即獨享一片廣闊空曠的波羅的海沙灘。在深深吸入冰冷的海風後，我回到道路，朝東走向潟湖。一個結冰的木板路標顯示附近有值得察看的東西，幾間關閉的房屋迎接了我，它們看似已被遺棄，但這時一隻友善的黑貓走過雪地向我示好，我給了牠一些乳酪，然後我們一起走到結冰的潟湖。在不確定厚度的情況下踩冰是很愚蠢的，但它可以支撐貓的重量，於是我就屏氣踏上冰面。

冰發出了一點脆聲，但感覺很穩固，我緩慢前進，最後連貓都覺得我已經走夠遠，於是它就跑回岸邊。我繼續在這廣大的潔白世界中行走，連天空的雲朵都呈現鋼鐵般的白色。過了幾分鐘後，我在一公里外看到三個人，他們坐在潟湖中央，我逐漸接近這群瘋子。

他們是俄羅斯漁夫，嘴裡的金牙可以證明他們年約五十歲。他們很驚訝一位不太會說俄語的加州小子竟能找到他們最愛的釣魚地點。冰上鑽出的洞顯示其厚度大約跟人的小腿一樣長，三位漁夫坐在可攜式的椅子上，旁邊立著可攜式的牆壁，可以擋住寒風，每個人都大約

捕到了二十條小魚。我們雖然幾乎無法溝通，但彼此依然開懷大笑，分享零食和伏特加。最後他們終於滿意今天的收穫，打道回府。這些人很強壯，連五十八歲的那位仁兄也能搬一堆裝備，我還必須掙扎著跟上他的腳步。俄羅斯人真是強悍。

二次大戰的信念

二次大戰塑造了俄羅斯人的堅忍精神，他們稱之為「偉大的衛國之戰」，它奠定了俄羅斯牢不可破的意志，然而正如任何輝煌的民族事蹟，這中間多少也摻雜了一些迷思。比方說，至今仍有不少俄羅斯人認為二次大戰只是納粹和蘇聯間的戰爭，我曾在普斯科夫（Pskov）附近的小鎮波爾霍夫遇過一位名叫羅斯拉娜（Ruslana）的年輕記者，她說：「美國很聰明，他們等到二戰結束才插手。俄羅斯擊敗了德國，美國人喜歡提『第二戰線』，那算什麼，當時俄羅斯已經把德國人打敗了。」

這麼說也不完全算錯，美國在二戰期間「只」損失了四十一萬八千人，蘇聯失去了兩千三百四十萬人。美軍損失最慘重的一場戰役是突出部之役（Battle of the Bulge），共有一萬九千名美國士兵喪生，相較之下，史達林格勒之役中死去的俄軍則高達五十一萬八千。整體而言，美軍的總死亡人數只占全部的百分之零點三，蘇聯占了百分之十三點七，而且紅軍貢獻了百分之七十五的德國死亡人數，以此邏輯推算，二次大戰的勝利有百分之七十五應歸功於他們。[4]

死一個人是悲劇，死一百萬人卻只是統計數據。——史達林

話說回來，這場戰爭會被稱作第二次世界大戰，而非第一百一十三次歐洲大戰是絕對有原因的。同盟國和軸心國在非洲的陣亡人數也超過一百萬，中國和日本失去的人數大約是蘇聯和德國的一半，日本在六個月內遭到的空襲數量跟德國在最後三年承受的差不多。蘇聯沒有參與非洲戰事，直到美國投下一枚原子彈，他們才介入亞洲戰場。所以你如果把軸心國失去的四百三十五萬名士兵全算進去，紅軍貢獻的大約占百分之五十五。羅斯拉娜在聽過這些數據後只能說：「我不想再聽你的日本戰爭。」

除此之外，美國也貢獻了大量戰力。美國量產的機槍、戰車、戰機和軍艦遠比蘇聯多，煤礦、鐵礦和石油產量也遠勝過蘇聯。看看各國動員了多少部隊：義大利四百五十萬，英國四百六十萬，日本七百四十萬，美國一千一百五十萬，德國一千七百萬，蘇聯兩千九百萬。而美國必須跨越太平洋或大西洋才能接近戰場，他們能高居第三名實屬不易。

英國史學家約翰．基根（John Keegan）曾經寫道：「蘇聯的戰線只侷限於它自己的國域和鄰近區域，距離最遠的就是滿洲國……然而真正發展最遠的卻是美國，它在一九四四年已

在西歐、南歐、中國、東南亞和太平洋的中南部執行大規模陸海空軍行動。二次大戰的顛峰確實是屬於美國的戰爭。」[5]

每當同盟國的三巨頭會晤，美國總統都坐在中間，這點是有象徵性的。在一九四三年的德黑蘭會議，坐在中間的是羅斯福，史達林和邱吉爾坐在兩側；雅爾達會議也是相同的座位順序，儘管史達林大可以藉由地主身分要求坐中間；一九四五年的波茨坦會議的主持人也是杜魯門，不是史達林。這些畫面都顯示蘇聯或許不是獨力贏得二次大戰。

蘇聯若沒有西方盟友，能否贏得二戰？

一位居住於美國的俄羅斯人告訴我：「我的父親是二戰專家，我也自認為對此議題涉獵頗多。你說數百萬名美軍在D日之後進入了歐洲，其實正確人數是數十萬。」令人不可思議的是，連受過教育的俄羅斯人都會低估西方盟軍的貢獻，當我提出一些文獻資料後，她也坦承：「我不知道美國有數百萬名士兵在西方戰線作戰。」

我並非在暗指多數俄羅斯人都那麼無知，列瓦達民調中心曾在二〇一一年詢問國人：蘇

4 John Keegan, *Atlas of World War II* (Smithsonian, HarperCollins, 2006), p. 182-183.

5 John Keegan, *Atlas of World War II* (Smithsonian, HarperCollins, 2006), p. 185.

聯若沒有盟友協助，能否贏得大戰？列瓦達若不相信多數俄羅斯人都知道蘇聯並非孤軍奮戰，就不會問這種問題。儘管如此，二〇一一年的訪查結果依然發人深省：百分之六十答說蘇聯可以獨力獲勝，只有百分之三十二說他們沒機會贏，另外還有百分之九說這個問題太難回答。但這跟一九九七年相比還是有進步，當時有百分之七十的人認為蘇聯可以獨自贏得二次大戰。

很少俄羅斯人聽過（或特別重視）美國的租借法案，它從一九四一年三月開始為同盟國提供軍備，英國拿到了三百一十四億美元，蘇聯拿到一百一十三億元，法國和中國各拿到二十億元，那五百億美元在今日的價值會將近一兆。蘇聯在二次大戰期間製造了九十二台火車頭，美國給了他們兩千台火車頭和一萬一千台鐵路車輛。每五架蘇聯軍機就有一架是由美國贈送，他們的卡車有三分之二是由美國製造，美國也捐贈了大量通訊技術、衣服和糧食。

紅軍差點輸掉了莫斯科、列寧格勒和史達林格勒的重大戰役，只要有任何一個小環節出差錯，優勢可能就會傾向德軍。換個角度來看，除了租借法案的加持，西歐和非洲戰線也分散了足夠的敵軍戰力，讓蘇聯得以反敗為勝。有些史學家說同盟國獲勝的原因是『英國提供了時間，美國提供了金錢，蘇聯提供了血汗。』」

前蘇聯國家境內，多數二次大戰紀念碑上刻的年分都是一九四一至一九四五，這對我來說很奇怪，因為西方人被灌注的觀念都是二次大戰是發生於一九三九至一九四五年。蘇聯之所以會刻意強調一九四一年，背後有兩個原因：第一，德國是在那年開始攻打蘇聯；第二，假如蘇聯說大戰是從一九三九年開始，它的立場就會很尷尬，因為他們在一九三九到一九四一年之間還在跟納粹狼狽為奸，侵略其他國家。那顯然不是戰爭，也不愛國，所以它沒有被列入「偉大衛國之戰」的時間線。

美國是否較晚加入戰場？看你如何定義。二次大戰在歐洲共持續了六十九個月，蘇聯將偉大衛國之戰的起始日期定在一九四一年六月二十二日，所以他們會說自己奮戰了四十七個月。美國是在一九四一年十二月七日參戰，算起來他們打了四十一個月，差異其實不大。不過美軍部隊直到一九四三年才在歐洲登陸，攻占義大利，他們自此之後在歐洲打了二十個月。那是因為他們之前得同時應付亞洲和北非，對後勤而言是極大的挑戰。

俄羅斯人喜歡輕描淡寫美國對歐洲戰事的介入，正如美國人會刻意忽略俄羅斯對日本戰事的介入。很少美國人知道一百六十萬名俄羅斯士兵曾將日軍趕出滿洲國，那場戰役只進行了十一天，但它非常關鍵。許多美國人很愚蠢地以為美國是德國敗戰的主因，但他們完全不知道歐洲最慘烈的戰事大多發生在東方戰線。多數美國人都不知道波蘭和蘇聯其實犧牲最慘重。

每個國家的歷史觀都存有偏見，俄羅斯人在蘇聯時期幾乎未曾承認自己跟納粹合作過，他們至今仍鮮少提起這點。我上過十二年的法語學校，那邊的老師也從未提過法國政府曾與納粹勾結。俄羅斯的二次大戰觀點影響了多數東歐國家，例如我的年輕波蘭朋友艾蜜莉就在信中提到：「我直到上週認識一位美國將軍才知道美國也打過二次大戰，因為他的父親當時在歐洲打過仗。」

傲慢的俄羅斯人

羅斯拉娜出生於一九七六年，她似乎以為冷戰還沒結束，她很驕傲地說：「美國打不過俄羅斯！史上從未有人打敗過俄羅斯！」羅斯拉娜的朋友尤莉亞・楚科（Yuliya Trutko）出生於聖彼得堡，她說人們都以身為俄羅斯人為榮。我的塞爾維亞朋友尼奈德曾在俄羅斯看到一件T恤上寫著「我是俄羅斯人，你算哪根蔥？」

史考特・史派斯（Scott Spires）是美國人，自從二〇〇五年即與俄羅斯的妻子定居於莫斯科，他的工作是法律翻譯兼作家。當我問他俄羅斯人對美國的看法，他說：「這滿複雜的，我個人是從未因為國籍而遭受敵意對待，不過許多俄羅斯人都習慣拿自己跟美國比較，並挑戰美國，這大概是蘇聯時期的殘留效應，因為蘇聯政府總是想要『迎頭趕上』先進的資本主義國家。相對於美國，俄羅斯既沒有弱到會自願服輸，也沒有強到可以獲勝，我覺得這使兩國之間形成了某種緊張關係。另外也有少部分疑神疑鬼的邊緣族群，他們認為美國會暗中操控任何事情，不過多數國家也都有這種偏執狂。」

弗拉迪斯拉夫則告訴我：「新的俄羅斯人喜歡自我吹噓、自我膨脹，他希望別人認為自己很有錢，他會四處宣揚：『看看我的昂貴衣服，我的漂亮手錶，我的名牌車，我的高級手機。』他假裝自己很偉大，實則不然。以前的俄羅斯人會關心他人，現在他只關心自己。」

艾琳娜．林德（Alina Lind）是一位居住在愛沙尼亞的俄羅斯人，她也無法忍受那些傲慢的朋友。「你們到底在跩什麼？你們天生就是俄羅斯人，那有什麼了不起，又不是你自己的成就。這就像有些人以身為女人為榮，或是只因為有藍眼睛、有白皮膚或黑皮膚就自覺光榮一樣愚蠢。你生下來就是那副德性，如果你必須為某件事感到驕傲，那就挑個實際的成就吧，不要挑個與生俱來的特質。」

當我問史考特美國人能向俄羅斯人學到什麼，他回答：「如何在艱困中生存，如何放鬆自己，藉由單純的人際關係獲取更多價值。」他說得沒錯，在二〇二一年，每五位俄羅斯人中只有一人自認為昨天曾經歷過壓力，比其他歐洲人的比例都低，此紀錄已維持了十年，但俄烏戰爭可能會使連勝終止。

美國和俄羅斯的十項共同缺點

我出生於一九七〇年，所以我是在冷戰時期長大。我的世代從小即被教導美俄是兩個相反的極端，因此每當某個俄羅斯人的習慣或信念讓我反感，我就將之歸因於俄羅斯人和美國人的本性差異。然而當我在俄羅斯待的時間愈長，就愈是不安地發覺許多令我反感的俄羅斯特質也是典型的美國特質。以下是十個例子：

一、**我們的自我意識跟國土面積一樣大**。美國因面積大而自傲，美國人都擁有大房子和大車，歐洲最大的六個城市廣場都位於俄羅斯，我們的座右銘是「愈大愈好」，我們的自尊也符合這點。

二、**我們喜歡槍械和幫派**。俄羅斯人喜歡手槍和犯罪節目，美俄都是全球最大的武器製造商，俄羅斯的製造業有大約兩成跟軍隊相關，我們的文化都很迷戀暴力，但美國把它美化得最誇張。

三、**我們粗俗鄙陋，不懂人情世故**。我們喜歡庸俗藝術和物品，像是賭城。俄羅斯女性的時尚品味通常會遊走於性感與放蕩、優雅與浮誇、美麗與俗媚之間，她們喜歡在照相時裝模作樣，彷彿想讓自己登上《柯夢波丹》（*Cosmopolitan*）的封面。另一方面，美國人則總是穿得很邋遢，除非參加葬禮才會穿著正式。

四、**我們的健康習慣很差，肥胖可以證明一切**。美國人和俄羅斯人都有三分之二過胖，主要差異是俄羅斯的年輕人很少超重，而美國的青少年卻有兩成超重。我們都會攝取過量的糖、精緻澱粉和飽和脂肪，最常做的運動就是拿起電視遙控器。

五、**我們很大聲，很惹人厭**。有些東歐人（包括俄羅斯人）曾告訴我說他們挑選旅館時會先問俄羅斯人是否常去某間旅館，如果會，他們就換地方，因為俄羅斯人很愛喧譁。美國人也有相同的臭名。史蒂芬妮・雷克羅斯（Stephanie Rexroth）是一位拜訪過西伯利亞的美國人，她說：「美國人每到其他國家就表現得狂妄自大，觀光客的爛形象就是我們造成的。」我曾經告訴一位中國室友，美國人會模仿「清、昌、沖」的聲音來嘲諷中文使用者，並反問她中國人會如何模仿美國人，她說：「我們不會發出特別聲音，我們只會很大聲地用中文說話。」

六、我們只會講一種語言。我們期待所有人都會說我們的語言，每當有人講得不夠好，我們就會失去耐性。新聞節目也會對外語加上配音，我以前從未聽過普丁本人的聲音，直到在愛沙尼亞的電視上聽他說話。俄羅斯的電視台也會給美國領導人加配音，給外語節目加配音，美國人則根本懶得播放外語節目。

七、我們在拓展領域時的行為很惡劣。美國人在十九世紀假借昭昭天命（Manifest Destiny）之藉口向西推進，對原住民犯下無數暴行。俄羅斯在十七世紀向東推進，威脅原住民向沙皇朝貢，他們若不服從，男人就會被掛在肉鉤上，女人和小孩則會被奴役或強姦。我們都不喜歡談論國土拓展時期的黑暗面。

八、每當我們侵占一塊土地，就自以為是好人。首先，許多人甚至不願承認自己曾侵占過任何領土。「伊拉克人要我們介入。」美國人都這麼說。「波羅的海三國很歡迎蘇聯。」俄羅斯人也這樣說。這些迷思固然有部分屬實，但更接近事實的是，這些國家中有些人（並非永遠都是多數）希望我們幫忙把某個混蛋趕下台，但他們通常都不希望我們留下來，而我們卻時常久留。我們在侵占期間可能是惡魔，但我們不會承認。

九、我們會羞辱想要拜訪我們的觀光客。或許拜訪俄羅斯最麻煩的一件事就是申辦旅遊簽證，他們會問你要住在哪裡、要去哪裡、你最近的銀行交易紀錄、你的職業史以及你會喝多少伏特加。對多數人而言，試圖拜訪美國也是自取其辱，我們會收集你的指紋，還要收取會讓世界大多數人破產的簽證費。

十、我們盲目愛國。美俄的DNA中都有強烈民族主義，不過美國人比俄羅斯人還愛揮舞國旗。二〇二〇年的蓋洛普訪查顯示美國人有三分之二對自己的國籍感到「極度驕傲」或「很驕傲」，這在二〇〇三年更是高達百分之九十二。多數美國人都會在家裡、辦公室或車上展示國旗。我們也很難責怪俄羅斯人在聽到國歌時血脈賁張，因為他們確實擁有全世界最棒的國歌。

共產主義的無心之害

我們在這本書已反覆檢視共產主義對東歐的影響，現在還是值得再看最後一眼，畢竟俄羅斯是共產主義的頭號支持者。在共產制度之下，商品的售價通常都低於成本，這顯然無法永續維持，任何七歲小孩都看得出這點。儘管如此，世界上有許多成年人依然採用了這個荒謬的制度。

共產主義造成了各種反常現象。比方說，為了讓人民買得起基本糧食，政府把麵包價格降到比製造它的小麥還便宜，結果農夫有時甚至拿麵包餵家畜，因為它比穀物更便宜。工業以不正常的低價取得化石燃料後，就毫無保留地製造廢棄物。政府假借社會平等之名壓低房價，然而實際可用的房屋卻持續匱乏。食鹽和火柴是稀罕物，因為國家製造得不夠多。經濟短缺造就了龐大的地下市場，其收入占國內生產總值三分之一。簡言之，共產主義忽略了顧客需求、競爭與成本。非市場取向的獎勵導致商店都沒有人們想要的物品，工廠製造出來的也沒好貨色。

我在威尼斯遇過一個西班牙人，他分享了自己一九八七年拜訪莫斯科、聖彼得堡和基輔的故事。他必須透過政府控制的旅遊局預訂所有旅館，只能住在政府許可的旅館，而且多數時間都必須有官方導遊陪同。當我們在等待水上公車，我問他：「哪一點使你最驚訝？」

「缺乏服務，」他回答，「每當我們踏入店家，店員都會遠離你，省得給自己找麻煩。他們不在乎，反正拿的錢都一樣多。餐廳也是這樣，一間幾乎全空的餐廳拒絕讓我們就坐，因為我們沒預先訂位。對共產黨而言，任何工作都是繁瑣的雜務，能免則免。」

共產主義將平等的觀念極端化。蘇聯人會稱車主為chastnik（暗藏私人財產），事實上，警方在一九六〇年早期也對私人汽車的破壞不予理會，因為他們同意破壞者的立場：沒有人應當比鄰居更有錢，所以車主是活該的。我在愛沙尼亞遇過一位女士，她存了一輩子的錢，好讓自己能回到祖國俄羅斯，在鄉間買了一間小屋，將它翻修。跟左鄰右舍不同的是她還有一塊草坪，所以她在上面種了很多花。過了數週之後，推土機就輾過了她的草坪。她了解對方傳達的訊息：「別炫耀自己的財富，跟我們一樣生活。」

到了一九七二年，蘇聯製造的私人汽車終於超越卡車數量，人們看到一個雙重標準：菁英分子能擁有自己的車，其餘人則沒有。你如果把身上所有盧布存起來，或許能買得起一台Volga，而它的內部經常毒煙瀰漫。你如果有美金，就會買一台全新的Lada（拉達）。你首先會額外付給技師一筆費用，讓它跑得動，然後就看著它生鏽。需要修理？請準備等待數週，甚至數個月，除非你能透過特殊關係插隊。等你交出一隻手和一隻腳之後，技師或許會把車還給你，但它也會缺某些零件；多餘零件是很難取得的，例如後視鏡和雨刷，所以技師會向顧客「借」一些。[6]也因此前蘇聯曾經流傳一句笑話：「如何使一台Lada的價值加倍？把油加滿。」

一位美國音樂家的俄國經驗

我的朋友咪咪．華勒斯（Mimi Wallace）提到自己在一九六七年初訪俄羅斯的經歷。

「我們的樂團受邀在國際時尚展覽演出，歌曲限制很多。我們搭乘俄羅斯航空從赫爾辛基飛到莫斯科，那原本是一架運輸機，座位是面向兩側，不是朝向駕駛艙，座椅甚至沒固定好！起飛感覺真刺激！」

我說：「我可以想像你們在椅子上滑來滑去的景象，他們有提供餐食嗎？」

「空服員穿的是軍服，我們得像在野餐般地把托盤放在大腿上。『拿去吃吧。』空服員對我們這樣說，那大概是他們唯一會講的英語。我看著盤子裡的神祕肉，心想：『嗯，還是不要了吧，謝謝。』」

「你的旅館如何？」

「就是那種『現代』俄羅斯建築，毫無任何風格。領隊在幫大家登記入住（收走護照）的時候，我在大廳閒晃，沒注意到正前方有個大理石階梯，當場撞昏頭。他們把我抬到大廳的沙發，一位很友善的女醫師來看我，她叫了一杯伏特加，那就是她治療腦震盪的處方。我立刻喝下，並要求第二杯，因為那是我在離開芬蘭後的第一杯飲料。她的口袋裡還有幾片巧克力，好現代化的醫療！」

「總有一天，美國人將會學到伏特加與巧克力的神奇療效。」

---

6 Lewis H. Siegelbaum, *Cars for Comrades: The Life of the Soviet Automobile* (Cornell University Press, 2008) pp. 309.

「我後來確實有感覺比較好，當我問能如何回報她的善意，她指向我那本不知何故竟能混過海關的《時代雜誌》，『拜託，我想要那個。』《時代雜誌》！喔對了，來自外界的新聞，任何人都會珍惜這種禮物。」

「房間如何？」

「你在羅西亞飯店（Rossiya Hotel）不會保有房間鑰匙，每一層樓都有個櫃台，後面有一位高壯的俄羅斯女人監視你的每個舉動，你必須主動要求，她才會給你鑰匙（有時還很不甘願），而你每次離開房間就要把鑰匙還給她。這表示每當你去走廊另一邊拜訪某位團友時，這位女巨人就會做紀錄、打電話！我們過了十天這種生活。」

我說：「我在四十年後也在俄羅斯和烏克蘭經歷過嚴密的旅館保安，但你的經驗遠比我極端。」

「是的，有兩名KGB官員幾乎全程跟隨我們，」咪咪說，「我們被交代在街上絕對不能賣任何東西，所以這些叛逆的紐約搖滾歌手會怎麼做？我們拿自己的牛仔褲做交易。當時已經很晚，我們在外頭跟一些稍早認識的音樂家碰面，這也是違法的，但我們才不管。我們脫掉褲子，用毛衣和夾克包住雙腿，這時兩名KGB官員突然冒出來！在莫斯科裸體被抓包！哎呀！」

「糟糕！接下來發生什麼事？」

「我們談好條件，我們總共有六人，於是就給了KGB官員三條牛仔褲，又給了兩位買主另外三條，大家都高興地回家！但這時還得在沒穿褲子的情況下逃過那個女巨人，慘啦！」

俄羅斯只有兩個電視頻道。第一台是政治宣傳，第二台只會播放一位KGB官員不斷告訴你：「立刻轉回第一台。」——雅科夫・斯米爾諾夫（Yakov Smirnoff），烏克蘭喜劇演員

當我問咪咪對於共產時代的俄羅斯的整體印象，她說：「俄羅斯很冷漠、很鬱悶。我記得街上有個垃圾桶內有掃帚，於是我就暫借了那把掃帚，在柴可夫斯基的故居前方拍照。結果一個俄羅斯小娃娃立即揮著掃把衝向我，用俄語對我尖叫。我覺得俄羅斯人在那段時期很多疑，而且毫無幽默感。」

雖然咪咪後來放棄了自己的音樂事業，但她後半輩子都致力於在紐約表演並教導芭蕾舞蹈。我問她：「所以這趟旅程是如何結束？」

「在莫斯科的最後一天，我爬上浴室的馬桶蓋，試圖打一隻蒼蠅，結果不小心踩出了一道裂痕。沒關係，退房時再跟櫃台說一聲就是了。哈哈，這可不是美國。那位女巨人向櫃台報告了此事，KGB又來找我約談，了解馬桶蓋破裂的原因。拜託！我試圖解釋之後，終於

請美國國務部幫忙協調，因為俄羅斯人堅持我必須賠錢才能離開這個國家。」

「所以就這樣結束了？」

「還沒，我們想要給那兩位年輕的KGB護衛一些來自美國的禮物。這很冒險，但我們送了他們一卷《齊瓦哥醫生》的舊影帶和一張《比伯中士的寂寞芳心俱樂部》（*Sgt. Pepper's Lonely Hearts Club*）的新專輯，他們則感動到落淚。那是個很棒的最後道別。我倒是不記得有送那位女巨人任何東西，連一枚戈比都沒有！」

共產主義的七大奇蹟

一位不願具名的東歐人部分總結了共產主義的七大奇蹟：

1. 大家都有工作。
2. 雖然大家都有工作，但沒有人工作。
3. 雖然沒有人工作，但計畫已經百分之百完成。
4. 雖然計畫已經百分之百完成，商店卻空無一物。
5. 雖然商店空無一物，大家卻擁有一切。
6. 雖然大家都擁有一切，大家卻都在偷竊。

7. 雖然大家都在偷竊，但沒有人缺乏任何東西。

共產主義確實能從生到死好好照顧一個人。你小時候從來都不需擔心父母是否會失業或失去房子，你保證能受到良好教育，犯罪率很低，因為到處都有警察，而且法律很嚴苛。家長不必擔心小孩會不會受傷，因為老大哥永遠都在監視。

青少年也不需要擔心，政府限制了他們的大學選擇，如果國家需要更多電子工程師，它就會鼓勵你去拿個工程學位。不用擔心就學貸款，因為國家會支付一切。畢業後也沒有找工作的壓力，政府會視需求安置你。他們會幫你找住宿，補助你的房租，你在夏天不見得每天都有熱水，但你的鄰居也沒有，所以你不會感覺到貧窮。你將會有一份簡單而穩定的工作，基本上不需要太努力，很少人會被開除，你也有足夠自由時間喝啤酒。

雖然出國是一件費神傷財的事，但你已經住在全世界最大的國家，能去的地方多得是。你沒有汽車，但大眾交通便宜又大碗。真正愛好冒險的人可以去東德、匈牙利或南斯拉夫享受異國風情。在工作了四十年後，政府會照顧你的退休生涯，你將擁有免費房屋、醫療、便宜的食物和伏特加。當你去世時（通常是在六十歲之前），政府甚至會協助你的家人辦理殯葬事宜。

許多人都嚮往這種生活，共產主義直到今日仍有粉絲，而且不只侷限於老女人。當我在聖彼得堡跟二十六歲的阿提歐姆・潘特里夫（Artyom Panteleev）共居，他也說自己寧願住在白俄羅斯，「那邊生活比較好。」他當時正在跟一位白俄羅斯人交往，已經去過明斯克十五次，後來他看到女友在一場舞會跟另一個人調情，就跟她分手了。阿提歐姆不了解的是共產主義不可能永續經營，白俄羅斯的經濟能存在的唯一原因就是來自俄羅斯的大力支持，蘇聯的經濟也是個幻想世界。

波洛諾伊的老婦人

尤莉亞・楚科邀請我和她父親伊凡一起去普斯科夫、波爾霍夫和波洛諾伊（Polonoye），這些地方都位於俄羅斯西部，接近愛沙尼亞邊界。他們要去探望尤莉亞的祖父母。普斯科夫附近的愛俄邊界只有平緩的森林和丘陵，沒有明顯地理分界，然而我們才剛穿越國界就能感受到一點明顯不同：道路。愛沙尼亞的高速公路很平坦、很現代化，俄羅斯的公路則充滿坑洞。伊凡大笑：「歡迎來到俄羅斯！」

我們參觀了普斯科夫的克里姆林宮，它是一座十三世紀的中古堡壘，有華麗的三一主教座堂。以多彩壁畫著稱的米羅日斯基修道院（Mirozhsky Monastery）位於河流對岸。城市本身有兩三間還算好看的政府大樓和一座列寧雕像，但除此之外都很普通。

我們往東繼續開了一小時，抵達波爾霍夫小鎮。嚴酷灰暗的廣場上立著一座二戰紀念碑，破舊的公車在路上搖晃行駛，裹成肉粽的老人在市集販售紅莓，維持微薄生計。它就是那種蘇聯不會希望西方人看到的小鎮。我們又往東開了十公里，來到尤莉亞祖父母的家，它就是那種連當今俄羅斯領導階層都不希望西方人看到的房屋。

尤莉亞的八十一歲祖母佐亞．潘特李維（Zoya Panteleeva）出生於西伯利亞，但這輩子大多待在波洛諾伊小鎮附近。這裡到處都是粗劣的泥土路，社區的桑拿房已經殘破不堪，佐亞住在一間單層樓的小木屋，周圍有低矮的木圍籬。佐亞出來迎接我們時，身上穿著白長袖襯衫、毛背心、保暖的黑色緊身褲和灰色毛氈靴，並披著樸素的頭巾。她的牙齒很少，體格瘦小，但就像所有頭巾女士，佐亞似乎擁有超自然的強悍。

佐亞的八十六歲丈夫亞歷山德（Alexandr）有一雙晶瑩剔透的碧眼和凸起的小腹，臉頰左側有一道深長的疤痕。他多數時間都在臥室裡看電視，或在走廊上吸未過濾的香菸。客廳裡有一瓶酒精濃度四十%的半公升伏特加，那家製酒公司自從一八八四年就在營業，標籤上有個戴著眼鏡和聽診器的老人，我唸出上面的字：белый доктор（白醫師）。尤莉亞笑著解釋那是十九世紀的傳統，身體有病痛時不用看醫生，只要大喝一口「白醫師」就好了。

尤莉亞說：「我的祖父母很怕看醫生，醫療雖然免費，但品質很差，他們可能每隔五年才因緊急狀況去一趟醫院。例如我的祖母兩個月前臀部骨折，最近的醫院是在波爾霍夫，病房都在二樓，沒有電梯，所以她必須待在家裡休養。我的叔父每天清晨五點上班前就得餵飽她，把房子弄暖。聽起來滿瘋狂的。我想送她一台電暖爐，但我母親說佐亞會嫌電費太貴、太危險，她家兩年前才發生過電器火災。」

這間房屋雖然有電，卻沒有管路系統。市政府其實可以協助他們建造水管、沖水馬桶和淋浴，但佐亞長久以來都不需依賴這些奢侈品維生，所以她不認為現在值得花那些錢，況且她每個月只有五十元退休金。她會走到泥土路的對面去自取井水，家裡沒有瓦斯，但有個陶火爐，可以同時煮食並取暖。水槽的廢水會引流到一個桶子，她每天會拿出去倒一兩次。亞歷山德不喜歡在夜間出門小便，他會直接尿在水槽裡。

當納粹攻入波洛諾伊時，佐亞只是個少女。她說德軍占領期間的生活其實還算正常，她每天照常為牛擠奶、照顧農作物，納粹甚至沒有奪取他們家的糧食。然而納粹同時也在三十公里之外設立戰俘營、燒毀猶太會堂、屠殺猶太人。波爾霍夫有一座巨大的水泥紀念碑，追悼數千名被活活餓死的戰俘。

佐亞的姪女瓦倫提納．烏沙柯娃（Valentina Ushakova）在聖彼得堡的政治歷史博物館工作，她告訴我蘇聯強迫納粹撤退時發生的事。當時男人都去打仗，十七歲的佐亞和母親躲在森林裡，在土中挖了一個三公尺深、跟房間等大的洞。她們把它封起來，讓熱不會散失，並提供偽裝，躲避雨水和風雪。她們在洞裡生活了好幾個月。現在你可以了解俄羅斯的頭巾女士為何會如此堅強。

隔日早晨，我看到她以顫抖的雙手捧著聖經，朗讀長篇經文。雖然她是一九二七年出生，卻被凍結在十九世紀。當我安靜地用電腦工作，就聽到佐亞在責備孫女：「他還沒吃東西！你必須餵飽男人！」

俄羅斯的餐食

為了餵飽三個男人，佐亞準備了一頓盛宴。牆上掛著三長串的洋蔥，她的食材都在步行距離內，她做了水煮小香腸、炸雞、薄切薯片、醃製紅椒、番茄醬配飯、薯泥、厚切火腿，以及塗上奶油和鱘魚子醬的白麵包。我只喝茶，不過真男人都喝威士忌。

尤莉亞說：「正如多數鄉村婦女，佐亞會控管家裡的酒，負責買酒和倒酒。她年輕時就是這樣激勵丈夫工作：帶木材回家就可以喝一杯伏特加，把豬餵飽就可以再喝一杯。現在那些工作都由我的叔叔包辦，所以伏特加也都給他喝了。」她大笑，「在鄉村裡，用一小杯伏特加作為獎賞是很常見的，伏特加是俄羅斯鄉村的代幣。」

我在俄羅斯旅行期間曾嘗試過傳統餐食，例如淋上酸奶油的牛肉餃（pelmeni）、酸辣濃湯（solyanka）、魚湯（ukha）以及最著名的羅宋湯（borsch）。其他常見餐點包括白菜肉捲（goluptsy）和波蘭餃子（vareniki）。俄羅斯的食物都是為寒冷天候量身訂做，不過他們即使遷居到溫暖地區，也忘不了這些療癒食品。

在填飽肚子之後，我們拜訪了彼得（Peter）和莉蒂亞（Lidia）這對中年夫婦，他們住在波洛諾伊的一棟簡樸公寓，彼得是尤莉亞的叔父。他們在整潔的客廳裡招待我們茶點，彼得的兩顆金門牙會發光，他說俄羅斯近年的經濟成長並未觸及他們的村莊。基於我自己的法國背景，我好奇地問他們對法國有何看法，莉蒂亞說：「俄羅斯人不太會想到法國，我們對美國比較有興趣。美國是個大國，俄羅斯也是個大國，我們有很多共同點。法國很小，我們其實不太會去想它。」

我們後來在村裡閒逛，一位披著毛大衣和頭巾的老婦人正在趁下雪前收割庭園裡的最後一批農作物。當她的德國牧羊犬看著我們，她解釋說多數村民都會在庭園裡種植馬鈴薯、洋蔥和其他植物，這可以減低生活成本。我們接著遇到年輕的莫斯科人葉林娜（Yelena），她在波洛諾伊買了一棟房子，好讓自己的孩子在夏天能享受新鮮空氣，她過了夏天就會回莫斯科與丈夫重聚。最後我們又與彼得巧遇，他稍早穿著一件迷彩背心，現在則穿著迷彩褲，身上披著藍色雨衣，背後那個字可以打動所有俄羅斯人的心靈：отечество（祖國）。他正將馬鈴薯存放在一間磚牆環繞的地下室。他是一位真正的俄羅斯人，他使我想起真正的美國人。

我捨不得離開寧靜的波洛諾伊，尤莉亞說此地景物跟她小時候相比完全沒變。俄羅斯有很多此類村莊，它們安靜而固執地維護了城市人已遺忘的優良傳統與習慣。二〇二一年，尤莉亞告訴我說亞歷山德和佐亞都在九十多歲的高齡去世，顯然「白醫師」能讓人長壽。

老大哥變成寬容的家長

史達林種下了蘇聯死亡的種子。他的走狗在一九三四年將戈巴契夫的一位祖父送去西伯利亞砍樹，一九三七年，戈巴契夫六歲的時候，史達林的祕密警察逮捕了他的另一位祖父，因為他是「人民公敵」。兩位祖父接連遭受極權政府打壓，這在戈巴契夫的心中種下一個念頭：老大哥應該當個寬容的家長。這個念頭將使蘇聯步上毀滅的命運。

史達林去世、赫魯雪夫掌權時，戈巴契夫時年二十來歲。赫魯雪夫公開譴責史達林、推行改革，使年輕的戈巴契夫讚嘆不已，可是布里茲涅夫（Leonid Brezhnev）又將赫魯雪夫擠下台，實行了十八年的鐵腕統治。接下來的兩位蘇聯領導人都在位不久，戈巴契夫終於在一九八五年坐上駕駛座。

我當時還是個少年，可以清晰記得一則電視新聞報導。一位記者正在美國機場訪問一個俄羅斯人，他跟家人在美國住過幾年，現在他們決定搬回蘇聯。感覺似乎很瘋狂，他基本上就是在說：「我嘗試過美國生活了，但我還是比較喜歡在蘇聯生活。」現在回頭看來，那大概是搬回家的最糟時機，他不僅經歷了蘇聯的解體和俄羅斯一九九〇年代的經濟蕭條，也錯過了美國一九九〇年代的繁榮興盛，他的老婆可能至今都還在碎念。

戈巴契夫是進化版的赫魯雪夫，他不只是一位改革家，簡直是革命家。他建立了辛納屈主義（Sinatra Doctrine），告訴十五個共和國：他們都可以學法蘭克．辛納屈（Frank Sinatra）高唱「我照自己的方式做了」。革命旋即失控，柏林圍牆在一九八九年倒塌，東歐的共產黨領袖陸續垮台。戈巴契夫就像一位讓未成年女兒嘗到自由滋味的家長，現在反而怕她搬出家門，他說：「女兒，我保證不會告訴你逛街要買什麼、穿什麼、去哪裡工作、如何生活或跟誰約會！親愛的，你只要留在家裡就好！」

為了保住蘇聯，戈巴契夫提出新聯盟條約，它將能使蘇聯變得跟南斯拉夫相似，亦即一個由眾多獨立共和國組成的邦聯，上頭有共同的總統、軍隊與外交政策。各國將能獲得更多自治權，同時亦能維持單一國家的表象。十五個共和國中有八個表決同意，勉強過半。俄羅斯共和國預定將於一九九一年八月二十日簽署新聯盟條約，然而就在兩天之前，一個陰謀改變了一切。

蘇聯八月政變

有八位高階蘇聯領導人已經受夠了戈巴契夫的寬容教養，他們要老大哥回來。一九九一年八月十八日，其中四人飛到克里米亞，去戈巴契夫的鄉間別墅拜訪他，要求他宣布國家緊急狀態，好讓他們「恢復秩序」。戈巴契夫拒絕了。他們要求他辭職，他也拒絕。於是他們就將戈巴契夫軟禁在家裡。

共謀者隔日即飛回莫斯科，「八人集團」聯合策動政變，封鎖了所有獨立媒體，他們宣稱戈巴契夫「生病了」。坦克、步兵和傘兵占據了莫斯科的紅場，四名主要改革派遭到拘押，但俄羅斯總統葉爾欽逃過了一劫，他當時正在莫斯科的郊區度假。看來情勢對八人集團相當有利，但美國國家安全局同時也在竊聽蘇聯軍事領袖之間的對話，他們知道軍方對此政變並不熱中。

老布希面臨兩難，他一方面很想告訴葉爾欽實情，葉爾欽一旦知道那些叛變者並沒有深厚的軍力支持，他就會有信心對抗政變；但又話說回來，美國若在此刻洩密，國安局以後將沒機會竊聽更多對話。國安局乞求老布希閉嘴，但他終究還是打電話給躲在鄉間別墅的葉爾欽。葉爾欽一掛上電話就衝回莫斯科。

胸有成竹的葉爾欽來到克里姆林宮外的國會大廈（又稱白宮），雖然他無法控制媒體，但他站在坦克車上號召民眾，發放數千張傳單。市民用電車和清道機封鎖街道。午夜一點，一排坦克車隊衝向國會大廈的數千名抗議者。八人集團的其中一員後來在回憶錄中寫道：「就純戰略角度來看，這棟大廈很輕易就被攻下了，問題是我們當初怎麼會走到這一步？」當時有三位平民喪生，而軍方也未再給予更多後援，叛軍就這樣撤退了。正如蘇聯，政變已宣告失敗。

當戈巴契夫飛回莫斯科，他就發覺自己雖然贏了面子，卻輸了底子。他擊敗了強硬派：

八人集團因叛國罪被捕，其中兩人自盡。然而戈巴契夫也輸給了激進派：現在葉爾欽得寸進尺，嫌自治不夠好，他要俄羅斯完全獨立。由於他在政變期間的英勇表現與領導能力，葉爾欽已成為俄羅斯的新英雄。各個共和國在後續數週接連宣布獨立，戈巴契夫在一九九一年十二月二十五日辭職，蘇聯正式終結。

俄羅斯人為何討厭戈巴契夫

許多西方人會對這點感到吃驚：俄羅斯人並不喜歡戈巴契夫。在二〇一六年皮尤研究中心的民調中，只有百分之二十二的俄羅斯人認為他的歷史角色是「高度或極度正面」，而史達林卻獲得百分之五十五的認可。從過去其他民調看來，俄羅斯人對戈巴契夫的滿意度也都不到百分之五。當戈巴契夫在一九九六年參選總統，他只獲得百分之零點五的總票數，連「以上皆非」的選項得到的票數都比他多將近十倍。

俄羅斯人為何如此討厭戈巴契夫？照理說，讓俄羅斯人擁有言論自由、旅行自由和私人財產應能取悅他們。難道沒流一滴血就結束冷戰也不值得任何讚賞？顯然這還不夠。俄羅斯人之所以不喜歡戈巴契夫，是因為他沒做到中國共產黨至今仍在做的事：讓經濟平順地過渡到資本制度，並維持國家統一。

若要以「中國人的方式」改造國家，我們就需要一個不同的國家，裡面可能住的都是中國人。——戈巴契夫

中國將首要焦點放在經濟改革，將政治改革放在後線。戈巴契夫的做法完全相反，他未能廢除獨占企業、價格管制、私人財產限制與不可兌換貨幣。他的藉口是：「中國的經濟改革沒有遇到政黨官僚的抵制，蘇聯的職官名錄制度（nomenklatura）太強勢，過去多次改革都被他們阻止。」

戈巴契夫有三個偉大思想，不過你可能只聽過前面兩個：開放政策（glasnost）、改革重組（perestroika）與促進經濟（uskoreniye）。他應當強調第三點，而非第一點。他在一九八八年開始允許私有企業存在，但限制太多，時機也太遲，東歐的革命已經開始。如普丁所言，戈巴契夫造就了「二十世紀最大的地緣政治災難」。

到了最後，當初艾森豪提出的冷戰骨牌理論並沒有錯，只是方向相反。東歐革命將共產政權逐一推倒，拉丁美洲和非洲的共產骨牌也跟著倒下，連白俄羅斯、中國和越南的共產政府也被軟化，如今它們已成為準資本國家。最難能可貴的是這些骨牌跌得相對平靜，戈巴契夫應為此得到五項諾貝爾獎，他至少得到了一項。

上個世紀最有影響力的兩個人是列寧和戈巴契夫。雖然兩次世界大戰明確界定了二十世

紀，但它多數時間都繞著全球的共產實驗旋轉，而俄羅斯就是這個軸心。列寧開始了這個實驗，戈巴契夫終結了它。

共產主義的捍衛者會說：「可是共產時代的生活很棒啊，大家都有工作、食物、住宿、教育、安全和伏特加。」此話是沒錯，但這是建立於一個無法永續的體制。西方世界可以記取這點教訓，我們的生活也是入不敷出，當債務和薪資的負擔壓垮我們的經濟骨架後，我們也會被迫像一九九〇年代的東歐人一樣縮衣節食。當我們被迫採用較嚴峻的生活模式，人們將會抱怨：「可是這個新體制爛透了！以前的生活比較好！」當然，那是入不敷出的必然假象。

喀山：韃靼斯坦的首都

我的最大夢想之一就是站在歐洲的最東邊緣，於是我在重訪過聖彼得堡和莫斯科後就搭乘夜車向東前進。我在莫斯科東方八百公里的喀山（Kazan）停留，它是韃靼斯坦（Tatarstan）的美麗首都，位於窩瓦河畔，有一百一十萬名居民，其中大約一半是俄羅斯人，另一半是韃靼人。俄羅斯人多數住在市區，韃靼人則大多分布於市郊，他們講的是一種突厥語，使用西里爾字母，多數是穆斯林，有古銅色的皮膚和略微類似亞洲人的面部特徵。韃靼斯坦是俄羅斯的另一個隱蔽角落，西方人很少會去探索。

喀山在數年前才慶祝過它的千年紀念日，因此我仍能感受到千禧年的餘暉。潔白的克里姆林宮是個經過精雕細琢的世界文化遺產，包含多座精美建築，其中最亮眼的是嶄新的庫爾沙里夫清真寺（Qolşärif mosque）。這是全歐洲最大的清真寺（若不考慮伊斯坦堡），四座白色宣禮塔環繞著獨樹一幟的湛藍圓頂，內部則是一間關於伊斯蘭教的博物館。它也有可能是全歐洲最漂亮的清真寺。當喀山在二〇一八年舉辦世足賽的部分賽事，更多人也發現了它。

喀山還有許多優美古蹟，庫爾沙里夫清真寺是它最新的宗教建築，而幾步之外就是最古老的：十六世紀的聖母領報大教堂。這座純白色的教堂有四個藍色穹頂，圍繞著一個金色的大圓頂。喀山的著名地標蘇尤姆別卡塔（Söyembikä Tower）俯瞰堡壘入口，旁邊的雕像則刻劃蘇聯時期的勞動階層。市中心混雜各種新舊建築，例如古典的韃靼國家圖書館，以及玻璃金字塔造型的夜總會。高貴的國立大學前方站著一座看起來不像列寧的列寧雕像，那是年輕時候的他，因為他曾經在喀山研修法律。當天夜晚，我觀賞了一場馬戲團表演，演出者拉著狗和鸚鵡繞圈圈，叫馬學袋鼠跳躍，並到處拋擲蛇和鱷魚。我相信那些動物一定玩得很過癮。

恐怖的一九九〇年代

我們的故事再回到戈巴契夫，當他離開後，俄羅斯的寒冬隨之來臨，店家人去樓空。這個國家只剩兩個月的存糧，農夫拒絕以固定賤價賣出穀物，外債高達七百二十億元，外匯儲備則只剩兩千七百萬元。俄羅斯突然破產。

葉爾欽遵循了美國的建議，施行休克療法（shock therapy），撤銷對公司進出口貨物的限制，允許企業取得外幣，廢除價格管制。到了一九九〇年代中期，通膨率已暴增至百分之一千五百，盧布全面貶值，全國三分之二人民窮困潦倒，平均壽命隨之狂跌，軍隊沒有薪資、無家可歸。到了一九九八年，俄羅斯的國內生產總值已縮減將近一半；相較之下，美國在經濟大蕭條期間跌了百分之二十九。俄羅斯的生產總值終於在二〇〇七年回升到一九九〇年的水準，由此可見九〇年代對他們是何等煎熬。

俄羅斯人常把一九九〇年代的噩夢怪罪在葉爾欽和他的美國經濟顧問的頭上。抱怨是很簡單，沒有平行宇宙對照，我們永遠無法知道當時是否有比休克療法更好的選擇。無論如何，從共產過渡到資本的過程都難免會有幾番折騰，所有東歐國家都經歷過陣痛，其中一個極端是愛沙尼亞，其過程還算平順，但它在一九九二年也發生過大規模金融危機；另一個極端是南斯拉夫，它歷經的苦難遠超過俄羅斯。別忘了，當俄羅斯在一九二〇年代從君主制轉型為共產專制，它付出的代價也遠比一九九〇年代慘重：數百萬人餓死，全國也陷入內戰。當一個經濟總體面臨轉型，過程是絕不可能漂亮的。

話說回來，葉爾欽還是犯了一個難以原諒的錯誤，而且至今遺毒猶在：他沒有妥善處理財產私有化。古板而貪汙的程序讓菁英階層以低價壟斷國家企業，造就了俄羅斯的鍍金時代。一八八〇年代後期，美國的鍍金時代曾被寡頭富豪掌控：例如洛克斐勒的標準石油、卡內基的鋼鐵工業、摩根大通的銀行集團，以及范德比爾特（Vanderbilt）的鐵路。俄羅斯也有類似的寡頭經濟，但他們基本上是透過裙帶關係一夕致富，這使許多俄羅斯人憤恨不平，因為它將過去七十年來為追求經濟平等所付出的努力一筆勾銷。

共產制度在所得分配方面確實做得很好。我們之前就介紹過吉尼係數，它可以評估收入或財富分布，數字愈小就表示分配愈均衡。多數共產國家的分數都落在二十至二十五之間，不過東歐整體的係數在一九九〇年代已升至三十五。[7]根據世界銀行的數字，俄羅斯二〇一八年的吉尼係數是三十八，跟美國（四十）或不是那麼共產的中國（三十八）相去不遠。少數東歐國家有公正的私有化程序，因而得以維持相對低分。俄羅斯私有化的失敗和許多其他錯誤可以解釋葉爾欽的施政滿意度為何會跌至百分之一。

俄羅斯人為何看起來那麼暴躁？

我在莫斯科短暫停留期間，有位印度朋友說他很驚訝俄羅斯人的服務態度竟然如此惡

---

7 Branko Milanovic, "Explaining the Increase in Inequality During the Transition." Mimeo, World Bacnk Policy Research Department (Washington: World Bank, 1999).

劣，尤莉亞也承認這點。來自塞爾維亞的尼奈德曾在俄羅斯待過數週，他告訴我：「在服務業工作的俄羅斯人通常都很冷漠，我曾在那個圈子遇過最不友善的俄羅斯人。」

俄羅斯人也不是唯一冷漠無情的東歐人，我曾在烏克蘭詢問一對年輕男女：「Izvinite，vy govorite pa angliski?」（抱歉打擾，你們會說英語嗎？）那位男子頭也不回就咕噥了一句：「Shto?」（什麼）他們只顧著繼續走，完全沒有想幫忙的意思，即使周圍沒有其他人。數不盡的俄羅斯人曾經對我尖叫、視我如糞土，我原本以為他們歧視外國人，然而在觀察過一些本國顧客的遭遇之後，我發覺他們顯然對大家都一視同仁。

這是什麼緣故？俄羅斯人並非天生即如此，例如夜車上的孩童看到我都會嘻笑，沒錯，我是個美國怪胎，但他們見到我的反應是大笑，不是大哭。這個歡樂習性似乎在某個時間點就被抹煞了，而且不只是俄羅斯人，多數東歐人都是這樣。一九九〇年代的景氣低迷固然使許多俄羅斯人愁眉苦臉，但你不能把他們現在的壞脾氣歸咎於那段時期，因為他們在二〇二一年依然板著一副臭臉。當我說了一個蠢笑話，逗笑了另一名團員，俄羅斯導覽員就責罵他：「你不應該大笑，人生是很嚴肅的，你笑起來很像白癡。」現居於美國的伊蓮娜‧柯根（Elena Kogan）告訴我：「小時候，我如果大笑就會被母親罵，那種事在我家是被嚴格禁止的。她覺得那會代表妳是個『隨便的女人』，或者起碼是個『沒有教養的女人』。她說微笑無傷大雅，只要不太誇張就好。」

為了解釋東歐人的鬱悶，我在此提出「對陌生人最友善之理論」。有三項因素可以影響一個國家對顧客的服務態度，這也套用於我們平時對待陌生人的態度：

1. 人口密度：鄉下人通常都比城市人友善。
2. 跟赤道的距離：人們離赤道愈近就愈友善。
3. 共產主義：前共產國家都不如資本主義國家友善。

讓我們延伸討論最後一點。獨占企業不需要重視顧客服務，既然大家都必須向你買東西，何必故獻殷勤？在共產制度之下，這種壟斷性的企業比比皆是，大家自然都習慣耍大牌。史蒂芬妮·雷克羅斯曾在俄羅斯待過一個月，她說：「美國人認為自己既然花了錢就應該當大王，當他們在俄羅斯沒受到慣常的服侍，就會覺得很奇怪。俄羅斯的低劣服務品質是源自社會主義時代的陋習。」再加上多數前共產國家在一九九〇年代都過得很艱苦，這更是強化了他們的暴躁情緒。

經過數個世代的鬱鬱寡歡，習慣就很難更正，例如中國在準備二〇〇八年北京奧運時還得教國民如何微笑。二〇一〇年，俄羅斯總統梅德維傑夫（Dmitry Medvedev）也坦承他們應當學習如何以笑容面對世界，不應該「對任何人齜牙咧嘴、發怒、故作鬱悶或感到被冒犯。」

多數東歐人都不幸落在前述三項因素的彼端：他們住在城市，曾經是共產國家，而且離赤道相對遙遠（他們的冬天真是恐怖）。因此你若想找到一個志趣相投的東歐人，最佳機會就是在村莊裡。我的理論可以解釋巴爾幹南部人為何能談笑自若（他們離赤道近），而且芬蘭人對顧客為何能以禮相待（他們從未被捲入共產世界）。它也能解釋世界多數國家為何都比東歐愉悅。

當然有些東歐人也會說自己的國家有很多友善的人，西方人的「友善」是虛偽的，你不能以偏概全，而且我是個混蛋。在立陶宛遊客服務中心工作的英格告訴我：「如果立陶宛人沒有笑，那並不表示他們生氣或對你不好。當他們說『祝你玩得愉快』或露出微笑，那絕對是發自內心，不是假的。」此話沒錯，但當我是消費者時，我寧可看到一個假笑，而不是一個真誠的怒容。

俄羅斯畢竟是個充滿極端的世界，所以這個國家也不乏樂於助人者。我曾經在加里寧格勒的一個公車站詢問一位當地人是否會講英語，他搖頭後立刻說Padazhdite（等一下）。他用手機打給一位會說英語的朋友，將手機傳給我。我告訴他朋友說我想知道前往格但斯克的公車時間，經過翻譯後，他就向售票員詢問車班資訊，並將它抄給我看。等到共產時代的劣習完全消退，我的理論也會成為過去式。

史蒂芬妮說：「當我初識我的私人司機，他是我所見過最凶惡、開車技術最爛的駕駛，令我膽戰心驚。當我們在一個月後再次見面，他卻成為我在俄羅斯遇過最和藹慈祥的人，同時也是天下最謹慎的駕駛，一位平易近人、談笑風生的好友。」總之，東歐人需要一段時間暖身，但當他們真正熱起來時，他們就像那個第一次見面就假裝跟你很熟的美國人一樣友善又溫情。

親民極權主義

普丁的祖父擔任過列寧和史達林的廚師，也服侍過列寧的夫人。列寧曾說：「任何廚師都能治理這個國家。」如今一位廚師的孫子就在領導俄羅斯。西方媒體常把普丁形容成一個比較溫和的史達林，這樣說也有部分屬實。史達林喜歡徹夜觀賞好萊塢西部片，並強迫同志一起看。影片沒有字幕，他也聽不懂英文，但它們傳達的訊息很有啟發性：殺掉任何你不喜歡的人，縱使你必須追殺到天涯海角。史達林曾派人到墨西哥暗殺他的政敵托洛斯基，而普丁似乎也延續了這個傳統，許多挑戰過他的記者、商人和政客都曾被拷打、拘禁或暗殺。二〇二〇年的新聞自由指數將俄羅斯列在全球一百八十國中的第一百四十九名，東歐只有白俄羅斯分數更低。

如同史達林，普丁的政府也會扭曲歷史真相。俄羅斯國防部的網站曾宣稱二次大戰是波蘭引發的，因為他們挑釁了希特勒；俄羅斯的國家電視台也在同年指控波蘭跟納粹共謀對抗蘇聯。一位史學家因蒐集戰後德國人在勞改營消失的相關資料而遭到刑事調查。普丁封閉了二次大戰的檔案，將任何質疑官方歷史版本的意圖定為非法行為。你若試圖將史達林與希特勒相提並論，就可能會招來牢獄之災。你也不能暗示蘇聯曾經侵占東歐

普丁開啟了「親民極權主義」，他要求大型零售商與食品製造業者「自願」加入一個可以調高物價的協議，如果他們不自願加入，可能就會面臨嚴苛的查稅與罰款，甚至被迫歇業。政府有時也忽略私人財產權。普丁沒有把自己的政治哲學稱為親民極權主義，但他確實有說：「俄羅斯需要強力的政府領導，但我並非鼓吹極權主義。」

俄羅斯的媒體被控管得很嚴，反對黨到處受到壓制，選舉流程也曖昧不明，根據蓋洛普二〇二一年的報告，每五個俄羅斯人中只有一人對選舉誠信有信心。但儘管如此，俄羅斯人知道自己的生活品質在普丁的強勢領導下遠優於一九九〇年代的「民主」亂象，所以他們還是支持他，根據列瓦達中心的民調，普丁的施政滿意度從未低於百分之五十九。

批評者會說俄羅斯的經濟和政治不夠自由，但根據皮尤研究中心二〇一九年的報告，歐洲國家中只有俄羅斯有超過半數者不贊同多黨制和自由市場經濟。[8]此外，俄羅斯貪汙依然盛行。你若想完成一個計畫，就必須給予當地政府和設施回扣，市長通常都是都市發展計畫的主持人或受益人。許多企業都必須付一筆krysha（直譯為屋頂）給黑手黨作為「保護費」。根據二〇二〇年國際透明組織（Transparency International）的貪汙指數，俄羅斯在全

球一百九十八國中排第一百三十七名，遠低於其他歐洲國家。

我們經常會忘記民主制度最大的缺陷：尚未出生的嬰兒是不會投票的。我們宣稱很在乎自己的子孫，但我們並非以那種方式投票。如果二〇三〇年或二一三〇年出生的人今天可以投票，被選上的政客就會大筆削減社會安全福利、醫療保險和軍備預算，以免為後代留下巨大的預算赤字。如此有遠見的政治家不僅能保護自然環境，也能透過增收碳稅、提高油價來改善環境，他們甚至可以向兒童徵稅，鼓勵節育，好讓二一二〇年的人類擁有更多天然資源。有時候，一位開明懷柔的君主也可以做出比當今多數民主體制更睿智的決策，並不只是滿足選民的一時激情。俄羅斯人並不會天真到相信普丁是聖人，但有些人確實期許他能表現出獨裁者的智慧，而不是隨意迎合短視近利的群眾。

俄羅斯人並不認為西方世界的思想是最好的。負責主導財產私有化的阿納托利．丘拜斯（Anatoly Chubais）曾說：「我不相信俄羅斯會走上美國或法國的道路，我確信俄羅斯會找到自己的道路。」美國人以為天下只有一套正確的經濟和民主體制，正如俄羅斯小說家屠格涅夫（Ivan Turgenev）所言：「多數人根本不了解其他人擤鼻涕的動作為何跟自己不同。」

俄羅斯知道自己並不完美。梅德維傑夫坦承俄羅斯背負著「數世紀的經濟落後與貪汙腐

8 https://www.pewresearch.org/global/2019/10/15/european-public-opinion-three-decades-after-the-fall-of-communism/

敗」，抱持著「脆弱的民主」和「對原料的過度依賴」。他也承認：「我國社會充斥著父權主義的思維，例如堅信所有問題都應由政府解決，或是由別人解決，但絕對不是由當事人負責。我們的國人不習慣白手起家或按部就班達到個人成就。」俄羅斯是否能在一夕之間修正自己的問題？大家就給他們一個機會吧，況且美國最近是否也該照照鏡子？

伊熱夫斯克的美國教授

火車從喀山繼續朝東向烏拉山脈前進，途中經過伊熱夫斯克（Izhevsk），一個以製造AK-47突擊步槍出名的城市。我雖未在此停留，但米契爾教授曾與我分享他二〇一〇年去那邊工作的經驗，「伊熱夫斯克的外國遊客很少，《孤獨星球》根本沒提到它。外國人在蘇聯時期不能進入此地，他們大部分的軍備都是在此製造。」

我問他：「蘇聯解體對伊熱夫斯克有何影響？」

「很多工廠都關了，」他說，「除此之外，俄羅斯的溫室氣體排放量遠低於京都議定書（Kyoto Protocol）制定的標準，但不是因為它有使用可再生燃料，而是因為整個經濟在一九〇〇年後就萎縮了，那年恰好是那個國際協議的基準年。首當其衝的就是伊熱夫斯克，我們剛到那裡的時候，他們為我們安排城市導覽，我還向導覽員稱讚說煙囪都沒有冒黑煙，以為這是個模範環保城，後來我才發覺多數工廠都被廢棄了！」

「每團烏雲都含有一線希望啊。」

他繼續說：「由於伊熱夫斯克的景氣正處於低迷，我預期當地居民對我們會有些敵意。然而事實完全相反，我們獲得的招待是如此溫情，當時還真想跟莫斯科當局再拗一次簽證，讓我們能再回去。他們獻上各種小禮物和俄羅斯式的殷勤，而這些人並沒有多少錢，包括大學的教職人員在內。」

「給我一個例子。」

「學院很感激內人和我為他們做的一切，學生的英語能力很差，但他們在翻譯員的協助下也能跟我互動，那很棒。我從那次教學經驗得到的結論就是，伊熱夫斯克的居民已經有走一步算一步的心理準備，他們並不奢望世界會來敲門。」

「所以你學到什麼？」

「他們會勉強湊合自己現有的資源，雖然沒錢修理蘇聯時期遺留的倒塌房屋，但他們仍努力工作，試圖改善現狀，同時也維持樂天個性。他們已將其中一間廢棄工廠改建為汽車裝配廠。他們相信能以緩慢沉穩贏得勝利，對於已被消費者社會和及時行樂的人生哲學綁架的北美洲而言，這值得我們深思。那就是我從伊熱夫斯克帶回來的寶貴經驗。」

「你回到美國前也有經過莫斯科，你對它有何看法？」

「俄羅斯的總人口有大約一成住在莫斯科周圍，加上聖彼得堡，兩大都市已幾乎包辦全國一半的財富，剩下的部分就西方標準而言是很窮的。喀山的經濟狀況比伊熱夫斯克好，但我個人認為還稱不上繁榮。就許多方面來說，俄羅斯仍然算是個開發中的國家。」

「你覺得它已經脫去蘇聯的大衣了嗎？」

「我的感覺是，莫斯科政府還有很多蘇聯留下的官僚制度，現在已沒什麼用處，而且有些政府官員還是很容易受到賄賂。莫斯科就像任何大都市，步調很快，無論是大眾或私人交通系統都可能會超載而引發口角。我會說莫斯科人對你的態度並不會差於紐約人對非英語使用者，或是巴黎人對非法語使用者。」

住在義大利的俄羅斯人

伊熱夫斯克之後的下個主要停靠站是彼爾姆（Perm），這個城市有一百萬名居民，其中有不少比例是韃靼人。當我們抵達時，我想起了曾在威尼斯招待過我的蓮娜．阿克馬洛瓦（Lena Akhmarova），她在威尼斯機場的登機門工作。她提到以往在彼爾姆的生活：「我們面臨了一個無解的抉擇，如果我們不放棄共產主義，就會有很多錢，但沒東西可買；如果我們變成資本主義者，我們就會有很多東西可買，卻沒有錢。」

我問：「蘇聯時期的俄羅斯人和韃靼人如何？」

「韃靼人很努力工作，但俄羅斯人很懶，他們期待政府會把一切用盤子端上來：教育、工作、住宿和糧食。在蘇聯的統治下，沒有人能脫穎而出，連我們的學校都強調齊頭式的假平等，老師都在幫助程度最差的學生追上其他同學，這使程度好的學生感到無趣。我還是認為俄羅斯人需要一位強硬的獨裁者來領導。」

蓮娜和我相處得不錯，有時候她感覺就像一位你不想招惹的登機門人員，但當你跟她熟了之後，她就會放下戒備。蓮娜確實是一位來自烏拉山脈的典型俄羅斯女人：表面強悍，但內心溫和。她也承認這點：「俄羅斯人很強硬，但他們的心靈是善良的。你若求救，他們就會伸出援手。」

從威尼斯向東行駛兩小時，就會來到另一個位於亞得里亞海岸的義大利城市：第里雅斯特。我曾在前往斯洛維尼亞的途中在此停留，與伊果（Igor）和莉莉安娜・車諾瓦（Liliana Chernova）這對俄羅斯夫妻同住。他們年約三十歲，精通義大利語、英語、法語，也會講一些西班牙語。伊果是程式設計師，莉莉安娜專門研究語言。我問伊果：「在俄羅斯長大的感覺如何？」

伊果說：「在一九九〇年代長大的那些人很難搞，學生不是輟學就是沒努力工作，所以那是個沒受過教育的世代，但他們也很堅強，因為他們得想辦法生存。社會動亂能啟發人性最好與最壞的一面，俄羅斯經歷過的壞日子是如此之多，它創造了許多優秀人才和發明家。」

我問：「你認為俄羅斯人如何看待美國人？」

「就個人與經濟層面而言，美俄關係很好，莫斯科有許多大公司都是兩國合作設立的。但政治方面總是有問題，國內有很多民族主義者。法蘭西斯，你的偏深膚色也可能會使你在俄羅斯被攻擊。」他看著地面說，「這是俄羅斯最糟的一點。」

我問伊果：「所以你現在是義大利公民了嗎？你已經在這裡住了七年。」

「不，我以俄羅斯為榮，不需要義大利公民資格。」

我問莉莉安娜：「義大利人和俄羅斯人有何不同？」

「俄羅斯人很瘋狂，當他們決定做某件事，無論代價多高都一定會去做，他們很固執。義大利人的適應性較強，比較有彈性。俄羅斯人完全相反，他們永遠堅守原則。」

伊果大笑，「我們喜歡說義大利人是搞笑版的俄羅斯人，而俄羅斯人是悲劇版的義大利人。」

兩位斯洛維尼亞人在俄羅斯的經歷

我跨越了第里雅斯特與斯洛維尼亞之間的昔日鐵幕，在盧比安納結識了兩位正在攻讀俄羅斯語文學位的大學生。他們曾在莫斯科待過三個星期，在聖彼得堡待過四天。安娜・馬林謝克（Ana Marinšek）說：「俄羅斯令我欣賞之處同時也令我反感，起初我以為俄羅斯男人很講究禮節，他們會為你開門、替你付帳，然而男人還是將女人視為附屬物。他們雖然有禮貌，但也受制於傳統觀念，這點跟塞爾維亞人類似：他們內心有一股熱情，有強大的靈魂。我也發覺他們不像斯洛維尼亞人那麼勞碌命。」

我問安娜在大學研讀了五年俄羅斯文之後學到什麼，她喜愛他們對藝術的奉獻，正如艾略特（T.S. Elliot）以《荒原》（*The Waste Land*）史詩出名，普希金的名作《葉甫蓋尼・奧涅金》（*Yevgeniy Onegin*）在幽默中亦含深沉哲理。普希金在三十八歲就發覺筆誅或許勝於劍伐，但還是不敵子彈，他因意氣之爭而輸掉了一場決鬥。撰寫《當代英雄》（*A Hero of Our Time*）的文學奇才米哈伊爾・萊蒙托夫（Mikhail Lermontov）也遇到相同命運。

烏爾莎・韋德里（Urša Vidrih）說：「我愛托爾斯泰的詩情畫意，他對國家、同胞與單純人生的熱愛。《戰爭與和平》是一部曠世傑作。我欣賞托爾斯泰會用各種可能的角度看待某件事，讓讀者猜不出哪個是他本人的觀點，這真是太天才了。杜斯妥也夫斯基也是一位天才，他在《卡拉馬助夫兄弟們》中對上帝的質疑真是精采。」

美國人瑞克・狄龍已在烏克蘭定居二十年，之前也曾在聖彼得堡待過，他說：「就文化而言，俄羅斯和烏克蘭對藝術的認同都是發自內心，許多人都真心喜愛詩歌，尤其是在俄羅斯，在生日派對聽到某人起立吟詩是司空見慣之事。」

瑞克又補充：「俄羅斯的學校很重視文學和藝術，大家都知道那些古典文學作品，他們都讀過書和詩文，背過很多詩詞。他們很清楚自己的文化遺產，這點在美國肯定是缺乏的，試著隨便問個美國人：你們有哪些經典著作？我想多數人都會答不出來。他們或許會提到馬克．吐溫，有些人可能對海明威有印象，無論他們是否讀過《老人與海》。美國人其實不太清楚自己有哪些偉大作家或思想家，俄羅斯在這方面遠勝於我們。」

我問烏爾莎希望能將俄羅斯的哪部分引入斯洛維尼亞，她說：「我希望他們能分給我們一些民族榮耀，他們太驕傲了，應該分一些給我們。我也想要引入他們的地鐵系統，它大到可以涵蓋整個斯洛維尼亞！」

踏出歐洲，進入葉卡捷琳堡

橫越西伯利亞的火車緩緩駛出彼爾姆，前往東歐的邊際——烏拉山脈。數小時後，我們突破烏拉山脈，來到葉卡捷琳堡。這座人口一百四十萬的城市是俄羅斯的第四大城。當我走下火車，才驚覺自己已進入亞洲。

葉卡捷琳堡並不是個性感的城市，但它還是有幾個值得造訪的景點。哥德式的謝瓦斯季亞諾夫之屋（Sevastyanov's House）令人印象深刻，城市的水壩也形成了一個景色優美的人造湖。升天山（Voznesenskaya Gorka）上有個公園，裡面有個科林斯柱式的黃色古典建築。另外還有亞歷山大．波波夫（Alexander Stepanovich Popov）的雕像，他曾在葉卡捷琳堡就讀神學院，後來轉攻科學，在一八九五年發明史上第一台無線電接收器。當地市民為他們的第一座摩天大樓（三十層樓高的銀行大廈）感到很驕傲。事實上，從城市的天際線可以看到五台起重機，這似乎表示它正在擴建，但這其實是個假象。

俄羅斯的城市擴展掩蔽了整個國家自從蘇聯解體後就在縮水的事實，它在二〇二一年的總人口大約一億四千六百萬，根據聯合國預測，它在本世紀末將會少於一億一千萬，而阿富汗的人口將會在二一〇〇年追上俄羅斯，尼日將會超越它。目前阿富汗的總人口大約是俄羅斯的四分之一，尼日則只有六分之一，由此可見這個問題的嚴重性。

我參觀了一場大屠殺的遺址，諸聖教堂（Church of All Saints）紀念的就是這個血腥事件。時間是一九一八年七月十七日，沙皇尼古拉二世和他的家人被軟禁在葉卡捷琳堡，凌晨兩點，布爾什維克革命軍命令皇族和家僕起床，大家在衣服下面藏了一點三公斤重的鑽石與寶石，集體被帶到地窖。行刑隊進入了房間。四名女子逃過了第一波子彈，因為它們被寶石彈開；行刑者隨即用刺刀（或直接爆頭）解決他們。

革命軍不希望皇族的屍體被當作聖物供奉，於是他們就在附近的森林挖了一個深坑，把屍體扔進去放火燒掉，並在骨頭上潑硫酸，將它們溶解。雖然屍骨藏得很隱密，但他們被槍決的房屋仍成為人民朝聖之地，共產黨不喜歡這點，所以年輕的葉爾欽（他當時是該地區的共產黨領導人）在一九七七年下令將房屋摧毀。兩年之後，一位業餘考古學家在森林裡找到殘存的屍骨，為了避免遭受懲罰，他直到一九八九年才將此事公諸於世。最後專家終於透過

DNA分析證明它們是屬於皇族。

當年埋葬皇族的加尼納坑（Ganina Yama）現在有七間新的木製小禮堂，每間分別是為一名皇室成員建造，禮堂在綠瓦屋頂和黃金裝飾的襯托下，在森林裡顯得很漂亮。他們被埋的地方至今仍有個大坑洞，考古學家在二〇〇七年又找到兩具孩童的骨骸。諷刺的是，葉爾欽在一九九〇年批准在這個位置建造教堂，並在一九九八年給予死者正式葬禮。俄羅斯最高法院在二〇〇八年宣布恢復尼古拉二世和其家人的名譽，因為他們是政治迫害的受害者。現在的問題是，俄羅斯和西方世界是否能修復他們之間的關係？

俄羅斯的未來

我們很容易忘記這點，但美俄在八十年前其實交情不錯，我們雖不是莫逆之交，但至少相處得不錯。然後冷戰就來了，幸好沒有人按錯按鈕。蘇聯解體時，美國沒有像在二次大戰後協助德國和日本那樣幫助俄羅斯，當俄羅斯在一九九〇年代陷入水深火熱，美國只是在旁邊挖鼻孔。

九一一事件之後，俄羅斯支持美國提出的聯合國決議，也給予我們軍事支持，而美國的回報方式卻是協助北約向波羅的海擴展，取消反彈道飛彈條約，建立飛彈防禦系統，在俄羅斯隔壁設立永久軍事基地，不顧俄羅斯反對而攻打塞爾維亞和伊拉克。柯林頓和小布希錯過了一個建立友誼的大好機會，俄羅斯已伸出援手，我們卻把它拍開。

有些美國人認為普丁已經精神錯亂，但他們沒考慮過俄羅斯的立場。試想如果俄羅斯擁有全球最強大的海軍，能定時巡邏美國的東西海岸和墨西哥灣；試想俄羅斯從拉丁美洲到加勒比海域都設置軍事基地；然後再試想俄羅斯邀請加拿大共組國際軍事聯盟，加拿大總理也欣然同意，美國會坐視不理嗎？

自從蘇聯解體，俄羅斯就感到脖子上的繩結愈縮愈緊。俄羅斯早已聲明它不希望別人再侵犯自己的勢力範圍，美國和北約的回應則是從四面八方箝制它。當歐巴馬政府想要「重設」美俄關係，時機已經太遲，俄羅斯在二〇〇八年謊稱俄裔居民在喬治亞境內遭到「種族滅絕」，藉此併吞了阿布哈茲和南奧塞提亞。當烏克蘭向西方靠攏，普丁也用相同的冒牌理由吃下克里米亞和頓巴斯。我們不能因為美國的全面壓迫就原諒俄羅斯對鄰國的放肆侵略，但這或許能幫助你理解俄羅斯的心態，經過三十年的羞辱，俄羅斯終於爆發了。

二〇二二年即將進入尾聲，俄烏戰爭會如何收場仍是未知數，但可以確定的是普丁已經斷送了俄羅斯未來八十年的命運。俄羅斯大概可以贏得克里米亞和頓巴斯，但它已徹底失去鄰國曾經對它抱持的信任。俄羅斯的輸出產品有八成屬於生活日用品，它是全球最大的能源輸出國，但歐洲正在迅速採納再生能源和核能，脫離對俄羅斯能源的依賴，那將會削減俄羅斯的收入。雖然烏克蘭在檯面上會維持中立，它肯定會傾向歐盟，中亞各國只會更加不信任俄羅斯。普丁讓俄羅斯的面積增加了千分之三，但他愚蠢地毀了它的名聲。他想成為一位令人敬畏的沙皇，結果他只是個爛沙皇。

俄羅斯本來有機會成為二十一世紀的創新者，如今它將註定停留在冰雪版的奈及利亞。俄羅斯對科技研發的花費僅占國內生產總值百分之一點一。俄羅斯已投資數億元在莫斯科郊區建造斯科爾科沃創新中心（Skolkovo Innovation Center），這個迷你城市的俄文暱稱是Inograd，相當於俄羅斯的矽谷。陶氏化學、麻省理工學院和ＩＢＭ都已在此地投資，但它是否能創造下個臉書或特斯拉呢？

或許可以，但真正的挑戰並不在於執行研究，俄羅斯本來就有極佳的科學傳統（他們畢竟是首先進入太空），最困難的是如何將這些新技術推廣應用於他們的社會。它有許多優秀人才能做這些事，然而在接下來的十年，俄羅斯最重要的發明不會是一堆奈米科技、性感的小工具或推特的競爭者，反而可能是一些看似平淡無奇的技術，例如透過智慧管理減少廢棄物，如果他們能全面推廣那種創意，那將能點燃工業產能，進而加速俄羅斯的革新。看來這點很困難，雖然本世紀將會是俄羅斯的「失落世紀」，它在下個世紀將重返榮耀。

我認為到了二十二世紀，拜全球暖化之賜，俄羅斯將再度成為超級強權。美國地質調查局估計地球目前尚未開鑿的天然氣有七成是掩埋在俄羅斯的北極冰層之下——那是個寶藏。等氣候變暖之後，俄羅斯將不再只能種植馬鈴薯和穀類，它可以生產任何糧食，俄羅斯、加拿大、斯堪地那維亞、格陵蘭和阿拉斯加可以餵飽全世界。從寒帶轉為溫帶的俄羅斯將會吸引上億移民人潮，策略性的移民會將俄羅斯的人才外流變成人才大漲。

當北極不再結冰，俄羅斯的北部海港將帶來毫無拘束的海運航線，船隻經由北海從橫濱開到漢堡可以比蘇伊士運河的路徑減短百分之三十七。俄羅斯在北極圈有一堆你從未耳聞的海港：摩爾曼斯克（Murmansk）、阿爾漢格爾斯克（Arkhangelsk）、梅津（Mezen）、伯朝拉（Pechora）……。到了下個世紀，這些小村莊大多會成為閃耀的港都；未來五百年之內，俄羅斯可能會挖掘一條巨大運河，連通勒拿河（Lena River）與鄂霍次克海（Sea of Okhotsk），繞過白令海峽，省去數千里的海路，進而開拓西伯利亞。數十億的俄羅斯人將會殖民整個太陽系。

其他國家有一招可以防止俄羅斯和加拿大成為超級強權，他們可以吸掉大氣層中的二氧化碳，促使全球寒化；現今瑞士的Climeworks公司就正在這麼做。悲哀的是，他們可能會一心為了恢復「正常溫度」而過度操控氣候，超越自己的目標，使地球再度陷入冰河世紀，全球三分之一的地表將被冰封，數十億人也會餓死。在嘗到火熱星球的利益之後，俄羅斯和加拿大可能會結盟對抗全世界，那場世界大戰的最後贏家將決定把全球氣溫設定在幾度。

東歐的盡頭：一腳站在亞洲，一腳站在歐洲

雖然我很高興能來到葉卡捷琳堡，但我還沒完成夢想。我希望能站在東歐邊緣，亦即烏拉山脈的山脊。這是全世界最古老（兩億七千五百萬年）的山脈之一，從北到南延伸兩千五百公里。我們的火車已從山底快速通過，於是我就搭乘巴士折返，要求司機在一處山峰放我下車。當我跳下巴士時，眼前景象令我大吃一驚。

我知道烏拉山脈相對之下算是很低，它的最高峰納羅德納亞山（Mt. Narodnaya）海拔只有一八九四公尺，但在我的浪漫幻想中，我依舊想像自己會看到一排尖銳陡峭的山脊。然而我站立之處的坡度是如此柔軟平順，如果你稍微多喝了一點伏特加，你可能會以為它是扁平的。

從莫斯科坐火車來這裡需要十八個小時，俄羅斯實在浩大。當我走向歐亞大陸分界的紀念碑，我想起一些俄羅斯人在得知我要寫此章節時說的話，他們引述了費奧多爾．秋切夫（Fyodor Tyutchev）一八六六年的一句名言：

> 俄羅斯是無法單憑大腦理解的，沒有任何量尺可以顯示她的偉大，她將永遠獨樹一幟。對於俄羅斯，唯有信者恆信。

俄羅斯確實很難用頭腦消化，無論我多努力嘗試了解她，她真是異常深沉、神祕又複雜，你需要好幾輩子的時光才能完全理解她。不過我還是希望你會覺得自己已捕捉到東歐靈魂的一小部分，略微窺見「祖國俄羅斯」（Rossiya-Matushka）。

✣ 俄羅斯能教我們什麼

✣ **欣賞文學與藝術。**俄羅斯人對自己的文化遺產有深刻共鳴，他們會將飛機以作家命名。學習多數俄羅斯人，發覺古典文學、參觀博物館、閱讀詩文。

✣ **下棋。**俄羅斯生產的西洋棋冠軍比任何國家都多，這個遊戲可以發展智慧、銳化認知能力，遠勝過觀賞無腦電視節目或打電動。

✣ **善用地下道。**在俄羅斯的城市裡，那些車流量大的道路交口幾乎都沒有行人穿越道，行人必須走地下道。這有幾點好處，它可以減少交通壅塞，進而減低空氣汙染、節省汽油；它也能強迫行人多運動，在雨天提供遮蔽物，讓攤販和街頭藝人賺點錢。

✣ **別讓天氣影響你。**天氣是否會左右你的情緒？俄羅斯人似乎不會受天氣變化影響，當然他們也喜歡溫暖的夏季，但他們的大腦和火車無論如何還是照常運作。即使地球沸騰或結冰，俄羅斯還是會屹立不搖。

✣ **住在高樓裡**。俄羅斯的多數住宅都是高層公寓大樓，美國則只有一小部分。高樓對自然環境的衝擊比獨棟房舍低，它也能鼓勵社區團結和文化發展。

✣ **別緊張**。美國人簡直是嬰兒，任何事情都讓我們雞飛狗跳。一項蓋洛普訪查顯示美國人是全球壓力最大的國家之一，而俄羅斯是歐洲壓力最小的國家。當個俄羅斯人，別太介意那一絲不完美。

✣ **永不投降**。閱讀俄羅斯的歷史就像觀看一顆網球在洗衣機裡彈跳，他們經歷過許多苦難。跟美國不同的是，俄羅斯曾幾乎被外來勢力擊潰，瑞典、法國和德國都曾試圖刺穿它的心臟——莫斯科。俄羅斯承受過史上最慘烈的圍城戰役（列寧格勒）、大戰（史達林格勒）和侵略行動（巴巴羅薩），他們就是寧死不屈，甚至在內戰和經濟重創之後依然維持團結。俄羅斯人的兩大美德就是忠誠與決心。當你面臨困境，就想一下俄羅斯，保持堅強，繼續前進。

我在歐洲東方邊界的紀念碑上跳躍，一道粗白線劃過深色的大理石板，象徵歐亞交界。我眺望東方，依舊難以想像俄羅斯的浩瀚無垠；回顧西方，只見東歐一切盡收眼底。我雙腳分別踩在歐洲與亞洲，恰好跨過東歐邊緣。我笑了，我的夢想終於成真。

結語 旅行能教我們什麼

每當我請東歐人列舉他們能教我們什麼時，有些趣事就會發生。那些不假思索就回答「很多事情」的人往往無法想到任何具體例子，而那些回答「沒有任何事」的人終究卻能提出一些深刻見解。我花了七年寫這本書，問過無數次這個問題，雖然我已經為各國捕捉了最好的答案，但我還是想知道：有哪些特質是在多數東歐國家都能找到，但在西歐或世界其他地區很少出現？換言之，東歐究竟獨特在哪？到底有什麼事物可以象徵它？

這是個棘手的問題，因為如先前所見，東歐人普遍都會否認自己屬於東歐，因此他們會抗拒任何所謂的「地域共同點」。他們會爭論鐵幕是個武斷的人為界線，我們已經不能再用這種過時的地理分界；然而，即使柏林圍牆已是三十年前的歷史，它的陰影依舊殘存。無論是科學性的訪查或民間軼事都顯示東西之間有明顯的文化隔閡，當你一進入斯洛維尼亞、捷克、匈牙利或波蘭，許多訪查結果就開始偏離西歐人會給的典型答案。雖然愈往東走，東西之間的差異也會更加擴大，但東歐人之間的共同感是無法否認的，其中有些聯繫是正面的，有些則是負面。

十項共同缺點

讓我們回顧前文舉過的一些訪查，歸納出東歐明顯不如西歐之處。

一、**東歐人不相信自己活在一個任人唯才的體制下，西歐人則相信**。蓋洛普在二〇一八年訪問一百六十個國家：「貴國人民是否能藉由努力工作獲得升遷？」每十位烏克蘭人中只有四人回答「是」。值得注意的是，排行最後的三十國中有二十個是來自東歐，相反的，西歐國家的比率都在六成以上。

二、**跟西歐人相比，東歐人對移民的接受度較低**。蓋洛普二〇二一年的移民接受指數顯示所有西歐國家（比利時除外）都在五點九分以上，幾乎所有東歐國家（除了芬蘭和阿爾巴尼亞之外）都在五點六分以下，北馬其頓以一點五分在全球墊底。

三、**東歐人的飲酒量高居世界之冠**。根據世界衛生組織，全球人均飲酒量前十名的國家都來自東歐。

四、**東歐人遠比西歐人排斥同性戀者**。當蓋洛普詢問受訪者認為自己的社區是否適合同志族群居住，所有東歐人（芬蘭人除外）以肯定作答的比率都不到百分之五十三（波士尼亞只有百分之五）；相反的，西歐人的比率都在百分之六十九以上。鐵幕已成為同志屏幕。

五、**東歐人比較不滿意自己國家的醫療品質**。二〇二一年，西歐人（義大利人除外）對於國家醫療品質的滿意度都至少有三分之二，東歐國家則只有芬蘭、捷克和克羅埃西亞有如此高的滿意度。

六、東歐人比較不滿意自己的生活水平。幾乎所有東歐國家（除了芬蘭、捷克、波蘭以外）的滿意度都不到百分之七十七，而幾乎所有西歐國家（義大利除外）的滿意度都超過百分之七十七。

七、東歐不如西歐適合移民。二〇二一年，東歐只有俄羅斯、塞爾維亞和科索沃有至少百分之六十五認為自己的國家適合移民，所有西歐國家的比率都在百分之六十五以上。

八、東歐人較不常微笑或大笑。蓋洛普曾詢問全世界，你昨天是否多次微笑和大笑？西歐國家以肯定作答者都超過七成，東歐則普遍低於七成（除了芬蘭和克羅埃西亞）。

九、西歐人對自己的司法體系較有信心。多數西歐人（除了葡萄牙人和義大利人以外）都對自己國家的法庭有信心，多數東歐國家（除了芬蘭、捷克、匈牙利、愛沙尼亞、立陶宛）則沒信心。

十、東歐人很愛陰謀論。我沒有訪查數據可以證實這點，但就個人經驗而言，東歐人遠比西歐人容易天真地相信一些瘋狂的陰謀論。

有些東歐人會否認以上現象，他們會說：「這些調查有失偏頗，他們只是想要強化一個早已絕跡的刻板印象，新的東歐完全不是這樣！」或許吧。特例顯然不勝枚舉，況且東歐已逐漸拉近差距，比往年進步不少。

話說回來，這些訪查結果都是彙整各國人民的主觀意見，並不是某個躲在瑞士、戴著粗框眼鏡的宅男武斷指定的數字，這些是人民在自我反省的聲音，裡面的問題和研究方法都是中立的，通常只會有百分之三的誤差。你若還有疑慮，今天假設你找到一項可信的全球訪查，它顯示美國人遠比歐洲人有可能批評國人很沒誠意、很虛偽，而你自己聽到的軼事也支持這點，你會否認此證據，還是接納它？

五項共同優點

東歐人也共享了一些優點，不但能凸顯他們勝過西歐之處，更是超越世界多數國家。二十世紀期間，全球幾乎沒有任何地區比東歐受過更多苦難，他們經歷過法西斯主義、共產主義、貪汙、經濟亂象、外族入侵、饑荒、戰爭和種族屠殺，如今能復原到這個地步已堪稱奇蹟。說到這個就得提他們的最大優點：韌性。

一、**東歐人很堅韌**。東歐人是個堅忍不拔的超自然民族，共產主義、戰爭與寒冬塑造了他們刻苦耐勞的傳統，他們或許會呻吟或抱怨，但他們仍能以無懼的決心承受任何煎熬，克服任何挑戰。

二、**東歐的城市有很棒的行人徒步區**。歐洲最大的六個廣場都位於東歐，雖然西歐的城市也有不錯的徒步區，但由於東歐人擁有的汽車不如西歐人多，所以他們步行的機率較高。美國唯一的行人徒步區就在那些毫無靈魂的購物商場裡面，可惜我們沒有效仿東歐，將市中心大片區域隔離給行人專用。

三、**東歐人都會講究工作和生活平衡**。即使一個極端是勞碌命的斯洛維尼亞人，另一個極端則是慵懶的波士尼亞人，東歐人整體而言還是比美國人懂得平衡工作和娛樂。就這方面來說，東歐人跟西歐人類似，不過他們更接近悠閒的方向。

四、東歐人不像西歐人壓力那麼大。當蓋洛普詢問「你昨天是否感受到壓力？」俄羅斯是全歐洲最淡定的國家，每十人只有一人說有。大部分東歐人都比較沒壓力，麥可・德勒（Michael Derrer）是一位瑞士的顧問和翻譯員，他分享自己在東歐的工作經驗：「西方世界的完美主義要求持續改善現狀，就長久而言當然是好事，但東歐人較能應對不完美的情況，就短時間而言也對個人有助益。」

五、**東歐的人口縮減速度比世界任何地區都快**。人們經常把人口縮減形容成「問題」或「危機」，然而一個持續成長的人口才是註定會崩垮的龐氏騙局。雖然東歐人還沒學會如何正面推銷他們的消逝人口，但他們還是能向世界展示這些額外空間的巨大優勢。

當然，東歐除此之外還有其他共同優點。例如他們能維護傳統、專注於家庭、與國族歷史保持密切聯繫，而且很好客。不過這些並非只是東歐人的特點，全人類都有這些特性，而且東歐在這些方面並沒有領先全世界（但也不會輸給別人）。

麥可・德勒還觀察到另一個中性的共同連結，「東歐對傳統歐洲價值觀的重視是不可抹滅的，雖然我也很讚賞西方世界過去四十年來的自由化，但我們有時也該看看那些仍存在於東歐人民心中的古老理想。我指的是追求高階幸福、家庭成功和傳統兩性關係這些價值觀。」

總之，我們不應以東歐國家毫無共同點為理由而否認「東歐」這個詞的意義。如同本書所證明，東歐人確實很多元，但西歐人也很多元（拿葡萄牙與挪威相比就知道了），而我們並不會因此而忽視他們的共同點。東歐人也習慣用「西方世界」涵蓋美國和西歐，好像我們都是一樣的，此乃人之常情，因為人類除了各有差異之外，也有共同連結，而東歐也是如此。雖然東歐與西歐之間已經沒有實體障壁，它們之間仍存在著微薄但可偵測的文化與經濟區隔；是的，這個界線正不斷消退，但它尚未消失。

我們都站在岔路口

我在東歐經常聽到的一句話就是「我國占有重要戰略位置」。例如一位作者曾說：「匈牙利確實身處於歐洲最危險的位置之一，它恰好位於拉丁民族、條頓民族與斯拉夫民族三大勢力最覬覦的交叉點上。」[1]一位保加利亞作者則說：「許多重要的國際道路都通過保加利亞，連接北歐、東歐與地中海。」[2]一位塞爾維亞人在網站上哀怨：「塞爾維亞的運氣就是這麼差，正好位在道路中央，大家從東到西、從北到南都會經過它。」阿爾巴尼亞人、羅馬尼亞人和白俄羅斯人也都曾告訴我說他們位於某個「關鍵的岔路口」，連愛沙尼亞人都認為自己是宇宙中心。

那些認為自己的國家很特別、位於「戰略交叉點」的人都應該看看地球儀，不要只看平面地圖。把地球儀轉一下，任意指一個點，就會發現無論你指哪邊，周圍都有道路交叉，如果你正好住在那裡，你當然也會認為周遭的一切對於你的小圈圈都有某些重要性。即使是北極也具有戰略價值，從近年國際對於其領土與石油所有權的爭議即可證明。西歐人相信巴爾幹地區位於邊陲地帶，然而巴爾幹人卻認為自己才是世界中心，法國和西班牙是在偏遠地區。

當然，並非只有東歐人相信自己獨具地理優勢，全人類都有罪，因為我們打從小學就在研讀一堆把自己國家畫在正中央的平面地圖。無論是哪個時代，自己的國家永遠都在中央。比方說，當一位摩爾多瓦人在看國家地圖時，他只會注意到自己被夾在羅馬尼亞和烏克

---

1 Yves de Daruvar, *The Tragic Fate of Hungary: A Country Carved up Alive at Trianon* (Nemzetor and Alpha Publications, Second Edition, 1970), p.185.

2 Nadezhda Hristova, *Bulgaria: Geography, History, Culture* (Veliko Turnovo University Press, 2008) p.9.

蘭之間，再加上聶斯特河會流經他的國土，進入價值連城的黑海，他自然會下此結論：「難怪大家都從我們這塊寶貴的土地分一杯羹！」這種信念只不過是古人天動說的延伸版：「我是這個世界的中心，所以我居住的國家也是一切重量級事物的中心。」

當你住在一個大球體上時，說自己身處於某些東西的交叉點是毫無遠見的。假如我們的世界是個扁平的長方形或圓形，這種論點還會比較合理，因為住在中心附近的人就有足夠理由宣稱自己是位於利益衝突的交火線，住在邊緣附近的人則很難反駁。在此就得提起一個衝破大頭症的事實：我們的銀河系是個扁平的圓形（想像一個大飛盤），而我們的太陽系是位於其中一支螺旋臂的末端，離中心很遙遠。所以當我們終於加入銀河星際聯邦時，千萬別告訴那些長相滑稽的外星人說我們的太陽系是位於任何重要東西的「交叉點」，外星人只會大笑：「你這愚蠢的地球人，你們只是銀河邊疆的一個孤獨前哨，滾回鄉下去吧，鄉巴佬。」

答覆批評者

為求客觀，你必須反攻自己的邏輯和結論。這本書的初版有些共同負評，以下是我的答覆：

一、**有人說：「這本書製造（或強化）了人們對東歐的刻板印象。」**有些人討厭任何廣義泛論，無論是關於種族、性別、年齡或國籍。少數人會為了逃避被廣義化而將自己扭轉得比太陽馬戲團的藝人還要彎曲，例如我曾在巴塞隆納請俄羅斯朋友艾琳娜（她在西班牙住了四年）描述俄羅斯人與西班牙人之間的差異，她回答：「世界到處都有各種人。」

「對，我知道，」我說，「但俄羅斯人是否有任何比西班牙人更鮮明的特質？」

「沒有。」

「所以你的意思是他們基本上完全相同。」

「是的。」

「地球上有無任何人種跟俄羅斯人不同？還是我們都跟他們一樣？」

她感覺到被逼到牆角了，只好閃爍其詞：「我不確定。」

你不必親自去一趟俄羅斯和西班牙也猜得到她的回答都是胡扯。沒錯，「人都是人」，然而我們同時也知道，當我們繞著地球移動，顯著的差異就會浮現。我應該請艾琳娜比較莫斯科和聖彼得堡的居民（或是西班牙的巴斯克區和安達盧西亞區的居民），或許她就會大喊：「噢，他們完全不同！你不能拿他們做比較啊！」

東歐人希望能有個身分，他們已經厭倦老是被視為一個群體，問題是「身分」是什麼？它是一些廣義泛論的組合，有負面也有正面，而正如任何定型概念，它顯然也不能套用在所有人身上。我曾經遇過友善又禮貌的立陶宛售票員、穿著邋遢的拉脫維亞人、外向的愛沙尼亞人、完全不在乎特里亞農條約的匈牙利人、懶惰的斯洛維尼亞人、喜愛阿爾巴尼亞的蒙特內哥羅人、不喝酒的摩爾多瓦人，以及會講英語的俄羅斯人。我也遇過一些沒有槍的德州人、不認為自己住在宇宙中心的謙卑紐約客、知道蒙特內哥羅在哪裡的愛荷華州人，以及從未吸過大麻的加州人。

話說回來，當你試圖描述一個國家，就得尋找社會中的共同主題。一國人民就是因為共享各種有趣的習性，才能擁有「智人」以外的獨特身分，否認這些共同特質的存在就像否認特例的存在一樣可笑。

而且，探索不同等級的粒度也是一種樂趣。我們可以拉近視野，詢問塞爾維亞的北方人與南方人有何不同？華沙和弗茨瓦夫的波蘭人是否吃不同食物？聶斯特河右岸的摩爾多瓦人對於左岸的人有何看法？我們也可以拉遠視野，尋找跨國連結。波羅的海地區和巴爾幹地區相比有何差異？前蘇聯共和國之間是否還有共同點？最後再拉遠一點，詢問東歐各國之間有何共同特質。那些討厭廣義化的人可能會希望把鏡頭拉到月球，讓所有差異都消失，「瞧，人類和植物基本上是一樣的，我們都是生物啊！」這實在太無聊了。

外國人跟你的故鄉老友本來就不同，但光是這樣說並沒有深層意義，探索那些差異才能發人省思。這個「漫遊學習」系列的目標就是在回答這些問題，同時捕捉這個多元世界的每個角落的集體智慧與最佳經驗。

二、**有人說：「你不應該批評東歐人。」**批評另一個國家的文化是一件棘手的事。普希金曾經說：「我痛恨自己的祖國，但如果一位外國人也有同感，我會感到失望。」確實，這就像一位驕傲的父親告訴你：「我可以說我女兒是蕩婦，但不准你那樣叫她。」

儘管如此，許多東歐人仍會珍惜外界人士的觀點，正如我也喜歡聽東歐人在拜訪過美國後會說哪些好話或壞話。雖然我的任務是尋找東歐最好的一面，但我也不想粉飾其中的缺陷，描繪一個瑰麗的奇幻世界。幸好多數東歐人都願意承認自己的國家並不完美，他們也夠堅強，能接受中肯的批評。智者也會理解，當你觀察到另一個國家有瑕疵時，那並不代表你在宣稱自己的國家是完美的。

三、**有人說：「我直接跳到自己國家的章節，寫得真爛！」**有些東歐人會只讀序言、自己國家的章節和結語就直接下評斷，多數人對自己國家的相關言論都非常敏感，但他們還是能客觀閱讀其他章節。這是一本很厚的書，但請你試著多讀幾章再下定論。

四、**有人說：「你憑什麼給我的國家建議？滾回家吧，美國佬！」**雖然我有時會針對某個國家的困境提出解決方案，但我的意見不一定是最好的。我只是個好奇的外界人士，想法也可能是錯的。如果你不喜歡聽外國人的意見，就不要理我。

五、**有人說：「這本書是以美國為中心，甚至支持美國。」**這本書不是在炫耀美國有多棒，或是我們為何每件事都做得那麼成功，相反的，它是在警惕：「美國並沒有那麼好，讓我們回到虛心受教的傳統，重塑自我，以免因為傲慢自滿而崩潰。」當我們發覺自己也會做類似事情（或是在相同處境之外也會做類似事情），東歐人的行為就不會再那麼難以理解。

六、有人說：「對於思緒縝密、學識淵博的東歐人而言，這本書寫得太簡單。」我原本是為美國人寫這本書，當初也是假設他們無法在地圖上找到東歐，然而我在寫的時候卻發現西歐人對東歐的無知也出乎我所預料，很少有人去過那邊或對它有任何概念。最後我甚至發現東歐人也不太認識東歐！斯洛伐克人完全不知道摩爾多瓦，馬其頓人不知道拉脫維亞在哪裡，保加利亞人也從未聽過加里寧格勒。簡言之，這本書的書名其實很精確：東歐對許多人來說確實是野生未知之地……對所有人而言都是。

七、有人說：「這本書太膚淺。」是的，你可以為每個國家寫一部多冊的巨著，事實上已經有人寫過了。你也可以寫一篇期刊文章，簡介一個國家；有些詩人用一句話就能做出總結。當你要把二十五個國家塞入一本書，就必須有所取捨，如果你不喜歡這樣，就去讀那些多冊巨著。

八、有人說：「這本書不科學。」沒錯，這本書不是一項正式的民族誌研究，它只是我根據三年旅遊經驗歸納的個人觀點。你如果經歷過相似的旅程，你或許也會有不同結論。我不會假裝這本書的答案都正確或能代表絕對真理，雖然我已經盡力，但我相信自己還是會犯錯。東歐是個複雜的世界，那裡沒有好走的道路。

話說回來，許多東歐人也評論過這本書，尤其是針對他們的國家章節。他們的回饋使我得以修正一些細節，多數人都說我成功捕捉了他們的國家靈魂與現實。有些批評確實有道理，有些則是故意找碴。

> 世人所謂成功，其背後邏輯是建立於一個謬論：我們心目中的完美是依據他人之想法、意見與掌聲而來。——湯瑪斯．梅頓（Thomas Merton）

東歐讓我印象最深刻的一堂課

當瑪玉和我一起拜訪義大利時，這幅景象深深困擾了她：一面紅旗上畫著鐵鎚和鐮刀，也就是蘇聯的旗幟，它曾經遍布於她的祖國愛沙尼亞。當時它在波隆那主廣場到處飄揚，因為義大利的共產黨正在造勢。我想聽聽他們的意見，問題是那裡很難找到一位會講外語的年輕義大利人（瑪玉和我加起來會講七國語言，但多數義大利人都只會講自己的語言），最後我終於找到兩個英語程度夠好的男生，其中一位驕傲地宣示：「我是史達林主義者。」

瑪玉露出尷尬的神情。拜史達林之賜，愛沙尼亞被侵占了四十五年；拜史達林之賜，數百萬名東歐人活活餓死；拜史達林之賜，瑪玉的祖父母曾被送到西伯利亞的勞改營。這位完全在狀況外的義大利人就像那些在二十世紀捍衛共產主義的美國人和西歐人，他們多數只是患了「這山望著那山高」的症候群——鐵幕另一邊的能見度很低，有些人總是相信共產主義比資本主義好。然而當鐵幕崩潰之後，我們就發現共產主義其實比較接近反烏托邦，而非烏托邦，世界各地的共產啦啦隊也安靜地收起了保麗龍製的「我們是第一」標誌。

共產實驗的失敗或許是我們能從東歐學到的最重要的一堂課，雖然共產主義仍有些懷舊粉絲，但當他們在激情之餘冷靜反思，即使是這些偏激分子也通常會承認他們並不想回到那個年代。東歐的經驗告訴我們：極權政體或許可以滿足人們的基本需求，但弊大於利。東歐已經證明一個緊密控制的經濟體系是無法永續發展的，不幸的是，從義大利共產黨的造勢活動可以看出有些人已經忘記這個教訓。

資本主義很容易批評，它就像大自然，通常都是殘酷無情。儘管如此，自由市場通常會比高度控制的市場產生更好的結果，凡是六十五歲以下的東歐人都很少會想回到共產時代，即使他們會懷念當年的某些事物。在此釋義邱吉爾的名言：「自由市場很爛，但共產主義更爛。」

> 在這充滿罪惡與災難的世界上，人類已嘗試過各種形式的政府體制，也將繼續嘗試下去。沒有人會欺騙自己說民主是無懈可擊或全然民智。事實上，曾經也有人批評民主是最壞的一種政府體制，除了那些已被嘗試過、比它更壞的制度。——邱吉爾

移民是國家強大的關鍵

達爾文的《物種起源》介紹了適者生存的觀念。雖然達爾文把焦點放在生物學，但相同的原則亦可應用在人類思想。生物學家理查・道金斯（Richard Dawkins）曾說：「思想沒有基因，有迷因（meme）。」當思想自由流動，最好的迷因往往都會升到頂層，你如果壓抑這些迷因，國家的競爭力和生活水平就會下滑。美國必須接受東歐的迷因（以及基因），才能維持活力。這本書充滿著東歐迷因，所以請各位散播它們。

自古以來，最強的國家總是擁有最佳科技。美國的科技也應歸功於許多來自東歐的傑出頭腦，英特爾的創始者是匈牙利人，它的首位投資者是一名俄羅斯移民的兒子，Google共同創辦人的雙親都是俄羅斯人，一位保加利亞裔美國人發明了數位手錶，四位愛沙尼亞人設計了Skype，許多諾貝爾獎得主都是東歐移民或他們的直系後代。這些東歐移民不知為美國創造了多少高薪工作？

東歐人可以在美國大學拿到高學歷，但拿了就回家，因為我們不給他們工作簽證。外國人平均會拿到全美百分之四十的科學和工程學位、百分之六十五的電腦科學學位，這個故事在碩博士階段後會更加戲劇化，全美的博士學位有一半是由外國人獲得，科學方面的比例更是高達百分之七十五。移民申請的專利件數比本土公民多三倍，矽谷有一半的科技新創是由移民創立，其中有大約百分之二十五的公司執行長或技術長也都由移民包辦。

移民是最好的交易。人類從出生到成年這段時間都是個拖累，兒女必須從父母身上吸走多年光陰，學習如何走路、守禮和撞車。小孩必須吃食物、消耗能量、接受教育，而他們唯一能製造的就是個過於昂貴的檸檬汁攤位。從純粹經濟角度來看，小孩是寄生蟲，必須為他們投資二十二年，他們才會有產能；在此之後，這個投資來源仍會繼續生產，直到它老到不能動，又像小孩一樣開始吸取資源，不過有些人還是持續回饋社會，直到往生。這是以毫無情感的方式分析人生，但社會的經濟機器就是如此運轉。

移民很棒，因為他們來的時候已經完全成熟，通常都已接受過完整教育，隨時可以上工。我們的社會很幸運地接收了一棵大果樹的果實，而且我們不必看著它從種子長大成熟。移民通常都充滿熱誠，像屁股著火般努力工作，就算他們無法開創企業或工作機會，他們也會為公司賣命。他們通常會生一些小孩，這些小孩會成為標準的美國人，可能不會講父母的語言，但依然遺傳到父母的敬業精神。最後，這些移民退休後會做什麼？回家。他們年復一年向美國政府繳稅之後，終於圓夢，在故鄉買了一間豪宅，如同貴族般安享天年，同時也為我們省去了安養費用。如果他們決定留在美國，大家也會歡迎——他們畢生為美國奉獻，照理應該獲得美國社會所能提供的微薄退休金。

受過高等教育的移民是如此可貴，我們應該遵循單一政策：只要你有科技相關學位或任何博碩士學位，你就能自動拿到美國工作簽證。如果這些移民具有創業精神，他們能製造的工作機會就會比占去的多。如果美國的排外主義者要求對移民施加限制，那至少也該為東歐人網開一面，我們到底在怕什麼？有多少斯拉夫恐怖分子攻擊過我們？有多少東歐移民會拒絕學英語？他們成為罪犯或勤奮工作的納稅人的相對比率有多高？當美國對世界敞開大門，才是國力最強盛的時候。讓我們再次敞開大門。

東歐的未來

共產主義的陰魂已經消逝，現在烏克蘭和俄羅斯都深具潛力，波羅的海三國已經承襲到北歐的聰明習慣和投資市場，巴爾幹地區的惡魔已經撤退，中歐正持續融入歐盟和歐元區，亞得里亞海岸已成為新的蔚藍海岸。

隨著東歐的轉型，歐盟也會跟著轉變。歐盟在上個世紀完全是西歐的專屬俱樂部，到了二〇二一年，二十七個會員國有將近半數是來自東歐。北約已將阿爾巴尼亞、克羅埃西亞和土耳其納入自己的防線。在某個時間點，「歐洲」這個詞將不僅代表西歐。說到字詞，東歐人不應再閃躲東歐的標籤，反而應當擁抱它。數百年前，「北美洲」代表的曾是被歐洲淘汰的廢物，但美國人並沒有否認自己屬於北美，他們重塑了自己的形象，現在它是「自由的國度，肥胖的大本營」。

同理，東歐人也不該浪費時間爭論自己是來自中歐、北歐、南歐或西歐，而是應該重新定義東歐，這有部分要靠行銷，有部分要靠實力。照過去東歐克服的各種挑戰看來，這已算是相對簡單。東歐是全歐洲最令人振奮、改變最迅速的地區，隨著西歐人口逐漸老化，東歐則擁有歐洲最年輕的國家——科索沃，國民平均年齡是二十九歲。東歐的程式設計師翻新資訊科技的速度比西歐人啟動電腦的動作還快。讓我們把「東歐」蘊含的貶義轉向正面，畢竟它的未來從未如此光明。

返鄉

在連續三年未觸碰美國的土地之後，我終於回家了。重新適應美國的感覺很怪，例如再度能夠識字的感覺就有點怪；多年來，我都生活在二十種陌生的語言之間，很少能遇到會講英語、法語或西班牙語的人，然而每當我遇到這種人，他們都向我保證類似的人很多。如今回到美國，當巴士司機質問我為何沒有付正確的票價，我已經無法再裝傻。

現在人們都用正常聲音對我講話，感覺也有點怪。當東歐人無法與我溝通，他們通常都會提高嗓門，以為這樣就能幫助我了解。例如斯洛維尼亞人可能會對我說：「Počisti wc, ko se poserješ.」（上完大號要把馬桶清乾淨。）

「抱歉，我不懂。」我會如此回答。

「POČISTI WC, KO SE POSERJEŠ!!!!」

「喔好，謝謝你對我尖叫，我現在完全懂了。」

雖然我現在更了解全世界，但有時卻很難跟上美國的飛快步調。高效率的顧客服務固然令人耳目一新，但這種趕鴨子上架的節奏會讓我喘不過氣。重新擁有手機的感覺也很奇怪，我在過去三年多數時間都接不到電話，很喜歡這種不受干擾的生活，我通常一週才收一次電郵，沒有電視也沒有收音機。很少有東歐人會過得這麼原始，但這迫使我與人面對面互動，並專心寫作。如今我回到舊金山，電話就響個不停，網路之毒也不斷誘惑。

當加州人談到天氣很熱，而我突然說：「是啊，應該有三十度！」人們就會對我投以異樣眼光。從偉大的公制系統轉換成複雜的英制真是煩人，但我也很高興能坐在美式馬桶上面：每次上完大號不必清馬桶也挺好的。儘管如此，我會永遠懷念那次在北極圈附近的芬蘭廁所破門而出的爆笑經驗。

我想念東歐。我想念芬蘭的自行車道，我想念愛沙尼亞的科技，我想念在拉脫維亞採菇，我想念對著立陶宛美女流口水，我想念在白俄羅斯探險，我想念與波蘭人討論歷史，我想念東德的組織化，我想念捷克的浪漫城市，我想念斯洛伐克的高山，我想念與匈牙利人激辯，我想念斯洛維尼亞的眾多朋友，我想念在克羅埃西亞的海濱小屋寫這本書、觀賞美景，我想念塞爾維亞的黑色幽默，我想念波士尼亞的薄餅，我想念蒙特內哥羅的科托古城，我想念阿爾巴尼亞人的友善，我想念科索沃的年輕朝氣，我想念在北馬其頓教學生，我想念希臘塞薩洛尼基的四位瘋狂室友，我想念土耳其的海岸線，我想念保加利亞的圖金查村莊，我想念羅馬尼亞的語言，我想念摩爾多瓦的謙卑，我想念烏克蘭的東正教堂，我想念俄羅斯的浩瀚無垠。我也會說我想念安娜，但我們經歷過的一切將永遠連結我們。

契訶夫曾說：「知識要實際運用才有價值。」當你回顧這本書時，不妨反省自己的人生。太多人像行屍走肉般過日子，他們表現得像機器人，無腦地複製同儕團體做的任何事情。有些人如此生活，因為他們由衷深愛這種人生，願上帝祝福他們。然而很多人則是睡著在駕駛座上。

你若自覺陷入這種迴圈，就應當去旅遊。事實上，每當你感到自己受困於人生的某個死胡同，就應該出門走走。當你漫遊到一個新地方，你的大腦就會被刺激而開放，接收新的想法，創造新的神經突觸。三年的旅程是很極端，所以如果你拿不出勇氣或金錢，或是現實拘束太多，就先從自家附近的一個陌生區域開始，閒逛三個小時，與人互動，觀察周遭事物，捫心自問：「我能從這個新環境學到什麼？」

先累積些經驗，當你下回需要自我省思時，再走更遠、走更久。這將有助於你了解人生中的曲折謎題，解開棘手的兩難局面。旅遊能給予你其他娛樂活動無法取代的透澈視野，旅遊是世界上最好的大學和催化劑，一趟旅程的價值等同一間圖書館。

其他人則可能會面臨不同的挑戰，他們熱愛旅遊，卻力有未逮。如果你也有類似問題，就應該檢視自己的生活方式。多數人都擁有太多身外之物，不經大腦思考就亂花錢，被自認為需要的玩具奴役。

試著過得單純一點、節儉一點。我的第一本書《走你自己的路：跨美背包健行的七堂人生之課》的第二章對此有提供一些建議，好消息是，你上我的網站就能免費閱讀它。

我希望你多旅行，涉獵你平常不會考慮嘗試的奇異領域，學習一個新語言，認識當地人。希望這本書已經啟發你邁出第一步。

繼東歐之後，我踏上了一段更富野心的旅程。我從二〇一三到二〇一八年連續走遍非洲五十四國，試圖攀登每個國家的最高峰。「漫遊學習」系列的第三本書《未知的非洲》（*The Unseen Africa*）將會記載那些故事。我計畫在二〇二〇年代拜訪亞洲所有國家，之後再挑戰大洋洲和少數零星國。我在地球上的時間已經剩不多了，所以我得趕快出發，你也應當如此。

附錄一　美國人能教歐洲人什麼

我走遍東歐，問過許多人：「你的國家能教美國什麼？」並將他們的卓越建議記錄在這本書裡。在此過程中，歐洲人也常會直言告訴我他們對美國人的看法，由於我算是半個歐洲人，沒有美國血統（我的父親是法國人，母親是智利人），這點可能使他們較能暢所欲言。我常在西歐聽到類似的批評。顯然美國人也能教歐洲人幾件事。

歐洲人對美國人的不滿可分為五大主題。第一，他們會批評美國的外交政策，說我們好戰又崇尚帝國主義；第二，許多歐洲人都相信中情局在幕後操控一切；最後三點則是美國人很虛偽、無知、缺乏文化素養。以上五點都有部分屬實，事實上我在這本書裡也常拿它們開玩笑，但我們在此還是準備好航空母艦和幽靈轟炸機，炸飛關於美國人的五大批評。

一、美國的外交政策

歐洲人說：「美國是帝國主義者，它專門發動戰爭，中情局無孔不入。」沒錯，千真萬確，美國的外交政策確實具侵略性。然而讓我們更深入了解這點，首先我們必須知道，不管在歷史的哪個時間點，世界都會至少有一個超級強權或帝國，這是無可避免的。有些人或許會埋怨：「可是為什麼任何時候都必須由一方獨霸？為何大家不能一樣強？」你不需要是馬基維利也能看出這種問題是多麼天真無知。簡短的答案是：強弱是相對的，所以只要是相對比其他國家強的國家就是當下的超級強權。接受事實吧，就像你接受這個星球有地心引力。

世界見證過許多帝國的興衰：埃及、希臘、羅馬、蒙古、鄂圖曼、波斯、拿破崙的法國、奧匈、俄羅斯與蘇聯、日本、普魯士與德國、丹麥、西班牙、葡萄牙、英國，甚至包括那些瘋狂的維京人。但以上那些帝國都不曾比美國更溫和、更沒有控制欲。

比方說，昔日帝國會蹂躪吞噬它們征服的領域。當羅馬侵占新的領土，那塊土地就成為羅馬帝國的一部分；當西班牙、英國、法國與荷蘭征服新世界，那些地方也成為它們底下的行政區。然而當美國制伏另一個國家時，它不會將對方納為自己的第五十一州，強迫該國人民學英語或使用美元。舉二次大戰為例，美國在協助歐洲重獲自由後並未試圖把任何西歐國家納入旗下，不像俄羅斯將東歐和中亞納入蘇聯，成為十四個蘇聯共和國以及諸多東方集團衛星國。

美國採取的途徑遠比其他人溫和，它把那些國家都還給了原本所屬的人民。過去的帝國肯定會把伊拉克變成自己的第五十一州，但美國沒這麼做。雖然美國曾在二十世紀派軍入駐一些中美與加勒比海國家，但它從未將任何區域變成自己的一個州，即使它可以輕易如此。二次大戰之後，它控制了太平洋的關島，繼續經營這個小島上的軍事基地（當初是為了對抗納粹德國和日本而設置），但美國沒有把關島納為第五十一州。簡言之，過去其他帝國總是直接擴展領土，通常會將自己的政府、語言、貨幣和文化強行加諸於對方，而美國自從二十世紀之後就非常節制。

是的，美國在早期也表現得像多數帝國，但過去七十年是它最強盛的時期，而它自從一九五九年後就未再新增任何州。有些人會說那是因為這個時代已無法接受明目張膽的帝國擴建，然而俄羅斯在二次大戰後就將許多國家納入旗下，那也不是多久之前。

昔日帝國只要有能力擴展，就會不斷擴張。拿破崙、希特勒和成吉思汗征服了周圍地域，因為他們有此能力。對美國而言，征服加拿大、中美或幾個加勒比海島嶼難道不是輕而易舉之事？確實，只不過是一百五十年前，美軍就邁入墨西哥的首都，強行制伏了墨西哥人，但他們並沒有把整個墨西哥切分為美國的州（過去其他帝國建造者都會這麼做），美國只收購了雙方爭奪的邊境領土，承擔了墨西哥虧欠自己的所有債務。這跟那些歐洲人有很大不同，他們不僅免費強取領土，還強迫敗方賠款。

再者，以前的皇帝絕不會讓像加拿大這麼可口的獵物坐在那邊，他們會捏造某個虛假的戰爭來集結美國人民，聲稱我們必須吞併加拿大，才能跟阿拉斯加結合，形成一個連續的大帝國。這就像德國在二戰之前吸收了奧地利，如果美國吸收加拿大，就能超越俄羅斯成為世界第一大國，這對任何帝國建造者都是難以抗拒的誘惑，然而我們不僅善待加拿大人，還讓他們在冰上曲棍球場擊敗我們。

更重要的是，美國人確實會透過經濟和強勢外交執行帝國主義式的霸權。美國或許不擁有墨西哥或加拿大，但那些國家（以及許多其他國家）經常必須遷就美國。話說回來，哪個國家不會想要利用權勢？假如斯洛伐克或立陶宛真的想為人民爭取利益，只要逮到機會，難道它就不會向別人施壓？政府都是為人民（至少是為自己的政客）服務的，那是他們的工作，如果一個政府能幫有錢人變得更有錢、幫窮人找工作、幫企業打進新市場、幫經濟成長或提升生活水平，它肯定會無所不用其極，若不這麼做才奇怪，所以美國會為了達到目的而搞小動作是完全正常的。然而跟昔日帝國相比，美國的手段遠不如它們殘酷。當你看見美國向別人施壓，不妨捫心自問：換作是希特勒、史達林、拿破崙、成吉思汗、凱撒或是法老王，他們會怎麼做？你會更喜歡那樣嗎？

歐洲人很少察覺到這點，在人類史上眾多帝國之中，美帝已經算是最溫和、下手最輕的。有朝一日他們可能就會發覺，就像任何帝國，美帝總有一天也會衰弱而淡去，老大自然得換人當。或許新的帝國會是中國或俄羅斯，無論是誰，到時候世界上多數人一定又會開始懷念美帝：「你知道，那些該死的美國人或許是帝國主義混蛋，但他們還是比現在的老大好太多了。」

二、中情局

我遇到幾個以為我是為中情局工作的東歐人，他們質問：「如果不是，你怎麼會在阿爾巴尼亞？」東歐人把中情局想得太神通廣大了，實在是誇張到好笑。一位斯洛維尼亞人曾告訴我說最近的「詭異」天氣是因為中情局正在附近測試武器、操控天候。如果有個小有名氣的人突然無預警死亡，他就是被中情局暗殺的。中情局操控所有選舉，但如果一位反美的候選人贏了？那是因為中情局故意放水，好讓他們有理由侵占這個國家，或是這正好是他們稱霸世界的偉大計畫中的某個環節。一位保加利亞人曾告訴我說光明會和中情局正在控制歐巴馬和所有世界領袖，他向我擔保中情局在幕後操控一切，包括你今天吃的早餐。

幻想中情局能控制宇宙固然很有趣，但我們在此先暫停吸大麻一分鐘。中情局其實很無知，連自家鑰匙都經常找不到。中情局能控制的事情很少，它連自己的房屋要刷哪種油漆都無法選擇。它只不過是另一個笨手笨腳、毫無效率的官僚組織，自己的右手都不知道左手在做什麼。這些白癡連像卡斯楚這樣的一個鄰海小島領導人都暗殺不了，他們是何等無能？

中情局偶爾會突然變聰明，但通常都是無知又無能。不幸的是，我無法向一個對陰謀論堅信不疑的人證明這點，所以我不會嘗試。一部分的我甚至希望保存中情局的神話，如果其他國家都相信中情局是無所不知、無所不能，他們就會不敢攻打美國，他們會說：「或許中情局就是希望我們攻打美國！」他們會質疑自己的所有行為，不敢挑戰神通廣大的中情局。因此，如果我無法說服你，那很好，請繼續相信中情局躲在你的床下，因為它可能真的是。

三、美式笑容

歐洲人經常批評「美式笑容」，他們說美國人很虛偽，因為我們常常皮笑肉不笑。美國人會假裝很高興見到你，實際上卻口是心非，一位客服人員可以笑嘻嘻地對你說：「嗨！我能幫你什麼？」而她內心深處其實是個凶狠的潑婦。

東歐人似乎認為擺個臭臉就代表他們比較優越，坦白說，我寧願看到一個虛假的笑容，也不願看到一個真誠的怒容。或許這是自欺欺人，但我不在乎，這種感覺就是比較好。當我們可以選擇笑或皺眉，為什麼要選擇愁眉苦臉？服務生和櫃檯接待員也有此選擇，何不面帶笑容？

有些人可能會說這不是單純的二選一，還有第三個選項，那就是歐洲人的做法，也就是面無表情。歐洲人宣稱這是最真誠的，「店員明明不認識你，為何要對你笑？那是不誠實的，」他們會如此爭論，「不如保持表情中立。」

照一下鏡子，擺出最中立的面相。試想有人剛走進你的商店，而你臉上掛的是那種表情，顧客會如何想？那看起來會有點冷淡、遙遠、不友善又難以接近。顯然愁眉苦臉更糟，但面無表情也會令人不愉快。

如果客服人員一旦發現你不是來強暴他們的女兒，臉就會立刻亮起來，那還無傷大雅，問題是他們並不會這樣。即使當你露出笑容，試圖表現友善，他們通常在整個交易過程還是擺著那張撲克臉。在東歐，他們有時還會變本加厲，只因為你嘗試溝通就失去耐性，這種經驗令人很不愉快，感覺很無情。

東歐人會嘗試另一個論點：「好吧，我們起初是有點冷漠，但終究還是會暖起來，到時候就會跟你成為莫逆之交。」那又怎樣？你想要一個獎牌嗎？我有大新聞：美國人也可以當一輩子的好友，正如任何人類，我們需要時間培養感情才能走到那一步，差別是我們不會拿這當藉口在一開始擺臭架子。

而且美式笑容並沒有表面上那麼虛偽，有很多美國人是真的快樂才笑，美國人的民族性很樂觀，他們通常都願意給陌生人機會。雖然憤世嫉俗者大有人在，但在一對一互動的情況下，美國人通常會預設對方是好人，因此他們的笑容是真正發自內心。

我當然有文化偏見，因為我是來自這個充滿笑容的國度。然而美國並沒有壟斷全世界的笑容，多數來自亞洲、南美洲、非洲和中東的民族都習慣面帶笑容，他們的服務人員通常都讓人感到溫暖。換句話說，就全球標準而言，美國人並不因為笑太多而顯得奇怪，東歐人才因為笑太少而顯得奇怪。

四、美國人的無知

美國人常被批評缺乏地理和文化常識，讓我們先從地理來看。一個斯洛伐克人常會自認為聰明，因為他可以至少列舉鄰近的十個國家，說明那些地區最近發生過什麼事。他說美國人很笨，因為他們無法做到這點。

人類都會特別注意自己的周遭地區，對現代人而言，這個知識範圍的平均半徑大概是五百公里。這代表一個內布拉斯加州人能記得周圍十個州的名字，一個比利時人則能認出周圍十個國家，這個範圍涵蓋的地理知識基本上是相等的，歐洲和美國面積差不多大。雖然一個內布拉斯加州人無法在地圖上指出比利時，一個比利時人也無法在地圖上指出堪薩斯州，而且他們也都找不到多哥或柬埔寨。人類通常都對超出其地理知識半徑的任何事物一無所知。

對於時事的認知也是相同道理。內布拉斯加州人會知道愛荷華州、密蘇里州、印第安那州最近發生的事，他也可能會注意到加州；同理，比利時人對盧森堡、丹麥、德國的局勢多少都會有概念，也許還能延伸到希臘。這些地區之間的距離都大致相同，唯一差別是前者跨越州界，後者跨越的則是國界。美國人當然不會知道那些歐洲國家的時事，正如歐洲人不會知道那些美國州的時事；美國人不會知道羅馬尼亞的水災，羅馬尼亞人也不會知道奧克拉荷馬州的龍捲風。

儘管如此，歐洲人依然堅稱美國人對世界事件一無所知，而大家都知道美國正在發生什麼事。一位拉脫維亞人曾向我抱怨說她是如此了解美國，但美國人卻完全不認識拉脫維亞；我不知該如何啟齒，讓她知道拉脫維亞的地理、經濟和政治地位是多麼微不足道。告訴法國人同樣的事情也很揪心，但這是事實，歐洲人會注意美國時事，這不是因為他們較有世界觀或有素養，而是因為美國對他們的國內事務有很大影響力。美國對歐洲各國認知甚少，因為沒有一個單獨的國家對美國有足夠影響（或許除了英國、德國或俄羅斯之外）。多數歐洲人對烏拉圭、紐西蘭和納米比亞的認知也不會比美國人更多，因為那些國家對他們來說都太遙遠而微小，事實上那些國家也不在乎這堆渺小的歐洲國家。

再者，有些受過高等教育、精通天文地理的歐洲人只會拿沒受過教育的美國人跟自己比，他們走過紐約街頭，搭訕路人：「你好，我來自保加利亞，你知道那在哪裡嗎？」然後又對紐約客的無知感到驚恐，認定美國人都是地理白癡，不像聰明絕頂的保加利亞人。另一方面，有個寮國女孩去保加利亞問人們：「你知道寮國在哪裡？」你可以料到他們會如何回答。請拿教育程度或旅遊經驗同等的人相互比較，你會發現兩者差距並沒有那麼大。

多數抱怨這些事情的人都是來自遠比美國小的國家。自己的國家愈小，人就愈是必須向外看，因為他們很快就會耗盡家鄉的經商與旅遊機會。你只需去比利時住一段時間，就會發覺自己多快會感到無聊。

大國居民可以一輩子待在那邊也不會無聊，這並非因為我們比較愚蠢或教育體系很爛（雖然兩者都可能是真的），主要是認識一個大國就已經夠複雜。美國人是否應當拓展世界觀、學習更多語言？絕對應該，我們真是欠揍，而且我們也應該鞭打其他大國的無知人民，例如中國、巴西、俄羅斯和法國。咦，怎麼把法國也扯進來了？它比德州還小啊，是招惹到誰了？這麼說吧，只要有機會鞭打法國人，那永遠都是個好主意。

簡言之，美國人確實不了解世界事務，鑑於美國對全球的影響力，我們應當為此感到慚愧，然而歐洲人對於歐洲之外的事務也沒多了解，他們會關注美國和中國，因為那兩個大國對他們的生活有影響。是的，歐洲人對非洲和亞洲的認知勝過美國人，但美國人對中美和南美洲的認知也勝過歐洲人。

另一個常見的批評是美國人不會出國旅行。這又是尺度的問題，一位匈牙利人去了十個國家就覺得自己旅遊經驗豐富，但它們多數可能都離匈牙利很近，若把相同里程套用在一位愛荷華州人身上，他反而連美國都還沒踏出，頂多只會走到墨西哥、加拿大或加勒比群島，這也是多數美國人的經驗。換句話說，那位愛荷華州人去過十個州就會覺得自己旅遊經驗豐富，美國的每個州都跟一個歐洲國家差不多大：德國相當於蒙大拿州，波蘭相當於新墨西哥州，斯洛維尼亞相當於紐澤西州，白俄羅斯相當於堪薩斯州，希臘則相當於阿拉巴馬州。

有人批評美國人不會講外國語言。這點可以很輕易用地理解釋，例如荷蘭很小，周圍都是不會講荷蘭語的國家，他們會講四種語言不是出於自願，而是因為他們必須這樣才能生存。學習一個外語的動機取決於：(1)你的國家有多大；(2)你的語言有多普及。

比方說，美國人的外語能力通常都不好，因為我們是個大國，而且到處都有人會講英語。俄羅斯人和中國人的外語能力跟美國人一樣好——是的，就是那麼糟。這些大國的語言都夠普遍，人民自然不會有更多學習動機。斯洛維尼亞很小，很少有外人會講斯洛維尼亞語，因此他們必須學習多種語言。這並非因為美國人特別笨或斯洛維尼亞人特別聰明，大家只是務實而已。

況且多數歐洲人也只會講自己的母語，我最喜歡的娛樂就是問歐洲人會不會講其他語言，結果都很淒慘。真正的多語達人都是來自人口只有一兩百萬的小國，例如安道爾、斯洛維尼亞和波海三國。

最後，無知通常都會伴隨鄉土意識，而歐洲人遠比美國人鄉土化。無論你在歐洲何處，當你問人們是從何處來，答案幾乎一成不變：「我是從這裡來的。」他們都是在你拜訪的那個城鎮出生和長大，現在仍居住在那邊，而且沒打算離開。若在美國問相同問題，你很少會得到這種答案，人們通常都來自外地，即使這表示他們得從芝加哥搬家到邁阿密。當我在舊金山告訴別人說我是在那邊出生和長大，他們經常很驚訝，「哇，我從未遇過在此出生的人！你是本地人！」說得我好像是原住民。由於美國人的流動率遠比歐洲人高，他們的本土意識也不如歐洲人強。

事實上，歐洲的地域觀念是如此誇張，多數國家離統一都還很遙遠。西班牙和瑞士分別有四個語言區，光是這點就能阻撓人民在國內移動，更遑論遷移幾百公里到另一個鄰國去居住。義大利人在地方是如此聚集，他們幾乎不曉得自己所居住的山丘彼端發生了什麼事。歐洲能保存這麼多色彩鮮明的方言，其中一個原因就是人們不願意走太遠。東歐人對於相隔僅數百公里的居民就能充滿成見，因為他們沒花多少時間去認識對方；他們都在本地找工作、結婚、終老一生。

美國人的旅遊經驗確實貧乏，地理知識和語言能力確實拙劣，我對此深感慚愧。雖然其他大國也沒好到哪去，他們通常還是勝過美國。是的，歐洲人的確比多數美國人更了解地理和世界事務，但兩者差距並沒有歐洲人認為得那麼大。我希望美國媒體能向歐洲媒體學習，多投注些時間採訪開發中國家。話說回來，我經常假設其他國家遠比美國人熟悉這個世界，但我也經常失望地發現事實並非如此。結論是：美國人確實對許多事情一無所知，但歐洲人並沒有好多少，有時候他們的鄉土主義甚至使他們觀念更狹隘。

五、美國文化

自命清高的歐洲人喜歡說美國人「沒有美食，沒有文化，沒有歷史」。讓我們駁斥此觀念。首先從食物開始，美國人為世界帶來漢堡和可口可樂。當然法國人（以及許多其他國家）會立刻嗤之以鼻：「那不算。」真的？難道鵝肝就算？那道餐點是來自強迫灌食一隻可憐的鵝，真是高水準又有素養啊，它使大麥克顯得像高級料理。

況且美國的獨特餐食並非僅止於起司漢堡和可樂，我們不是發明就是推廣了香蕉船、布朗尼、水牛城辣雞翅、牛肉起司三明治、炸熱狗、棉花糖、玉米棒、甜甜圈、炸雞、牛奶糖、素食漢堡、玉米粥、甜筒、果凍、起司通心粉、洋蔥圈、煎餅、花生果醬三明治、胡桃派、爆玉米花、冰棒、洋芋片、美式沙琪瑪（Rice Krispie treats）、漂浮沙士、糖漿餡餅（shoofly pie）、邋遢喬、潛艇堡，最後當然還有海綿蛋糕（Twinkie）。這個清單不但能證明美國人有許多專屬於己的食物，也能解釋我們為何如此肥胖。

美國食物顯然不是全球最營養的，但重點是我們也發明了滿多餐點。況且世界上很難找到百分之百健康的國家餐食，既然日本人最長壽，他們可以說是吃得最好，然而日本人也吃很多油炸食品和白米，還會搭配啤酒或清酒。沒錯，美國人擁有全球最不健康的飲食之一，但我在加州之外也從未嚐過更美味可口的蔬菜沙拉。最後，美國比任何國家都願意嘗試世界各國的奇特料理，你可以試試看在義大利能否找到非義大利的餐食。

歐洲人喜歡向美國人拋擲的另一項侮辱是我們「沒有文化」。真的嗎？說來好笑，因為世界上似乎沒有任何國家比美國更擅長輸出自己的文化，你無論到何處都會遇到某些認識美國音樂、影視、書籍、體育和飲食（包括它發明的速食）的人。

唱高調者會說那些都不算數，不是真正的文化。這是由誰決定的？《法櫃奇兵》的文化影響力為何不及《辛德勒名單》？兩者都是經典片，也正好都是由同一位美國人執導。難道喬丹的重要性比不上瑞士球王費德勒？貓王沒有莫札特重要嗎？如果美國電視節目真的那麼爛，我為何在每個國家都能看到它？無論去哪裡都很難不看到《探索頻道》，每個主要國家都會複製《美國偶像》和其他紅牌節目。全世界都在抄襲美國文化，這個潮流是如此無孔不入，多數抱怨「全球化」的人其實是在抱怨「美國化」。

歐洲人會向美國人拋投的最後一句貶語就是美國「沒有歷史」。可悲的是這對美洲原住民才是奇恥大辱，請告訴印加人、馬雅人和阿茲提克人的後代說他們沒有歷史，告訴北美原住民說他們沒有歷史，多數史學家都估計他們自從一萬兩千年前跨越白令海峽就在美洲到處奔跑。有些北歐國家直到八千年前才有人居住，所以美洲歷史至少比斯堪地那維亞和波羅的海古老四千年。

歐亞民族雖然比美國人擅長記錄自己的遠古歷史，這並不代表我們沒有任何歷史，它只是表示你需要多費些心力去尋找，但它還是存在的。少數歐洲國家自稱起源於七世紀，多數則是在十一世紀左右成形，然而這些所謂的「國家」剛開始都很脆弱，地域特色遠勝過民族特色，它們不像現代國家，充其量只是一些封地和小型領域，藉由鬆散的聯盟叢聚在一起。

即便是在今日，歐洲國家仍習慣把焦點放在地區，而非全國。換言之，五百年前的歐洲國家跟美洲的阿茲提克人、印加人、科曼奇人（Comanche）或蘇族人（Sioux）相差並不大，美洲原住民就像當時的歐洲人，也擁有層級分明的政府、語言和文化。

若要爭論美國歷史是起始於歐洲人來到美洲，那就未免太以歐洲為中心了（也太無知），然而當許多歐洲人說「美國沒有歷史」的時後，他們正是在暗指這點。這就像土耳其人說歐洲歷史是起始於鄂圖曼帝國在五百年前侵略巴爾幹地區，斯拉夫人若聽到這種說法肯定會氣炸。土耳其人強制遷離、殺害又同化了許多斯拉夫人，歐洲人對美洲原住民也是如此。

有些歐洲人試圖自圓其說：「我們並沒有說美洲沒歷史，只是針對美國，這個國家還年輕，沒什麼長遠的歷史。」你的國家就有？除了冰島之外，美國擁有全球最古老的現存政府。多數歐洲國家不到六十年前才組成新政府，建立新憲法。

希望以上論述可以讓世界各地的自大狂不要再散播「美國沒有美食，沒有文化，沒有歷史」的愚蠢觀念。雖然我的矛頭都是針對歐洲人，但其他人也應為此負責，連美國人也不例外。該是教育那些無知群眾的時候了。簡言之，我沒有要求任何人去喜歡美國飲食、文化或歷史，我只是在要求大家別再認為我們一無所有。

結論

歐洲人確實有權利批評美國的外交政策和中情局，畢竟它們有時的確會顯得來勢洶洶、缺乏公理，然而美國也是人類史上最溫和的帝國，我們不能忘記這點，我們也該承認中情局並不知道或控制所有事情。同樣的，當歐洲人說美國人虛偽、無知、文化低俗，這確實有道理，然而跟一般歐洲人相比，我們的水準並沒有那麼差。若有任何人試圖反對，請把這些話傳給他們聽，並告訴他們這是一位法國智利混種人寫的——他的血液裡沒有美國基因。

歐洲人可以教美國人許多事情，所以我才寫了這本長達數百頁的書，捕捉東歐能傳授給我們的教訓。但這一小段附錄是為歐洲人寫的，好讓他們多學習一點關於美國人的事，以更實際的觀點看待美國

最後，美國人對歐洲人是否也能提出五點批評？不，只有一點。我們希望歐洲人能學習世界其他文化，稍微敞開胸懷，對別人溫暖友善一點，多笑一點。祝你今天過得愉快！

附錄二　認識作者

法蘭西斯．塔朋的母親來自智利，父親來自法國，他們在舊金山碰巧搭上同一班遲緩的電梯而相識，平常在家都講西班牙語，除非有需要用英語罵粗話。

法蘭西斯出生於加州舊金山，從小在法美國際學校接受十二年教育，那邊的法籍老師說服他相信法國是全宇宙最酷的國家。他精通英語、法語和西班牙語，勉強會講義大利語、葡萄牙語、斯洛維尼亞語和俄語。如果拿槍指著他的頭，他也會嘗試講其他語言。

他在安默斯特學院（Amherst College）取得宗教學位，在哈佛商學院取得工商管理碩士學位。哈佛畢業之後，在矽谷與友人共同創立一家機器人視覺公司，然後就決定永遠改變自己的人生。

他在二〇〇一年賣光自己的微薄財產，挑戰三千公里的阿帕拉契步道。在日立電子公司擔任財經顧問之後，他在二〇〇四年六月至十一月拜訪了東歐二十五國，回國後擔任微軟顧問，接著又在二〇〇六年挑戰四千兩百公里的太平洋屋脊步道，並於二〇〇七年成為史上首位來回走完大陸分水嶺步道的人，在七個月內走了九千公里。二〇〇八至二〇一一年期間，他拜訪了四十幾個歐洲國家，但他把重點放在東歐。二〇〇九年，他征服了白朗峰，徒步橫越西班牙兩次：第一次是從地中海穿越庇里牛斯山到大西洋，第二次走的則是聖雅各之路。二〇一三至二〇一八年，他行遍非洲五十四國，征服了其中五十國的最高峰，五年內從未離開非洲大陸。如今他已經背著背包走了兩萬多公里，去過一百二十個國家，而且從未擁有過自己的電視、桌椅、沙發、床鋪或火箭。

他將第一本作品《走你自己的路》（*Hike Your Own Hike*）的一半版權費捐給了美國的三條主要景觀步道，《野生的東歐》（*The Hidden Europe*）是漫遊學習系列的第二本，他目前正在撰寫此系列的第三本書《未知的非洲》（*The Unseen Africa*）。他的終極目標是走遍全球所有國家，看看我們能向他們學習什麼，並與大家分享。

有很多方式可以增進學習，你可以從FrancisTapon.com開始，上面有數百篇文章和照片。訂閱他的雙月通訊，取得最新旅遊資訊、特殊優惠和獨家內容。你若想發問或評論，可以去該網站的論壇看看別人是否有類似想法，如果沒有，就開一個新討論串。比起電郵，法蘭西斯在漫遊學習論壇會給你更好的答案。你也可以透過臉書或推特跟他聯繫，他也樂意接收恐嚇信，那會逗他大笑。

你若想與法蘭西斯親自見面，就去看他的網站列出的近期活動，那會顯示他接下來要去哪裡。若想邀請他為你的組織發表一場風趣又資訊豐富的演說，或是舉辦工作坊，就透過他的網站跟他聯繫。如果你想重新校準自己的人生，他也能提供人生教練個人服務。他希望能啟發讀者漫遊並學習，多了解自己和世界。

你如果喜歡這本書，請經由下列方式推廣它：(1)告訴你的社群網路；(2)贈送別人一本；(3)在線上論壇提起或討論它；(4)請你的組織或媒體聯絡人跟法蘭西斯約談；(5)在你的部落格或其他網站寫一篇書評；(6)用你的擴音器讚揚它。

附錄三　旅遊推薦

東歐有哪些地方值得去？雖然這本書不是旅遊指南，在此還是快速推薦幾個點，幫助你規劃東歐旅遊。多數人最喜歡的十五個地方是：(1)克羅埃西亞的海岸線；(2)捷克布拉格；(3)俄羅斯聖彼得堡；(4)波蘭克拉科夫（包括鹽礦和奧斯威辛集中營）；(5)蒙特內哥羅的科托灣；(6)斯洛伐克的高塔特拉山脈；(7)波海三國首都（維爾紐斯、里加、塔林）；(8)羅馬尼亞山區的中古日耳曼小鎮；(9)烏克蘭利維夫以及附近的喀爾巴阡山脈；(10)斯洛維尼亞的什科茨揚洞群；(11)匈牙利的多數大城市；(12)保加利亞大特爾諾沃；(13)希臘邁泰奧拉；(14)俄羅斯喀山；(15)阿爾巴尼亞的南部海灘。

如果你對於探索東歐感到有點焦慮，那就從它的最西端開始。你會發現波蘭、捷克、斯洛伐克、匈牙利和斯洛維尼亞其實跟西歐很像，只是拐了一個小彎。波海地區也很溫和舒適。如果你喜愛社交，想要認識歐洲最友善的人民，就去巴爾幹地區。戶外愛好者會很享受羅馬尼亞和烏克蘭的喀爾巴阡山脈。如果你喜歡走冷門路線，但又不想被綁架或大卸八塊，那就去白俄羅斯、加里寧格勒、科索沃和摩爾多瓦，它們都很安全，然而它們卻是歐洲最隱蔽的四個祕密。

附錄四　兩項捐獻

我將把百分之十版權費捐贈給兩個非營利組織。第一，我會把百分之五捐給維基媒體基金會（Wiki Media Foundation），他們經營維基百科和許多其他維基網站。維基百科有兩千萬篇文章，包括兩百七十種語言，平均每個月可吸引一億名訪客，我用這種方式向十萬名自願編寫這些文章的志工致謝。維基百科可以迅速查到這種問題的答案：「愛沙尼亞的那個國家公園叫什麼名字？」若要查較有爭議性的問題（例如「二次大戰有多少人喪生」或「米洛塞維奇是誰」），它也是個很棒的起始點，可以把我導向其它書籍和參考資料。維基百科並非完美，但沒有任何單獨的資訊來源是完美的，就一個免費網路資源而言，它是最好的選擇。

第二，我會把另外百分之五，花在寄送免費《野生的東歐》給紀錄良好的東歐官方非營利組織。他們會在募款活動賣這些書，當有人為他們的慈善事業提供大量捐獻時，他們也會將這本書送給捐贈者。

誌謝

感謝我在旅程中遇到的每一位東歐人，其中有些是隨機相遇的，他們給了我可貴的獨特見解，而我卻沒有足夠時間去記下他們的名字。

感謝Patreon.com/FTapon的測試版讀者，這些人同意幫我預審這本書的草稿。我要特別感謝尼奇・楚什諾維茨（Nejc Trušnovec）和安德魯・哈洛德（Andrew Harrod），他們給了我很多回饋和協助。尼奇幫我研究並翻譯前南斯拉夫的書籍和參考資料，居功匪淺。

我的編輯梅麗莎・芬利（Melissa Finley）給了我很大的自由空間，偶爾才拿《芝加哥格式手冊》（*Chicago Manual of Style*）敲我的頭。我的助理編輯，來自斯洛維尼亞的安卓亞・娜塔莎（Andreja Nastasja）的英文造詣實在很優秀，如果有更多美國人像她這麼懂英文就好了。

感謝安娜瑪利亞・米施瑪（Anamarija Mišmaš）為這本書做平面設計，最重要的是我們曾在巴爾幹地區攜手探險，那些經歷將會永遠聯結我們。

感謝我的母親忍受我不斷去科索沃、阿爾巴尼亞和摩爾多瓦這些名字嚇人的地方旅行，她是緊張大師，堅信我若能安頓下來，擁有穩定的工作、妻小與愛犬，她就不會老得那麼快。

八旗國際22

野生的東歐

偏見、歧視與謬誤，毒舌背包客帶你認識書上沒有寫的歐洲（下）

The Hidden Europe: What Eastern Europeans Can Teach Us

作　　者　法蘭西斯・塔朋（Francis Tapon）
翻　　譯　賴堯暉
編　　輯　邱建智
校　　對　魏秋綢
排　　版　張彩梅

企劃總監　蔡慧華
行銷專員　張意婷
社　　長　郭重興
發行人兼出版總監　曾大福
出版發行　八旗文化／遠足文化事業股份有限公司
地　　址　新北市新店區民權路108-3號8樓
電　　話　02-22181417
傳　　真　02-86671065
客服專線　0800-221029
信　　箱　gusa0601@gmail.com
Facebook　facebook.com/gusapublishing
Blog　gusapublishing.blogspot.com
法律顧問　華洋法律事務所／蘇文生律師

封面設計　兒日
插圖繪製　鍾語桐
印　　刷　前進彩藝有限公司
定　　價　480元
初版一刷　2022年（民111）11月
ISBN　978-626-7129-93-7（紙本）　978-626-7129-91-3（PDF）　978-626-7129-92-0（EPUB）

國家圖書館出版品預行編目（CIP）資料

野生的東歐：偏見、歧視與謬誤，毒舌背包客帶你認識書上沒有寫的歐洲（下）／法蘭西斯・塔朋（Francis Tapon）著；賴堯暉譯. -- 初版. -- 新北市：八旗文化出版：遠足文化事業股份有限公司發行, 民111.11
面；　公分. --（八旗國際；22）
譯自：The hidden Europe : what Eastern Europeans can teach us
ISBN 978-626-7129-93-7（平裝）

1. CST：旅遊文學　2. CST：人文地理　3. CST：東歐

744.09　　111015658